GRIT

Angela Duckworth

GRIT

El poder de la pasión
y la perseverancia

URANO
Argentina – Chile – Colombia – España
Estados Unidos – México – Perú – Uruguay – Venezuela

Título original: *Grit – The Power of Passion and Perseverance*
Editor original: Scribner – An Imprint of Simon & Schuster, Inc., New York
Traducción: Núria Martí Pérez

1.ª edición Noviembre 2016

Copyright © 2016 by Angela Duckworth
All Rights Reserved
© 2016 de la traducción *by* Núria Martí Pérez
© 2016 *by* Ediciones Urano, S.A.U.
Aribau, 142, pral. – 08036 Barcelona
www.edicionesurano.com

ISBN: 978-84-7953-964-1
E-ISBN: 978-84-16715-38-1
Depósito legal: B-21.467-2016

Fotocomposición: Ediciones Urano, S.A.U.
Impreso por: Rodesa, S.A. – Polígono Industrial San Miguel – Parcelas E7-E8
31132 Villatuerta (Navarra)

Impreso en España – *Printed in Spain*

Para Jason

GRIT = pasión y perseverancia ante las metas a largo plazo

Índice

Prólogo

Mientras crecía oí la palabra *genio* muchas veces.

Siempre era mi padre el que la sacaba a relucir. Le gustaba decir sin ninguna razón: «¡No eres un genio!, ¿sabes?» Soltaba este comentario en medio de la cena, en las pausas de los anuncios de *Vacaciones en el mar* o después de dejarse caer en el sofá con el *Wall Street Journal*.

No me acuerdo de mi reacción. Quizá fingía no oírlo.

Los pensamientos de mi padre solían girar en torno a los genios, los talentosos y en si fulanito tenía más cosas que menganito. Le importaba mucho lo inteligente que él era. Lo inteligente que su familia era.

Yo no era el único problema. Mi padre tampoco creía que mi hermano ni mi hermana fueran unos genios. Según su vara de medir, ninguno de sus hijos le llegaba a Einstein a la suela del zapato. Por lo visto se había llevado una buena decepción con nosotros. Le preocupaba que esta desventaja intelectual limitara lo que pudiéramos llegar a ser en la vida.

Hace dos años tuve la suerte de recibir una beca MacArthur, conocida también como «beca otorgada a la genialidad». No te presentas como candidata a una beca MacArthur. Ni les pides a los amigos ni a los colegas que te nominen para que te la concedan. Es un comité secreto formado por grandes eminencias en tu especialidad el que decide si estás realizando una labor importante y creativa.

Cuando me llamaron de pronto para comunicarme la noticia, mi primera reacción fue de agradecimiento y sorpresa. Luego pensé en mi padre y en su áspero diagnóstico sobre mi potencial intelectual. No se equivocó. No me concedieron la beca MacArthur por ser mucho más inteligente que mis colegas psicólogos. En realidad, mi padre tenía la respuesta correcta («No, no lo es») a la pregunta equivocada («¿Es ella un genio?»)

Transcurrió casi un mes entre la llamada y el anuncio oficial. Aparte de a mi marido, no me permitieron decírselo a ninguna otra persona. Me dieron tiempo de sobra para reflexionar sobre la ironía de la situación. La niña a la que le habían dicho hasta la saciedad que no era un genio acabó ganando una beca por serlo. Se la concedieron por haber descubierto que aquello que alcanzamos en la vida depende más de nuestra pasión y perseverancia que de nuestro talento natural. Desde entonces ha reunido diversas titulaciones otorgadas por universidades sumamente exigentes, pero en tercero de primaria no obtuvo la puntuación requerida para acceder a las clases de los niños superdotados. Sus padres, pese a ser emigrantes chinos, no le dieron un sermón sobre la salvación mediante el trabajo duro. Rompiendo los estereotipos, no sabe tocar una sola nota de piano ni de violín.

La mañana en que anunciaron las becas MacArthur, me dirigí al apartamento de mis padres. Ya se habían enterado de la noticia, al igual que varias «tías» mías, que me llamaron una detrás de otra para felicitarme. Cuando por fin el teléfono dejó de sonar, mi padre me dijo girándose hacia mí: «Estoy orgulloso de ti».

Podía haberle respondido muchas cosas, pero me limité a decirle: «Gracias, papá».

No tenía ningún sentido remover el pasado. Sabía que de verdad estaba orgulloso de mí.

Con todo, una parte de mí quería volver atrás, a cuando era niña, y decirle lo que ahora sabía.

Le hubiera dicho: «Papá, me dijiste que no era un genio. No voy a rebatírtelo. Conoces a un montón de gente mucho más lista que yo». Me lo imaginé asintiendo con la cabeza, dándome la razón con expresión grave.

«Pero quiero que sepas que llegaré a amar tanto mi trabajo como tu amas el tuyo. No será simplemente un empleo, sino una vocación. Me plantearé desafíos cada día. Cuando la vida me golpee, volveré a levantarme del suelo. Tal vez no sea la persona más inteligente de la habitación, pero intentaré ser la más apasionada y perseverante».

Y si aún me estuviera escuchando, añadiría: «A la larga, papá, quizá el grit; es decir, la pasión y la perseverancia, cuente más que el talento».

Todos estos últimos años he estado reuniendo las pruebas científicas que demuestran mi punto de vista. Es más, sé que el grit cambia, no siempre es el mismo, y mi investigación me ha revelado cómo desarrollarlo.

Este libro resume todo cuanto he aprendido sobre el grit.

Cuando terminé de escribirlo visité a mi padre. Le fui leyendo cada frase a lo largo de los días, capítulo a capítulo. Durante la última década ha estado luchando con el párkinson y no estoy totalmente segura de hasta qué punto lo entendió. Aun así, parecía escucharme atentamente y cuando terminé de leérselo, se me quedó mirando. Después de lo que me pareció una eternidad, asintió con la cabeza una vez. Y me sonrió.

PRIMERA PARTE
¿Qué es el grit (pasión y perseverancia ante las metas a largo plazo) y por qué es importante?

1

Persevera hasta el final

En cuanto pisas el campus de West Point, la Academia Militar de Estados Unidos, significa que te lo has ganado a pulso.

El proceso de admisión para ingresar en West Point es al menos tan riguroso como el de las universidades más selectivas. Requiere haber sido un alumno brillante en el bachillerato y haber sacado una nota muy alta en el SAT (la prueba de aptitud para entrar en la universidad) o en el exigido al terminar los estudios secundarios. Pero cuando solicitas ingresar en la Universidad de Harvard no necesitas empezar los trámites en el penúltimo año del bachillerato ni conseguir el aval de un congresista, un senador o del propio vicepresidente de Estados Unidos. Ni tampoco necesitas superar con resultados superlativos una prueba física durísima en la que tienes que correr, hacer flexiones, abdominales y elevaciones.

Cada año, en el penúltimo curso del instituto, más de 14.000 solicitantes[1] empiezan el proceso de admisión. De este número, solo 4.000 conseguirán obtener el aval que necesitan. Poco más de la mitad de solicitantes —cerca de 2.500— lograrán superar las duras pruebas académicas y físicas de West Point, y de este grupo selecto solo 1.200 serán admitidos como cadetes. Casi todos los chicos y chicas que ingresan en West Point han sido atletas en el instituto

---

1. Para obtener más información sobre West Point y el proceso de admisión de la Academia, véase www.usma.edu.

donde cursaron los estudios, la mayoría fueron capitanes de un equipo deportivo.

Y, sin embargo, uno de cada cinco cadetes dejará West Point antes de la graduación.[2] Lo más chocante es que, históricamente, una gran cantidad de abandonos se da en el primer verano, durante un intenso programa de entrenamiento de siete semanas llamado, incluso en términos militares oficiales, «Beast Barracks». O simplemente «Beast» (Bestial).

¿Por qué alguien que se pasa dos años intentando ingresar en un centro de estudios abandona durante los dos primeros meses?

Un día típico de Beast Barracks	
05.00	Hora de levantarse
05.30	Formación
05.30 – 06.55	Entrenamiento físico
06.55 – 07.25	Aseo personal
07.30 – 08.15	Desayuno
08.30 – 12.45	Entrenamiento/clases
13.00 – 13.45	Almuerzo
14.00 – 15.45	Entrenamiento/clases
16.00 – 17.30	Deportes organizados
17.30 – 17.55	Aseo personal
18.00 – 18.45	Cena
19.00 – 21.00	Entrenamiento/clases
21.00 – 22.00	Tiempo reservado al comandante
22.00	Hora de acostarse

---

2. Cifra proporcionada por la Academia Militar de Estados Unidos.

Pero no hay que olvidar que son unos meses inusuales. Beast es descrito en el manual de West Point para los nuevos cadetes como «la parte más dura física y emocionalmente de los cuatro años en West Point... concebida para ayudar al nuevo cadete a convertirse en soldado».[3]

El día empieza a las cinco de la mañana. A las cinco y media los cadetes, en formación, están en posición de firmes y atentos rindiendo honor al izamiento de la bandera de Estados Unidos. A continuación realizan un duro entrenamiento físico consistente en correr o en hacer calistenia. Luego desfilan en formación por turnos sin parar, asisten a clases de instrucción militar, se adiestran en el uso de armas y practican distintas clases de deportes. Y, por último, a las diez de la noche, se apagan las luces mientras suena la melancólica melodía del «toque de silencio» del corneta. Y al día siguiente empieza la misma rutina una y otra vez. ¡Ah!, y además los fines de semana no hacen fiesta y el único descanso que tienen es la hora de las comidas. Y por si esto fuera poco, no pueden mantener prácticamente ningún contacto con la familia ni con los amigos de fuera de West Point.

Un cadete describió Beast en estos términos: «Te desafían de múltiples formas en todos los sentidos, en el aspecto mental, físico, militar y social. El sistema acaba descubriendo tus puntos débiles, al fin y al cabo de eso se trata, West Point te endurece».[4]

¿Quiénes consiguen superar Beast?

En el 2004, a los dos años de haberme licenciado en Psicología, decidí responder a esta pregunta, pero durante décadas el ejército

---

3. «Information for New Cadets and Parents», Academia Militar de West Point, 2015, www.usma.edu/parents/SiteAssets/Info-4-New-Cadets_Class-of19.pdf.

4. Ibíd.

estadounidense se ha estado preguntando lo mismo. En realidad, en 1955, casi cincuenta años antes de que yo intentara esclarecer este enigma, Jerry Kagan, un joven psicólogo, fue reclutado por el ejército y enviado a West Point para que hiciera una prueba a los nuevos cadetes con el fin de identificar los que se graduarían y los que dejarían la academia militar.[5] Da la casualidad que Jerry no solo fue el primer psicólogo que estudió los abandonos en West Point, sino el primer psicólogo que conocí en la universidad. Acabé trabajando a tiempo parcial en su laboratorio durante dos años.

Jerry describió sus primeros intentos de separar la paja del grano en West Point como un estrepitoso fracaso. Se acordaba de los cientos de horas que se había pasado mostrando a los cadetes las imágenes de unas tarjetas y pidiéndoles que se inventaran una historia con ellas. Este test psicológico pretendía sacar a la luz los arraigados motivos inconscientes por los que habían ingresado en West Point, y la idea general era que los que visualizaban acciones nobles y valientes hazañas serían los que se graduarían en lugar de abandonar la academia militar. Como tantas otras ideas que suenan bien al principio, esta no funcionó demasiado en la práctica. Las historias que contaban los cadetes eran pintorescas y divertidas de escuchar, pero no tenían nada que ver con las decisiones que tomaban en la vida real.

Desde entonces, varias generaciones de psicólogos se dedicaron a resolver el problema del desgaste, pero ninguno fue capaz de afirmar con absoluta certeza por qué algunos de los cadetes más prometedores abandonaban sistemáticamente la academia en los primeros meses.

Al poco tiempo de enterarme de Beast, fui a ver a su despacho a Mike Matthews, un psicólogo militar que lleva años siendo pro-

---

5. Para obtener más información sobre las ideas de Jerry para prever los resultados de los cadetes de West Point, véase Jerome Kagan, *An Argument for Mind*, Yale University Press, New Haven, Connecticut, 2006, págs. 49-54.

fesor en West Point. Mike me explicó que el proceso de admisión de West Point[6] reconoce con precisión a los hombres y a las mujeres que tienen el potencial de progresar en la academia. En especial, los encargados del proceso calculan para cada solicitante la Puntuación Total del Candidato: la media ponderada de la nota del SAT o de la prueba exigida al terminar los estudios secundarios, de la posición en la que quedó dependiendo de la cantidad de alumnos de su clase que acabaron el bachillerato, de la valoración hecha por expertos sobre su potencial de liderazgo y del rendimiento basado en los indicadores objetivos de una buena forma física.

La Puntuación Total del Candidato se puede considerar el mejor indicador del talento de los solicitantes para aguantar los diversos rigores de la educación militar de cuatro años. Es decir, es una estimación de hasta qué punto los cadetes adquirirán las numerosas habilidades de un jefe militar.

La Puntuación Total del Candidato es el factor más importante para ser admitido en West Point y, sin embargo, *no prevé* con fidelidad quiénes se graduarán. A decir verdad, los cadetes con la Puntuación Total del Candidato más alta tienden a abandonar West Point en la misma medida que los que sacan la más baja.[7] Y por esta razón Mike estaba dispuesto a abrirme las puertas.

Desde su propia experiencia como miembro de la fuerza aérea en su juventud, Mike tenía una pista para resolver el enigma. Aunque los rigores de su iniciación no fueran tan terribles como los de West

---

6. Para obtener más información sobre la Puntuación Total del Candidato y su historia, véase Lawrence M. Hanser y Mustafa Oguz, *United States Service Academy Admissions: Selecting for Success at the Military Academy/West Point and as an Officer,* RAND Corporation, Santa Mónica, California, 2015.

7. Angela L. Duckworth, Christopher Peterson, Michael D. Matthews y Dennis R. Kelly, «Grit: Perseverance and Passion for Long-term Goals», *Journal of Personality and Social Psychology* 92, 2007, págs. 1087-1101.

Point, se apreciaban unas notables similitudes. Las más importantes eran los desafíos que superaban las habilidades propias. Por primera vez en la vida, a Mike y a los otros reclutas les exigían a todas horas hacer actividades para las que todavía no estaban preparados. «A las dos semanas me sentía cansado, solo y frustrado,[8] decidido a dejar la carrera militar, como les ocurría a mis compañeros».

Algunos se rindieron, pero Mike no lo hizo.

Lo que le chocó a Mike era que estar a la altura de la situación no tenía nada que ver con el talento. Los que dejaban la carrera militar raras veces lo hacían por falta de habilidades. Lo más importante para no tirar la toalla era la actitud de «no rendirse nunca».[9]

En aquella época no solo era Mike Matthews el que me hablaba de lo importante que era la actitud de perseverar ante un reto. Como estudiante de posgrado que estaba empezando a ver el alcance de la psicología del éxito, yo entrevistaba a líderes del mundo de los negocios, el arte, el atletismo, el periodismo, la universidad, la medicina y el derecho. *¿Quiénes destacan en su profesión? ¿Cómo son? ¿Qué cree que tienen de especial?*

Algunas de las características que surgieron en aquellas entrevistas eran muy específicas de cada ámbito. Por ejemplo, más de un empresario mencionó el deseo de arriesgarse económicamente: «Debes tomar decisiones calculadas sobre millones de dólares y al mismo tiempo ser capaz de dormir apaciblemente por la noche». Pero esto no tenía nada que ver con los artistas, que por su parte mencionaron el deseo de crear: «Me gusta hacer obras de arte. No sé por qué, pero

---

8. Michael D. Matthews, *Head Strong: How Psychology Is Revolutionizing War*, Oxford University Press, Nueva York, 2014, págs 16.

9. Mike Matthews, profesor de psicología en la Academia Militar de West Point, en la conversación que mantuvo con la autora, 25 de mayo, 2015.

es así». En cambio, los atletas citaron otra clase de motivación aviva-da por la emoción de ganar: «A los ganadores les encanta competir. Detestan perder».

Aparte de estas particularidades, aparecieron ciertas cosas en común, y esto era lo que más me interesaba. Fuera cual fuese el ámbito, los grandes triunfadores eran afortunados y talentosos. Lo había oído decir antes y ahora no albergaba ninguna duda so-bre ello.

Pero la historia del éxito no se acaba aquí. Muchas de las perso-nas con las que hablé me podían contar también historias de jóvenes promesas que, para sorpresa de todos, se rindieron o perdieron inte-rés antes de poder manifestar su potencial.

Por lo visto era esencial —por más que costara— seguir adelante después de fracasar. «Algunas personas rinden de maravilla mientras todo les va bien, pero se desmoronan en cuanto las cosas se ponen difíciles». Los grandes triunfadores descritos en aquellas entrevistas realmente no cejaban en su empeño hasta haber alcanzado su objeti-vo. «Había un tipo que al principio no era demasiado buen escritor, me refiero a que al leer sus novelas nos reíamos por la torpeza con la que las escribía y lo melodramáticas que eran. Pero poco a poco fue mejorando y el año pasado ganó una beca Guggenheim». Y además estaban siempre intentando mejorar. «No está nunca satisfecha. A estas alturas ya debería estarlo, pero es una crítica de lo más des-piadada consigo misma». Los grandes triunfadores eran la perseve-rancia personificada.

¿Por qué no se rendían hasta salirse con la suya? La mayoría no esperaban alcanzar nunca sus ambiciones. No creían ser lo bastante buenos para ello. Eran lo opuesto a los que se duermen en los laure-les. Y, sin embargo, en un sentido muy real estaban satisfechos de su insatisfacción. Cada uno perseguía algo de lo más interesante e im-portante para ellos y era tanto esta persecución —como el logro en sí— lo que les resultaba gratificante. Aunque algunas de las cosas que tuvieran que hacer fueran tediosas o frustrantes, o incluso desagradables, estaban dispuestos a llegar hasta el final a cualquier precio. Su pasión nunca se apagaba.

En resumidas cuentas, con independencia del ámbito que fuera, los grandes triunfadores tenían una feroz determinación que actuaba de dos formas. En primer lugar, exhibían una fortaleza y tenacidad fuera de lo común. Y en segundo, sabían, a un nivel muy profundo, lo que querían en la vida. No solo tenían determinación, sino que además sabían adónde querían *llegar*.

Esta combinación de pasión y perseverancia era lo que distinguía a los grandes triunfadores. En otras palabras, tenían grit.

Me preguntaba a mí misma: ¿cómo se puede medir algo tan intangible? Algo que décadas de psicólogos militares han sido incapaces de medir. Algo que algunos de los triunfadores a los que había entrevistado me dijeron que reconocían a simple vista, aunque no supieran cómo medirlo.

Consulté las anotaciones tomadas en mis entrevistas. Y empecé a escribir una serie de preguntas que reflejaban, a veces literalmente, las descripciones de lo que significaba para ellos tener grit.

La mitad de las preguntas estaban vinculadas con la perseverancia. Planteaban hasta qué punto uno estaba de acuerdo con afirmaciones como: «He superado reveses para vencer un reto importante» y «Acabo todo lo que empiezo».

La otra mitad tenía que ver con la pasión. Preguntaban: «¿Tus intereses cambian de un año para otro?» y «¿Has estado obsesionado con una cierta idea o proyecto que ha dejado de interesarte al poco tiempo?»

Lo que salió de estas preguntas fue la Escala del Grit, un test que al responderlo con sinceridad evalúa hasta qué punto abordamos la vida con grit.

En julio del 2004, en el segundo día de Beast, 1.218 cadetes de West Point se sometieron al test de la Escala del Grit.

El día anterior se habían despedido de sus padres (les conceden exactamente noventa segundos para hacerlo), y tras afeitarles la cabeza (a los varones), habían cambiado su ropa de civiles por el famoso uniforme gris y blanco de West Point, y recibido su baúl, casco y otros elementos del equipo militar. A pesar de creer erróneamente que ya sabían hacerlo, un cadete del cuarto año les enseñó cómo permanecer en formación adecuadamente («¡Acercaos a la línea! Sin pisarla, sin traspasarla y sin quedaros demasiado lejos. ¡Acercaos a la línea!»)

Al principio me fijé en si la puntuación del grit se correspondía con la de la aptitud. Pero descubrí que no guardaba ninguna relación con la Puntuación Total del Candidato que con tanta minuciosidad había sido calculada durante el proceso de admisión. En otras palabras, el talento de un cadete no tenía nada que ver con su grit y viceversa.

Que el grit no tenía que ver con el talento reforzaba las observaciones de Mike sobre su entrenamiento militar en la fuerza aérea estadounidense, pero al principio cuando lo descubrí me sorprendió mucho. Después de todo, ¿por qué los talentosos se iban a rendir? Era lógico que no cejaran en su empeño y evitaran a toda costa tirar la toalla, porque eran unos alumnos brillantes. En West Point, por ejemplo, en el caso de los cadetes que llegan a superar Beast, la Puntuación Total del Candidato prevé de maravilla los que destacarán en todos los sentidos. No solo en las calificaciones académicas, sino también en las relacionadas con la buena forma física[10] y la instrucción militar.

Por eso es sorprendente que el talento no tenga nada que ver con el grit. En este libro analizaré por qué es así.

---

10. Hanser y Oguz, *Selecting for Success*.

Al cumplirse el último día de Beast, setenta y un cadetes habían dejado ya la academia.[11]

El grit resultó ser un factor predictor asombrosamente fiable de los que perseverarían hasta el final y de los que se rendirían.

Al año siguiente volví a West Point para realizar el mismo estudio. En esa ocasión sesenta y dos cadetes habían abandonado la academia durante la celebración de Beast, y el grit volvió a predecir quiénes se graduarían.

Sin embargo, tanto los que seguían en West Point como los que lo dejaban poseían una Puntuación Total del Candidato similar. Observé con un poco más de detenimiento los componentes individuales de la puntuación. De nuevo no encontré diferencia alguna.

¿Qué era entonces lo más importante para superar el Beast?

Sin duda, no era la nota del SAT, las notas del instituto, la experiencia en liderazgo ni las habilidades atléticas.

Ni tampoco la Puntuación Total del Candidato.

Lo más importante era el grit.

¿Era el grit importante en otros ámbitos de la vida? Para descubrirlo analicé otras situaciones tan difíciles que muchas personas no consiguen superar. Quería saber si eran solo los rigores de Beast en West Point los que exigían tener grit o si, en general, ayudaba a la gente a alcanzar sus objetivos.

El siguiente escenario donde estudié el poder del grit fue en el mundo de las ventas, una profesión en la que a diario, por no decir a todas horas, te topas con el rechazo de la gente. Les pedí a cientos de hombres y mujeres que trabajaban en la misma empresa inmobiliaria de apartamentos en régimen de multipropiedad

---

11. Duckworth *et al.*, «Grit».

que respondieran una serie de test de personalidad, incluido el de la Escala del Grit. Al cabo de seis meses volví a visitar la empresa. El 55 por ciento de vendedores[12] habían dejado el trabajo. La Escala del Grit predijo quiénes se quedarían y quiénes la abandonarían. Además, ningún otro rasgo de personalidad —como la extroversión, la estabilidad emocional y el autoconocimiento— fueron tan eficaces como el grit a la hora de prever la tasa de retención laboral.

En la misma época recibí una llamada del sistema de enseñanza pública de Chicago. Como los psicólogos de West Point, los investigadores de estas entidades estaban deseando saber con mayor exactitud cuáles serían los alumnos que terminarían los estudios en el instituto. Aquella primavera miles de estudiantes de bachillerato hicieron un test abreviado de la Escala del Grit, junto con otra serie de test. Al cabo de más de un año, el 12 por ciento de aquellos alumnos no terminó los estudios. Los que se graduaron sin repetir curso aunaban una mayor pasión y perseverancia y el grit fue un factor más importante para prever quiénes acabarían los estudios que el peso que tenía para ellos el instituto, lo inmersos que estaban en los estudios e incluso lo seguros que se sentían en el centro de enseñanza.

Asimismo, en dos grandes muestras de estadounidenses, descubrí que los adultos con más grit tendían a llegar más lejos en los estudios que el resto. Aquellos que obtenían un MBA, PhD, MD, JD u otras titulaciones tenían más grit[13] que los que hacían simplemente una carrera de cuatro años, y estos a su vez tenían más grit que los que reunían varios créditos universitarios sin lle-

---

12. Lauren Eskreis-Winkler, Elizabeth P. Shulman, Scott A. Beal y Angela L. Duckworth, «The Grit Effect: Predicting Retention in the Military, the Workplace, School and Marriage», *Frontiers in Psychology* 5, 2014, págs. 1-12.

13. Duckworth *et al.*, «Grit».

gar a licenciarse. Curiosamente, la puntuación relacionada con el grit de los adultos que obtenían un título de programas de estudios de dos años de duración era ligeramente más alta que la de los que se licenciaban tras cuatro años de estudios. Al principio esto me desconcertó, pero pronto descubrí que en los colegios universitarios[14] se suele dar un 80 por ciento de abandonos.[15] Los estudiantes que desafían esta tasa de abandonos tienen un grit fuera de lo común.

Al mismo tiempo, empecé a trabajar conjuntamente con las Fuerzas de Operaciones Especiales de Estados Unidos, conocidas más comúnmente como Boinas Verdes. Son los soldados mejor entrenados del ejército, a los que les asignan las misiones más duras y peligrosas. El entrenamiento de los Boinas Verdes es extenuante y se compone de distintas etapas. La que yo estudié tiene lugar *tras* superar un programa de nueve semanas de puesta en forma y resistencia física, un curso de infantería de cuatro, un curso de paracaidismo de tres y un curso centrado en orientación terrestre de otras cuatro semanas. Todas las experiencias de este entrenamiento militar preliminar son durísimas y en cada etapa hay reclutas que se rinden. Pero el curso de selección de las Fuerzas Especiales es incluso más duro si cabe. Según las propias palabras del comandante general James Parker, es «donde se decide[16] quiénes realizarán o no» las últimas etapas del entrenamiento militar de los Boinas Verdes.

---

14. En Estados Unidos los colegios universitarios son centros docentes que pueden estar integrados en una universidad o funcionar de manera autónoma.

15. Para obtener más información sobre la tasa de abandono en las universidades estadounidenses, véase «Institutional Retention and Graduation Rates for Undergraduate Students», National Center for Education Statistics, actualizado por última vez en mayo del 2015, http://nces.ed.gov/programs/coe/indicator_cva.asp.

16. Dick Couch, *Chosen Soldier: The Making of a Special Forces Warrior*, Three Rivers Press, Nueva York, 2007, pág. 108.

Los ejercicios del primer verano de los nuevos cadetes de West Point no son más que unas vacaciones de verano comparados con el curso de selección de las Fuerzas Especiales. En este los candidatos se levantan antes del alba y no paran hasta las nueve de la noche. Además de los ejercicios de orientación diurnos y nocturnos, recorren corriendo y a paso firme distancias de seis y diez kilómetros, a veces con un cargamento de treinta kilos, y realizan una carrera de obstáculos conocida informalmente como el «Horrible Nick», en la que deben gatear por el agua por debajo de alambradas, caminar sobre troncos elevados, trepar por redes y avanzar colgados de escaleras horizontales.

Llegar al curso de selección ya es toda una hazaña, pero, aun así, según mis observaciones el 42 por ciento de los candidatos[17] lo deja voluntariamente antes de acabarlo. ¿En qué se diferencian los que llegan hasta el final? En su grit.

¿Hay algún otro elemento, aparte del grit, que pronostique el éxito en el ámbito militar, educativo y empresarial?[18] En el mundo de las ventas descubrí que la experiencia como vendedor es de gran ayuda, los principiantes son más proclives a cambiar de trabajo que los vendedores experimentados. En el sistema de enseñanza pública de Chicago, los alumnos tienden más a acabar los estudios cuando disponen de un profesor que los apoya. Y en cuanto a los aspirantes a Boinas Verdes, tener una buena forma física desde el inicio es esencial para el entrenamiento militar.

Pero en todos estos ámbitos, al comparar a los que llegan hasta el final, sean cuales sean las cualidades y las ventajas específicas que les ayudan a triunfar en sus correspondientes áreas, el grit es lo más importante.

---

17. Eskreis-Winkler *et al.*, «The Grit Effect».

18. Ibíd. También es importante tener en cuenta que las asociaciones bivariadas entre el «grit» y los «resultados» fueron en todos los casos importantes.

El año que empecé el curso de posgrado se estrenó el documental *Al pie de la letra*. La película seguía a tres chicos y cinco chicas que se estaban preparando para competir como finalistas en el Scripps National Spelling Bee, el torneo nacional de deletreo infantil en Estados Unidos. Para llegar a ser finalistas —una experiencia de tres días llena de adrenalina que cada año tiene lugar en Washington D. C. retransmitida en directo por la cadena ESPN— estos jóvenes tienen primero que «ganar deletreando» a miles de estudiantes de cientos de escuelas de todas partes de Estados Unidos. Significa deletrear palabras cada vez más difíciles sin cometer un solo fallo en una ronda tras otra, primero ganando a los estudiantes de su propia clase, y luego a los de su curso, escuela, distrito y región, sucesivamente.

Al pie de la letra hizo que me preguntara: ¿hasta qué punto deletrear palabras sin cometer un solo fallo, como *schottische* y *cymotrichous,* tiene que ver con un precoz talento verbal y qué papel juega el grit en ello?

Llamé a Paige Kimble, la directora ejecutiva de Spelling Bee, una mujer dinámica (excampeona del concurso). Kimble sentía tanta curiosidad como yo por conocer mejor los rasgos psicológicos de los ganadores. Me permitió enviar una serie de test a los 273 deletreadores[19] que debían clasificarse para la final que se celebraría al cabo de varios meses. A cambio de recibir una atractiva tarjeta de regalo de 25 dólares, cerca de dos terceras partes de los deletreadores me mandaron los test que rellenaron a mi laboratorio. El participante de más edad tenía quince años, la edad máxima para competir según las reglas del torneo, y el más pequeño, siete.

Además de hacer el test de la Escala del Grit, los deletreadores indicaban cuánto tiempo dedicaban a practicar el deletreo.

---

19. Duckworth *et al.,* «Grit».

Por lo general lo hacían más de una hora diaria los días laborables y más de dos los fines de semana. Pero se daban muchas variaciones en este promedio: algunos deletreadores apenas estudiaban y otros lo hacían ¡hasta nueve horas durante un determinado sábado!

También trabajé con una submuestra de deletreadores para poder hacerles un test de inteligencia verbal. Como grupo, los deletreadores demostraron tener una capacidad verbal fuera de lo común. Pero individualmente se dio una gran variedad de puntuaciones, la de algunos se encontraba al nivel del prodigio verbal y, en cambio, la de otros era la «habitual» en su edad.

Cuando la ESPN emitió las últimas rondas del torneo, las seguí hasta los últimos momentos llenos de suspense, cuando Anurag Kashyap, una niña de trece años, ganó el concurso al deletrear correctamente A-P-P-O-G-G-I-A-T-U-R-A (un término musical para una especie de nota que no pertenece ni a la melodía ni al acorde).

A continuación, con los resultados de los test de los deletreadores en mis manos, analicé la información.

Descubrí lo siguiente: las puntuaciones de los test sobre el grit que habían hecho varios meses antes de la final previeron lo bien que les iría a los deletreadores. Es decir, los participantes con más grit fueron los que más lejos llegaron en el concurso. ¿Cómo lo hicieron? Dedicándole muchas más horas y compitiendo también en más concursos de deletreo que el resto.

¿Y qué hay del talento? La inteligencia verbal también predijo los que llegarían lejos en el torneo. Pero no se dio ninguna relación entre el CI verbal y el grit. Es más, los deletreadores talentosos verbalmente no estudiaron ni más ni menos horas que los menos dotados, ni participaron en más competiciones de deletreo.

En otro estudio que realicé con estudiantes de prestigiosas universidades de la Costa Este de Estados Unidos, vi de nuevo que el grit no tenía nada que ver con el talento. De hecho, las notas del

SAT y el grit[20] se correlacionaban inversamente. Los estudiantes de aquella muestra que habían sacado las notas más altas en el examen de selectividad tenían, normalmente, un poco menos de grit que sus compañeros. Al vincular este descubrimiento con la otra información que había reunido, llegué a una conclusión fundamental en la que me basaría en mis estudios futuros: *nuestro potencial es una cosa. Lo que decidimos hacer con él es otra.*

---

20. Ibíd. Véase también Kennon M. Sheldon, Paul E. Jose, Todd B. Kashdan y Aaron Jarden, «Personality, Effective Goal-Striving, and Enhanced Well-Being: Comparing 10 Candidate Personality Strengths», *Personality and Social Psychology Bulletin* 1, 2015, págs. 1-11. En este estudio longitudinal de un año, el grit aparece como el factor predictor más fiable que cualquier otra cualidad evaluada de la personalidad. Asimismo, mis colegas Phil Tetlock y Barbara Mellers han descubierto en su investigación longitudinal que las personas que prevén los acontecimientos futuros con una exactitud asombrosa tienen mucho más grit que el resto: «The strongest predictor of rising into the ranks of superforecasters is perpetual beta, the degree to which one is committed to belief updating and self-improvement. It is roughly three times as powerful a predictor as its closest rival, intelligence». Véase E. Philip Tetlock y Dan Gardner, *Superforecasting: The Art and Science of Prediction*, Crown, Nueva York, 2015, pág. 192.

2

Deslumbrada por el talento

Antes de ser psicóloga, fui profesora. Mientras daba una clase[1] —muchos años antes de oír hablar de Beast—, empecé a darme cuenta de que el talento no es lo único que hace falta para triunfar en la vida.

Comencé a dedicarme a la enseñanza a tiempo completo a los veintisiete años. El mes anterior acababa de dejar mi trabajo en McKinsey, una compañía internacional de consultoría de alta dirección cuyas oficinas en Nueva York ocupaban varias plantas de un rascacielos de cristal azul del centro. Mis colegas se quedaron un poco perplejos con mi decisión. ¿Por qué dejaba una compañía en la que la mayoría de la gente de mi edad estaba deseando trabajar, citada normalmente como la más influyente del mundo?

Mis conocidos supusieron que estaba cambiando las ochenta horas semanales de trabajo por un estilo de vida más relajado, pero cualquiera que haya sido profesor sabe que es el trabajo más duro del mundo. ¿Por qué dejaba aquella compañía? En cierto modo lo hice porque mi vocación no era el asesoramiento, sino la enseñanza. Mientras estudiaba en la universidad, fui tutora y mentora de jóvenes de escuelas públicas locales. Después de licenciarme, puse en marcha un curso tutorial gratuito de enriquecimiento que dirigí durante dos años. Más tarde ingresé en la Universidad de Oxford, don-

---

1. La escuela en la que yo daba clases fue fundada por Daniel Oscar, un exalumno de Teach For America. En mi opinión, Neil Dorosin era el mejor profesor. Tanto Daniel como Neil siguen hoy en la vanguardia de la reforma educativa.

de estudié los mecanismos neurales de la dislexia y me licencié en Neurociencia. Por eso cuando empecé a trabajar de profesora sentí que volvía a dedicarme a lo mío.

Pero, aun así, la transición fue brusca. En una semana pasé de escuchar: «¿De verdad te pagan tanto?» a «¡Vaya! ¿Cómo lográis llegar a fin de mes los profesores de esta ciudad?» Mi cena era ahora un bocadillo que me comía apresuradamente mientras puntuaba las pruebas de mis estudiantes en lugar del sushi que cargaba en la cuenta de mis clientes. Para ir a trabajar tomaba la misma línea de metro, pero en vez de bajarme en el centro, lo hacía después de seis paradas más al sur, en el Lower East Side. En lugar de zapatos de salón, perlas y trajes a medida, ahora llevaba zapatos más cómodos y vestidos que no me importaba que se me mancharan de tiza.

Mis alumnos tenían doce y trece años. La mayoría vivían en complejos de viviendas subvencionadas concentrados entre las Avenidas A y D. Esto fue antes de que en el vecindario brotaran cafés de moda en cada esquina. El otoño en el que empecé a enseñar en aquel colegio, lo eligieron como escenario para una película sobre un centro de enseñanza donde las peleas eran habituales en un barrio urbano peligroso. Mi trabajo consistía en ayudar a los alumnos a aprender las matemáticas de séptimo curso: los quebrados y decimales, y el abecé del álgebra y la geometría.

Incluso en la primera semana ya vi que algunos de mis alumnos pillaban los conceptos matemáticos con más facilidad que otros. Enseñar a los más talentosos de la clase era un placer. Eran «alumnos muy agudos» en el sentido literal. Sin demasiada ayuda, veían enseguida las pautas de una serie de problemas matemáticos que los estudiantes menos dotados intentaban captar. En cuanto me veían resolver un problema en la pizarra, exclamaban: «¡Ya lo he pillado!», y luego intentaban resolver el siguiente por sí mismos.

Y, sin embargo, al final del primer semestre me llevé un buen chasco al descubrir que algunos de esos alumnos tan listos no progresaban tanto como yo esperaba. Algunos eran alumnos brillantes, pero una buena parte de los más talentosos sacaban notas mediocres o incluso suspensos.

En cambio, varios de los estudiantes que al principio se esforzaban por captar lo que les enseñaba, rindieron más de lo que yo esperaba. Los que «rendían más de lo esperado» asistían a clase cada día con todo lo que necesitaban. En lugar de juguetear y mirar por la ventana, tomaban notas y hacían preguntas. Cuando no captaban algo a la primera, lo intentaban una y otra vez, algunas veces yendo a verme en el descanso del almuerzo o a la hora de las asignaturas optativas de la tarde para que les echara una mano. La aplicación que mostraban se reflejaba en sus notas.

Por lo visto, el talento para las matemáticas *no* garantizaba el éxito. No tenía nada que ver con destacar en esta asignatura en clase.

Me llevé una gran sorpresa al descubrirlo. Después de todo siempre se ha dicho que las matemáticas es una asignatura en la que destacan los alumnos talentosos, dejando atrás a aquellos a los que «les cuesta más». Para ser sincera, empecé el curso con esa mentalidad. Creía que los que tenían facilidad para las matemáticas seguirían aventajando a sus compañeros. A decir verdad, esperaba que la brecha que los separaba del resto se hiciera más grande con el tiempo.

Me había quedado deslumbrada por el talento.

Poco a poco empecé a hacerme preguntas difíciles. Cuando enseñaba una lección y mis alumnos no captaban el concepto, me preguntaba si los que intentaban entenderlo tenían que esforzarse un poco más que el resto. ¿Acaso tenía que explicarlo de distinta manera? Antes de concluir precipitadamente que el talento era algo que uno tenía o no, ¿debía considerar la importancia del esfuerzo? Y, como profesora, ¿acaso no era responsable de averiguar cómo hacer que el esfuerzo sostenido —tanto el mío como el de mis alumnos— durara un poco más?

Al mismo tiempo, empecé a reflexionar sobre lo listos que parecían incluso mis alumnos más flojos en matemáticas cuando hablaban de temas que les interesaban de verdad. Eran conversaciones que me resultaban prácticamente imposibles de seguir: charlas que giraban en torno a las estadísticas del baloncesto, las letras de sus canciones preferidas y los complicados razonamientos de por qué menganito ya no le hablaba a fulanito y la razón de ello. Cuando logré conocer mejor a mis alumnos descubrí que todos manejaban con soltura una serie de ideas complicadas en su nada fácil vida cotidiana. Sinceramente, calcular el valor de x en una ecuación de álgebra no parecía demasiado difícil en comparación.

El talento no estaba repartido por igual entre mis estudiantes. Pero en lo que se refiere a aprender las matemáticas de séptimo curso, ¿era posible que si tanto ellos como yo pusiéramos el suficiente esfuerzo con el tiempo se salieran con la suya? Sin duda, yo creía que todos eran lo *bastante* talentosos como para aprobar la asignatura.

Hacia el final del año escolar mi novio se convirtió en mi marido. Para que pudiera progresar en la carrera que había iniciado en McKinsey, dejamos Nueva York para mudarnos a San Francisco. Me salió un nuevo trabajo como profesora de matemáticas en el Instituto Lowell.

Comparado con mi clase del Lower East Side, el Lowell era como otro universo.

Metido en una cuenca cubierta siempre por la bruma cerca del océano Pacífico, Lowell es el único instituto público de San Francisco que admite estudiantes basándose en sus méritos académicos. Es el lugar de donde procede el mayor número de estudiantes de la Universidad de California, y muchos de sus egresados ingresan en las universidades más selectivas del país.

Si hubieras crecido como yo en la Costa Este, verías el instituto Lowell como el instituto Stuyvesant de San Francisco. Estas imágenes me traen a la memoria jóvenes prodigio que son mucho más listos que los que carecen de las excelentes notas académicas y las de las pruebas requeridas para entrar en él.

Pero descubrí que los alumnos del Lowell destacaban más por su ética del trabajo que por su inteligencia. En una ocasión les pregunté en clase cuánto tiempo dedicaban al estudio. ¿Su respuesta habitual? Horas y horas. No a la semana, sino diarias.

Sin embargo, como en cualquier otro instituto, en el Lowell se daba una enorme variación en cuanto al esfuerzo y al rendimiento de los estudiantes.

Al igual que descubrí en Nueva York, algunos de los alumnos que yo esperaba que sobresalieran en clase por tener facilidad para las matemáticas rindieron menos que otros compañeros. En cambio, algunos de los que más se esforzaban eran los que mejores notas sacaban en las pruebas y los exámenes.

David Luong era uno de esos alumnos tan aplicados.

Asistía a mi clase de álgebra de primer año. En el Lowell había dos tipos de cursos de álgebra: el acelerado que te permitía hacer el curso de cálculo avanzado en el segundo año, y el normal, que yo daba, que no te permitía hacerlo. Los alumnos de mi clase no habían sacado la nota suficiente en el examen de matemáticas del Lowell como para hacer el curso acelerado.

David al principio no sobresalía en clase. Era un alumno callado que se sentaba al final del aula. No levantaba demasiado la mano y pocas veces se ofrecía para resolver problemas de álgebra en la pizarra.

Pero al poco tiempo descubrí que cada vez que puntuaba las tareas que les ponía, las de David eran perfectas. Sobresalía en mis pruebas y mis exámenes. Cuando le marcaba una respuesta como incorrecta, la mayoría de las veces se debía a un error mío y no suyo. Y tenía un insaciable deseo de aprender. Prestaba una gran atención. Y al terminar la clase se quedaba para pedirme, amablemente, que le pusiera tareas más difíciles.

Me empecé a preguntar qué hacía ese chico en *mi* clase.

Cuando vi lo absurda que era la situación, acompañé a David al despacho de la directora de mi departamento. No me llevó demasiado tiempo explicarle lo que ocurría. Por suerte, la directora era una profesora sensata y maravillosa para la que los alumnos tenían mucho más valor que las normas burocráticas. Empezó de inmediato a hacer el papeleo para cambiar a David de clase y ponerlo en el curso acelerado.

Yo perdí un alumno y el otro profesor ganó uno. Como es natural hubo altibajos y David no siempre sacó sobresalientes en matemáticas.

«Después de dejar tu curso para hacer el avanzado, me quedé un poco rezagado[2] —me contó David más tarde—. Y al año siguiente las clases de geometría del curso de matemáticas siguieron costándome. No saqué un sobresaliente, sino un notable.»

En la clase siguiente, volvió a sacar un aprobado en su primer examen de matemáticas.

«¿Cómo te lo tomaste?», le pregunté.

«Me sentí mal, de verdad, pero no le di más vueltas. Ya no tenía solución. Sabía que debía concentrarme en lo que haría a continuación. Así que fui a ver a mi profesor para pedirle que me ayudara. Intenté descubrir qué había hecho mal. Qué necesitaba hacer de distinta manera.»

En el último año David hizo los dos cursos de cálculo más avanzados y difíciles de Lowell. Aquella primavera sacó la nota más alta en el examen del curso avanzado.

Al terminar el instituto entró en la Universidad de Swarthmore y se licenció en Ingeniería y Economía. Durante su graduación me senté al lado de sus padres, recordando a aquel alumno callado del fondo de la clase que acabó demostrando que las pruebas de aptitud se pueden equivocar en muchos sentidos.

Dos años más tarde David se doctoró en Ingeniería Mecánica en la UCLA. Su tesis trató del óptimo rendimiento algorítmico en los procesos termodinámicos de los motores de camiones. Es decir, usó las matemáticas para construir motores más eficientes. En la actualidad trabaja como ingeniero en la Aerospace Corporation. Literalmente, el

---

2. David Luong, en una entrevista con la autora, 8 de mayo, 2015.

chico al que tacharon de «no estar preparado» para el curso de matemáticas más difícil y acelerado es ahora un «científico astronáutico».

Durante los años siguientes como profesora vi cada vez con más claridad que el talento no era algo predeterminado y sentí una creciente curiosidad por los frutos del esfuerzo. En mi intento de dilucidar las profundidades de este misterio, acabé dejando la docencia para ser psicóloga.

Cuando cursaba los estudios de posgrado me enteré de que los psicólogos llevan mucho tiempo preguntándose por qué algunas personas triunfan en la vida y otras fracasan. Uno de los primeros en hacerlo fue Francis Galton, que le dio vueltas al tema con Charles Darwin, su primo segundo.

Galton era, por lo que dicen todos, un niño prodigio. A los cuatro años ya era capaz de leer y escribir. A los seis, sabía latín, podía hacer una división larga y recitar de memoria pasajes de Shakespeare. Aprendía con pasmosa facilidad.[3]

En 1869 Galton publicó su primer estudio científico sobre los orígenes de los grandes logros. Después de reunir listas de figuras conocidas en el mundo de la ciencia, los deportes, la música, la poesía y el derecho —entre otras—, recopiló toda la información biográfica posible. Las mentes prodigiosas, concluyó Galton, son asombrosas en tres sentidos: manifiestan unas «aptitudes» inusuales combinadas con un «celo» excepcional y «la capacidad para trabajar con tesón».[4]

---

3. Karl Pearson, *The Life, Letters and Labours of Francis Galton*, vol. 1, Cambridge University Press, Cambridge, Reino Unido, 1930, pág. 66.

4. Francis Galton, *Hereditary Genius*, Macmillan, Londres, 1869, pág. 38. Es importante advertir que la fascinación que Galton sentía por la herencia era desacertada. Aunque sus conclusiones sobre la importancia del celo, la laboriosidad y la aptitud estén respaldadas por investigaciones modernas, sus conclusiones equivocadas sobre la herencia y la raza no han sido corroboradas por ningún estudio.

Después de leer las primeras cincuenta páginas del libro de Galton, Darwin escribió una carta a su primo expresándole su sorpresa por el hecho de que el talento apareciera en la breve lista de cualidades esenciales. «En cierto sentido eres partidario de una idea que yo no comparto —escribió Darwin—, pues he mantenido siempre que en los hombres, salvo en el caso de los idiotas, la capacidad intelectual no varía mucho, lo único en lo que se diferencian es en la diligencia y el tesón, y sigo pensando que esto es una diferencia *sumamente* importante[5]».

El propio Darwin era la clase de mente prodigiosa que Galton estaba intentando entender. Reconocido ampliamente como uno de los científicos más influyentes de la historia, Darwin fue el primero en explicar la diversidad de las especies del reino vegetal y animal como una consecuencia de la selección natural. De ahí que fuera un astuto observador no solo de la flora y la fauna, sino también del ser humano. Su vocación era observar las ligeras diferencias que conducían a la supervivencia.

Vale la pena analizar la opinión de Darwin sobre los factores determinantes de los logros, es decir, su idea sobre que la diligencia y el tesón son en el fondo más importantes que la capacidad intelectual.

En general, los biógrafos de Darwin no afirman que poseyera una inteligencia superior.[6] Era sin duda inteligente, pero sus descubrimientos no surgieron como ideas luminosas. En cierto sentido era una persona que ponía mucho empeño en lo que hacía. La autobiografía de Darwin corrobora esta idea: «No tengo la asombrosa agilidad mental[7]

---

5. Charles Darwin, carta dirigida a Francis Galton, 23 de diciembre, 1869. Frederick Burkhardt *et al.*, ed., *The Correspondence of Charles Darwin*, vol. 17, 1869, Cambridge University Press, Cambridge, Reino Unido, 2009, pág. 530.

6. Véase Leonard Mlodinow, *The Upright Thinkers: The Human Journey from Living in Trees to Understanding the Cosmos*, Pantheon Books, Nueva York, 2015, pág. 195. Catharine Morris Cox, «The Early Mental Traits of Three Hundred Geniuses», en *Genetic Studies of Genius*, vol. 2, ed. Lewis M. Terman, Stanford University Press, Stanford, California, 1926, pág. 399.

7. Charles Darwin, *The Autobiography of Charles Darwin*, Collins Clear-Type Press, Londres, 1958, págs. 140-141.

de ciertas personas inteligentes —admite—. Mi fuerza para seguir una línea de pensamiento larga y abstracta es muy limitada». Creía que no tenía madera para ser un matemático o un filósofo excelente, y que su memoria también dejaba mucho que desear. «Tengo tan poca memoria que en cierto modo nunca he podido recordar más de unos pocos días una sola fecha o estrofa.»

Tal vez Darwin era demasiado humilde. Pero no tenía ningún problema en elogiar su capacidad de observación y la diligencia con la que la aplicaba para entender las leyes de la naturaleza. «Creo que supero a la gente corriente a la hora de advertir cosas que suelen pasar desapercibidas y de observarlas atentamente. Mi diligencia ha sido casi tan enorme como mi capacidad de observación y de reunir información. Y lo más importante es que mi pasión por las ciencias naturales ha sido constante e intensa.»

Uno de sus biógrafos describe a Darwin como alguien que estuvo pensando en las mismas cuestiones mucho tiempo cuando otros ya las habrían abandonado para plantearse otro tipo de problemas más fáciles.

Al ver algo que nos desconcierta, normalmente nos decimos: «Reflexionaré sobre ello más tarde», pero luego nos olvidamos del tema para no tener que devanarnos los sesos. Sin embargo, Darwin era una persona que nunca se olvidaba de lo que se planteaba. La pregunta estaba siempre presente en su mente y se la volvía a plantear en cuanto se topaba con una información relevante,[8] por pequeña que fuera.

Cuarenta años más tarde, al otro lado del Atlántico, William James, un psicólogo de Harvard, se planteó la misma pregunta sobre cómo

---

8. Adam S. Wilkins, «Charles Darwin: Genius or Plodder?», *Genetics* 183, 2009, págs. 773-777.

la gente se diferencia en la persecución de objetivos. Hacia el final de su larga y distinguida carrera, escribió un ensayo acerca del tema en *Science* (la más importante revista académica que se publicaba tanto en aquel tiempo como en la actualidad no solo sobre psicología, sino además sobre ciencias naturales y sociales). Se titulaba «Las energías del hombre».[9]

Reflexionando acerca de los logros y fracasos de amigos cercanos y colegas y sobre cómo la cualidad de sus propios esfuerzos variaba en sus días buenos y malos, James observó:

> Comparado con lo que tendría que ser, solo estamos medio despiertos. Nuestra pasión es sofocada, nuestros impulsos son dominados. Hacemos uso solamente de una pequeña parte de nuestros posibles recursos mentales y físicos.

James afirmó que existe una brecha entre el potencial que tenemos y el que manifestamos. Sin negar que hay distintas clases de talentos[10] —podemos tener más talento musical que para los deportes o más empresarial que artístico— James afirmó que «el ser humano vive muy por debajo de sus límites, posee diversas clases de poder que habitualmente no usa. No emplea su energía al máximo ni da todo lo que es capaz de dar de sí».

«Por supuesto *hay* límites —reconoce James—. Los árboles no crecen hasta el cielo.» Pero estos límites externos en los que dejaremos de progresar son irrevelantes para la gran mayoría de la gente.

---

9. William James, «The Energies of Men», *Science* 25, 1907, págs. 321–332.

10. El talento es, por supuesto, plural. Para el lector que esté interesado en el tema, véase Howard Gardner, *Frames of Mind: The Theory of Multiple Intelligences*, Basic Books, Nueva York, 1983. Véase también Ellen Winner, *Gifted Children: Myths and Realities*, Basic Books, Nueva York, 1996. Robert J. Sternberg y James C. Kaufman, «Human Abilities», *Annual Review of Psychology* 49, 1998, págs. 479–502.

«No se puede negar que el ser humano posee muchos recursos que solo los individuos excepcionales aprovechan al máximo.»

Estas palabras, escritas en 1907, siguen siendo ciertas más que nunca en la actualidad. ¿Por qué le damos tanta importancia al talento? ¿Y por qué nos obsesionamos con los límites extremos de lo que podemos hacer cuando, en realidad, la mayoría nos encontramos tan solo al inicio de nuestro viaje, tan lejos de ellos? ¿Y por qué suponemos que es nuestro talento, en lugar de nuestro esfuerzo, lo que decidirá lo lejos que llegaremos a la larga?

Durante años varias encuestas nacionales han estado preguntando a la gente: ¿qué es más importante para el éxito, el talento o el esfuerzo? Los estadounidenses tienden a citar el doble de veces el esfuerzo.[11] Al preguntarles sobre la capacidad atlética,[12] responden lo mismo. Y cuando se les pregunta: «Si fueras a contratar a un nuevo empleado, ¿cuál de las siguientes cualidades crees que es más importante?» Responden «ser un esforzado trabajador» cinco veces más a menudo que «ser inteligente».[13]

Los resultados de estas encuestas coinciden con los test que la psicóloga Chia-Jung Tsay presentó a músicos profesionales. Estos respondieron que el esfuerzo de un músico es mucho más importante que el talento natural. Pero cuando Chia investigó la actitud de los encuestados más indirectamente, salió a la luz la tendencia contraria: a todos nos gusta el talento natural.

En los experimentos de Chia, les describieron a los músicos profesionales dos pianistas con unas biografías idénticas en cuanto a sus

11. Encuesta de America's Inner Financial Life, *Worth Magazine*, noviembre, 1993.

12. «CBS News Poll: Does Practice Make Perfect in Sports?», página web de noticias de la CBS, 6 de abril, 2014, www.cbsnews.com/news/cbs-news-poll-does-practice-make-perfect-in-sports.

13. The *60 Minutes/Vanity Fair* Poll, *Vanity Fair*, enero, 2010.

logros. Los participantes escuchaban un breve fragmento de piano interpretado por esos músicos. Pero lo que no sabían es que solo un pianista era el que tocaba las distintas partes de la pieza musical. La diferencia era que uno de los pianistas era descrito como un músico «nato» por ser evidente su talento natural desde el principio. Y el otro, como un «luchador» por la gran motivación y perseverancia que había demostrado desde el inicio. Los músicos, contradiciéndose por haber afirmado antes que el esfuerzo es más importante que el talento, concluyeron que el pianista con un talento natural tendería más a triunfar[14] y a obtener más contratos que el otro.

En otro estudio complementario, Chia analizó si aparecería la misma contradicción en un ámbito muy distinto donde se le da mucha importancia al trabajo duro y a la lucha: el mundo empresarial. Reunió a cientos de adultos con diversos niveles de experiencia en el mundo de los negocios y los dividió al azar en dos grupos. La mitad de los participantes leyeron el perfil de un empresario «luchador» que había triunfado gracias al trabajo duro, el esfuerzo y la experiencia. Y la otra mitad leyeron el perfil de un empresario «nato» que había triunfado gracias a su capacidad innata. Todos los participantes escucharon el mismo audio sobre una propuesta empresarial y les dijeron que la grabación la había hecho el empresario sobre el que habían leído.

Como ocurrió en el estudio de los músicos, Chia descubrió que el empresario con un talento natural[15] tenía más probabilidades de triunfar y de ser contratado que el otro, según la opinión de los participantes. En un estudio relacionado, Chia descubrió que cuando se obligaba a los participantes a apoyar a uno de los dos empresarios

---

14. Chia-Jung Tsay y Mahzarin R. Banaji, «Naturals and Strivers: Preferences and Beliefs About Sources of Achievement», *Journal of Experimental Social Psychology* 47, 2011, págs. 460-465.

15. Chia-Jung Tsay, «Privileging Naturals Over Strivers: The Costs of the Naturalness Bias», *Personality and Social Psychology Bulletin*, 2015.

—uno descrito como un luchador y el otro, como un emprendedor nato— se decantaban por el segundo.[16] A decir verdad, los participantes empezaban a decantarse por igual entre el empresario luchador y el nato cuando el luchador tenía cuatro años más de experiencia como empresario y 40.000 dólares adicionales de capital en una empresa emergente.

La investigación de Chia sacó a la luz nuestra ambivalencia en cuanto al talento y el esfuerzo. Lo que *decimos* que nos importa no coincide con lo que —en el fondo— *creemos* que es más importante. En cierto modo, es como cuando en una relación amorosa afirmamos que no nos importa el aspecto físico y a la hora de elegir pareja en una cita, optamos por el hombre más atractivo en lugar de por el más bueno.

La «tendencia por el talento natural» es un prejuicio oculto contra los que han alcanzado algo gracias a su propio esfuerzo y una preferencia oculta por los que creemos que han alcanzado lo mismo por su talento natural. Tal vez no admitamos a los demás esta tendencia por el talento natural, o ni siquiera la reconozcamos en nuestro interior. Pero es evidente en las decisiones que tomamos.

La propia vida de Chia es un ejemplo interesante del fenómeno del «luchador» frente al «nato». En la actualidad es profesora en el University College de Londres y publica sus investigaciones en las revistas científicas más prestigiosas. De niña estudió en Juillard, un conservatorio que invita a los estudiantes de pregrado «con el talento, el potencial y los logros para hacer una carrera musical», a vivir en «un ambiente que fomenta las dotes artísticas y las habilidades técnicas».[17]

---

16. Ibíd.

17. «Juilliard Pre-College», The Juilliard School, consultado el 10 de agosto, 2015, www.juilliard.edu/youth-adult-programs/juilliard-pre-college.

Chia tiene en su haber varios títulos otorgados por la Universidad de Harvard. El primero fue una licenciatura en Psicología. Se graduó con una nota media de sobresaliente. También obtuvo dos másteres, uno en Historia de la Ciencia y el otro en Psicología Social. Y, por último, mientras terminaba un doctorado en Conducta Empresarial y Psicología en Harvard, también obtuvo otro en Música.

Impresionante, ¿no? Pues por si esto fuera poco, Chia tiene además un título de piano y otro de pedagogía musical concedido por el Conservatorio Peabody y ha tocado en el Carnegie Hall, en el Lincoln Center, en el Kennedy Center y en el recital para conmemorar la presidencia del consejo de la Unión Europea.

Si solo ves sus credenciales, concluirías al instante que Chia es la mujer más talentosa de todas las personas que conoces: «¡Caramba! ¡Qué joven más talentosa!» Y si la investigación de Chia es cierta, esta descripción adornaría sus logros con más lustre, misterio y asombro que la alternativa de: «¡Caramba! ¡Qué joven tan entregada y trabajadora!»

¿Y qué ocurriría entonces? Hay una gran cantidad de investigaciones sobre lo que ocurre cuando creemos que un estudiante es especialmente talentoso. Le empezamos a prestar más atención de la habitual y a ponerle un listón más alto. Esperamos que aventaje al resto y esta expectativa se convierte en una profecía que acarrea su propio cumplimiento.[18]

Le pedí a Chia que reflexionara sobre sus logros musicales. «Supongo que tengo un cierto talento —contestó—, pero lo más importante es que al apasionarme la música la he estado practicando de cuatro a seis horas diarias desde la infancia.» Y en la universidad, a pesar del tiempo que le ocupaban las clases y las actividades, se hizo un hueco para seguir practicándola casi las mismas horas. Así que, sí, tiene talento, pero también es una luchadora.

---

18. Robert Rosenthal, «Pygmalion Effect», en *The Corsini Encyclopedia of Psychology*, ed. Irving B. Weiner y W. Edward Craighead, John Wiley & Sons, Inc., Hoboken, Nueva Jersey, 2010.

¿Por qué Chia dedicaba tanto tiempo a la música?, me preguntaba. ¿Es que su familia la obligaba? ¿O podía elegir? «¡Oh, fui yo la que lo decidí! Quería hacerlo. Deseaba tocar cada vez mejor.[19] Cuando tocaba el piano me imaginaba dando un concierto en un lugar lleno de gente. Y luego me imaginaba que me aplaudían.»

El año que dejé McKinsey para dedicarme a la docencia, tres socios de la compañía publicaron el informe *La guerra por el talento*.[20] El informe tuvo una gran aceptación y acabó siendo un éxito de ventas.[21] Se basaba en la idea de que las compañías triunfan y fracasan en la economía moderna dependiendo de su capacidad para atraer y retener a «jugadores de primera».

«¿Qué entendemos por *talento*?»,[22] preguntaban los autores de McKinsey en la introducción del libro. Respondiendo a su propia pregunta, apostillaban: «En el sentido más general, el talento es la suma de las aptitudes de una persona, sus dotes intrínsecas, habilidades, conocimientos, experiencias, inteligencia, juicios de valor, actitudes, carácter e ímpetu. También incluye su capacidad para aprender y crecer». Es una larga lista y revela hasta qué punto nos cuesta a la mayoría intentar definir el talento con precisión. Pero no me sorprende que las «dotes intrínsecas» encabecen la lista.

Cuando la compañía McKinsey apareció en la portada de la revista *Fortune*, el artículo principal empezaba diciendo: «En presencia de un

19. Chia-Jung Tsay, profesora adjunta en la Escuela Universitaria de Ciencias Empresariales de Londres, en una entrevista con la autora, 8 de abril, 2015.

20. Elizabeth Chambers *et al.*, «The War for Talent», *McKinsey Quarterly* 3, 1998, págs. 44-57.

21. Ed Michaels, Helen Handfield-Jones y Beth Axelrod, *The War for Talent*, Harvard Business School Press, Boston, 2001.

22. Ibíd., pág. xii.

joven socio de McKinsey, tenemos la impresión de que si le ofreciéramos uno o dos cócteles, inclinándose sobre la mesa nos sugerirá algo embarazoso, como comparar las notas SAT».[23] Es casi imposible, observaba el periodista, pasar por alto «la importancia que se le da en la cultura de McKinsey a la capacidad analítica, o como la gente lo expresa, al hecho de ser una persona "brillante"».[24]

McKinsey es célebre por contratar y recompensar a hombres y mujeres inteligentes, algunos con un máster en Dirección Empresarial otorgado por la Universidad de Harvard o de Stanford, y el resto, como yo, con alguna otra credencial que sugiere que la mayoría tenemos una mente prodigiosa.

Mis entrevistas para el puesto de trabajo en McKinsey consistieron en una serie de rompecabezas pensados para evaluar mi temple analítico. Un entrevistador, tras presentarse, me preguntó:

«¿Cuántas pelotas de tenis se fabrican al año en Estados Unidos?»

«Supongo que hay dos maneras de abordar esta pregunta —repuse—. La primera es preguntárselo a la persona indicada, o tal vez a la patronal del sector, para que te lo diga.»

El entrevistador asintió con la cabeza, pero por la mirada que me echó vi que quería oír otra clase de respuesta.

«O también puedes intentar calcularlo.»

Al verle sonreír complacido, le dije lo que quería oír:

«Supongamos que hay cerca de doscientos cincuenta millones de habitantes en Estados Unidos. Y que los jugadores más activos de tenis tienen de diez a treinta años. Esto equivaldría aproximadamente a una cuarta parte de la población. Supongo que serían poco más de sesenta millones de posibles jugadores de tenis».

Mi entrevistador se veía ahora entusiasmado. Seguí con el juego de lógica, multiplicando y dividiendo las cifras según mis propias

---

23. John Huey, «How McKinsey Does It», Fortune, noviembre de 1993, págs. 56-81.

24. Ibíd., pág. 56.

estimaciones, hechas a ciegas, sobre la cantidad de personas que jugarían a tenis, la frecuencia con la que lo hacían, y la cantidad de pelotas que usaban en un partido, y luego sobre lo a menudo que tendrían que reemplazar las que se estropeaban o perdían.

Obtuve una cifra que seguramente sería de lo más inexacta, porque a cada paso hacía otra conjetura a ciegas que era, en un cierto grado u otro, incorrecta. Al final le dije:

«Para mí lo más difícil no es hacer los cálculos matemáticos. Soy la tutora de una niña pequeña que está practicando los quebrados y hacemos mentalmente muchos cálculos juntas. Pero si quiere saber *realmente* lo que haría para dar con la respuesta, sería llamar a alguien que la supiera».

Volvió a sonreír, poniendo cara de haber averiguado todo lo que quería saber de mí. Y también de mi solicitud, incluyendo mi nota del SAT, que para la compañía McKinsey tiene mucho peso a la hora de seleccionar a los candidatos. Es decir, si el consejo para el mundo empresarial americano es crear una cultura que valore el talento por encima de todo lo demás, McKinsey predica con el ejemplo.

En cuanto acepté la oferta de trabajar en la delegación de Nueva York, me comunicaron que pasaría el primer mes en un lujoso hotel de Clearwater, en Florida. Allí me reuní con tres docenas de empleados nuevos que, como yo, carecían de cualquier formación empresarial. En su lugar, poseíamos alguna otra clase de titulación cum laude. El tipo que se sentó a mi lado tenía, por ejemplo, un doctorado en Física. Y el del otro lado era cirujano, y detrás de mí había dos abogados.

Ninguno de nosotros sabía demasiado sobre administración de empresas en general ni sobre cualquier otro sector en particular. Pero eso iba a cambiar: en un solo mes hicimos un «minimáster en Dirección de Empresas», un curso relámpago. Al habernos atribuido a todos una mente prodigiosa, estaban seguros de que aprenderíamos una cantidad inaudita de información en muy poco tiempo.

Tras adquirir conocimientos básicos sobre el flujo de caja, la diferencia entre los ingresos y las ganancias, y algunos otros aspectos rudimentarios de lo que ahora sé que es el «sector privado», nos enviaron a nuestros respectivos despachos situados en distintas partes del mundo, donde nos uniríamos a equipos de otros asesores y nos asignarían a clientes empresarios para que solucionáramos cualquier problema que nos plantearan.

Al cabo de poco descubrí que la propuesta de negocios básica de McKinsey es muy sencilla. Por una gran suma de dinero mensual, las compañías pueden contratar a un equipo de McKinsey para resolver problemas demasiado peliagudos como para que los solucionen los tipos que ya están trabajando en ellos. Al final de este «contrato», como se conocía en la compañía, teníamos que elaborar un informe muchísimo más iluminador que cualquier otra cosa que hubiera generado la empresa que nos contrataba.

Se me ocurrió, mientras reunía unas diapositivas que resumían las recomendaciones audaces y radicales que les iba a ofrecer a un conglomerado de empresas farmacéuticas multimillonario, que yo no tenía idea de lo que estaba hablando. En el equipo había asesores veteranos que tal vez me aventajaran en conocimientos, y otros asesores noveles recién licenciados que sin duda sabían menos que yo.

¿Por qué nos contrataban por una cantidad tan desorbitada de dinero? En cierto modo teníamos la ventaja de ver objetivamente desde fuera el problema sin que nos condicionara la política de la empresa que nos contrataba. También disponíamos de un método para resolver problemas empresariales basado en las hipótesis y la información. Probablemente los directores ejecutivos acudían a McKinsey por un montón de buenas razones. Creo que una era porque se suponía que éramos más listos que el personal de su propia empresa. Contratar a un asesor de McKinsey significaba contratar al «mejor y más brillante», como si la persona más brillante fuera también la mejor.

Según *La guerra por el talento,* las compañías que destacan son las que ascienden agresivamente a los empleados más talentosos al tiempo que se desembarazan con la misma agresividad de los menos talentosos. En esta clase de compañías, la enorme disparidad salarial no es solo justificable sino deseable. ¿Por qué? Porque un ambiente competitivo en el que el ganador se lo lleva todo anima a los *más* talentosos a quedarse en la empresa y a los *menos* talentosos a buscar otra clase de trabajo.

Duff McDonald, el periodista que ha investigado hasta la fecha con más profundidad sobre la compañía McKinsey, ha sugerido que esta particular filosofía de negocios debería más bien llamarse *«La guerra contra el sentido común».*[25] McDonald señala que a las compañías destacadas en el informe original de McKinsey como modelos de la estrategia que promueve no les fue tan bien en los años siguientes de la publicación del informe.

El periodista Malcolm Gladwell también ha criticado[26] *La guerra por el talento.* La empresa Enron, señala, personificaba la «mentalidad centrada en el talento» recomendada por McKinsey en la dirección empresarial. Como se sabe, la historia de Enron no acabó bien. Cuando era una de las empresas de energía más importantes del mundo, fue citada en la revista *Fortune* como la Compañía más Innovadora durante seis años seguidos. Pero a finales del 2001, al quebrar, se hizo patente que las extraordinarias ganancias de la compañía eran atribuibles a un fraude de contabilidad masivo y sistemá-

---

25. Duff McDonald, «McKinsey's Dirty War: Bogus "War for Talent" Was Self-Serving (and Failed)», *New York Observer,* 5 de noviembre, 2013.

26. Malcolm Gladwell, «The Talent Myth», *New Yorker,* 22 de julio, 2002.

tico. Cuando Enron se hundió, miles de empleados que no habían participado en absoluto en el fraude perdieron el trabajo, el seguro médico y los ahorros de la jubilación. En aquella época fue la quiebra de la mayor compañía[27] en la historia de Estados Unidos.

No se puede echar la culpa del desastre de Enron a un CI excesivamente elevado. Ni tampoco a la falta de grit. Pero Gladwell sostiene convincentemente que el hecho de que los empleados se sintieran obligados a demostrar que eran más listos que los demás contribuyó a una cultura narcisista, con una representación excesiva de empleados sumamente engreídos y, al mismo tiempo, atenazados por una gran inseguridad que los empujaba a lucirse. Era una cultura que fomentaba el rendimiento a corto plazo y entorpecía el aprendizaje y el crecimiento a la larga.

The Smartest Guys in the Room, el documental que hace la autopsia a Enron, también refleja lo mismo. Cuando la compañía se encontraba en lo más alto, su director ejecutivo era Jeff Skilling, un brillante y presuntuoso antiguo asesor de McKinsey. Skilling creó un sistema de evaluación del rendimiento laboral para Enron que consistía en categorizar a los empleados anualmente y despedir sumariamente a un 15 por ciento de los que se encontraban en la cola.[28] Es decir, fuera cual fuese el nivel absoluto de rendimiento, si un trabajador rendía poco en comparación con el resto, era despedido. En Enron esta práctica se conocía como «categorización y despido». Skilling la consideraba una de las estrategias más importantes de su compañía. Pero en el fondo tal vez haya favorecido un ambiente laboral que recompensaba el engaño y entorpecía la integridad.

---

27. Clinton Free, Norman Macintosh y Mitchell Stein, «Management Controls: The Organizational Fraud Triangle of Leadership, Culture, and Control in Enron», *Ivey Business Journal,* julio, 2007, http://iveybusinessjournal.com/publication/management-controls-the-organizational-fraud-triangle-of-leadership-culture-and-control-in-enron/.

28. Ibíd.

¿Es malo el talento? ¿Somos todos talentosos en el mismo grado? No y no. La capacidad para culminar con rapidez la curva de aprendizaje de cualquier habilidad es una gran ventaja y nos guste o no algunas personas son mejores que otras en ello.

¿Por qué en tal caso es tan malo preferir a los que tienen un talento «innato» por encima de los «luchadores»? ¿Cuál es el inconveniente de programas televisivos como *America's Got Talent, The X Factor* y *Child Genius*? ¿Por qué dividir a los niños desde la tierna edad de siete u ocho años en dos grupos, el de los pocos niños «superdotados y talentosos» y el de los numerosos niños que no lo son? ¿Qué hay de malo en un programa sobre el talento llamado «programa del talento»?

Desde mi punto de vista, la mayor razón por la que el interés por el talento puede ser perjudicial es muy sencilla: al dejarnos deslumbrar por el talento corremos el riesgo de olvidarnos de todo lo demás. Sin darnos cuenta, estamos transmitiendo que otros factores —como el grit— no son tan importantes como en realidad lo son.

Como lo ilustra, por ejemplo, la historia de Scott Barry Kaufman. Este psicólogo, cuyo despacho está a dos puertas del mío, se parece mucho a otros psicólogos que conozco. Dedica la mayor parte del día a leer, reflexionar, reunir información, hacer estadísticas y escribir. Publica sus investigaciones en revistas científicas. Conoce un montón de palabras polisílabas. Tiene titulaciones otorgadas por la Carnegie Mellon y por la Universidad de Cambridge y de Yale. Y además toca el violoncelo *como hobby*.

Pero de niño fue considerado un alumno con dificultades de aprendizaje, lo cual era cierto. «Básicamente tuve un montón de infecciones de oído en la infancia —cuenta Scott—. Y este problema me impedía procesar la información verbal en tiempo real. Siempre iba un paso o dos por detrás[29] de los otros niños de mi clase.» Su

---

29. Scott Barry Kaufman, director del Imagination Institute, en una entrevista con la autora, 3 de mayo, 2015. Véase también www.scottbarrykaufman.com.

rendimiento escolar era tan bajo que le pusieron en clases especiales. Repitió el tercer curso. El psicólogo del colegio le hizo un test para conocer su CI. En aquella sesión angustiante que describe como «horrenda», Scott sacó una puntuación tan baja que le mandaron a un colegio especial para niños con dificultades de aprendizaje.

No fue hasta los catorce años cuando un profesor muy observador experto en educación especial le preguntó a Scott en privado por qué no iba a clases más estimulantes. Hasta entonces, Scott nunca se había cuestionado la capacidad intelectual que le habían adjudicado, suponía que su poco talento no le permitiría llegar demasiado lejos en la vida.

Conocer a un profesor que creyera en su potencial fue un momento decisivo: pasó de *Esto es todo lo que harás en la vida* a pensar *¡Quién sabe dónde puedes llegar!* En ese momento Scott se empezó a preguntar por primera vez en su vida: *¿Quién soy? ¿Soy un chico con dificultades de aprendizaje sin ningún futuro? ¿U otra persona?*

Intentando averiguarlo, se apuntó en el instituto a cualquier actividad que supusiera un reto para él. A clase de latín. En el coro. No destacó en todas, pero *aprendió*. Aprendió que no era un caso perdido.

Descubrió que tenía facilidad para el violoncelo. Su abuelo había sido violoncelista en la Orquesta de Filadelfia durante casi cincuenta años y Scott se dijo que podría recibir clases de él. Así lo hizo, y el verano que eligió el violoncelo como instrumento, empezó a tocarlo de ocho a nueve horas diarias. Estaba decidido a mejorar a toda costa, no solo porque le gustaba, sino «porque quería demostrarle[30] a todo el mundo que intelectualmente era capaz de cualquier cosa. En ese momento ni siquiera me importaba cuál fuera».

Hizo progresos como violoncelista y en otoño se ganó un puesto en la orquesta del instituto. Si la historia terminara aquí tal vez no trataría del grit. Pero Scott siguió tocando el violoncelo e incluso aumentó las

---

30. Scott Barry Kaufman, «From Evaluation to Inspiration: Scott Barry Kaufman at TEDx-ManhattanBeach», vídeo de YouTube, publicado el 6 de enero, 2014, https://youtu.be/HQ6fW_GDEpA.

horas diarias que le dedicaba. Se saltaba el almuerzo para poder hacerlo. Y a veces incluso las clases. En el último curso se había convertido en el segundo mejor violoncelista de la orquesta, además cantaba en el coro y ganó todo tipo de premios del departamento de música.

También empezó a sobresalir en el instituto, ahora muchas clases a las que asistía eran avanzadas. Casi todos sus amigos estaban en un curso para jóvenes superdotados y talentosos, y Scott quería unirse a ellos. Quería hablar sobre Platón, resolver rompecabezas mentales y aprender más de lo que ya estaba aprendiendo. Pero el CI que había sacado de niño no le permitía semejante posibilidad. Recuerda al psicólogo del instituto trazando una curva en forma de campana en una servilleta:

«Este es el promedio —le dijo señalando la parte más alta—. Aquí es donde tú tienes que llegar para ir al curso para jóvenes superdotados y talentosos —añadió moviendo el dedo a la derecha—. Y aquí es donde tú estás ahora», puntualizó moviendo el dedo a la izquierda.

«¿En qué momento los logros superan al potencial?»,[31] le preguntó Scott.

El psicólogo sacudiendo la cabeza, le señaló la puerta dando por terminada la cita.

Aquel otoño Scott decidió estudiar aquello que llamaban «inteligencia» y extraer sus propias conclusiones. Solicitó entrar en un curso de ciencia cognitiva de la Carnegie Mellon, pero lo rechazaron. En la carta que le mandaron no le especificaban la razón, pero teniendo en cuenta sus notas extraordinarias y sus logros extracurriculares, Scott concluyó que lo habían hecho por su baja nota en el SAT.

«Tenía gran pasión y perseverancia[32] —recuerda Scott—. Me dije: "Voy a conseguirlo. Me da igual que no me hayan admitido. Encontraré la forma de estudiar lo que quiero estudiar".» Solicitó entrar en el

---

31. Ibíd.

32. Kaufman, entrevista.

curso de ópera de la Carnegie Mellon. ¿Por qué? Porque este curso no era tan exigente con la nota del SAT al centrarse en la aptitud y la expresión musical. En el primer año Scott se apuntó a un curso de psicología como asignatura optativa. Al poco tiempo, añadió la psicología como asignatura secundaria. Y luego cambió la carrera de ópera por la de psicología. Y al final se licenció en Psicología como miembro del Phi Beta Kappa, una sociedad honorífica que elige como miembros a los alumnos con aptitudes académicas sobresalientes.

Como le ocurrió a Scott, en la infancia yo también obtuve un CI que me tachó de no ser lo bastante brillante[33] como para ir a las

---

33. Sé de otras dos personas cuyos test de aptitud no pronosticaban lo lejos que llegarían en la vida. La primera es Darrin McMahon, un eminente historiador del Dartmouth College. En el libro de Darrin, *Divine Fury: A History of Genius,* Basic Books, Nueva York, 2013, recalca que la genialidad incita a la ambivalencia. Por un lado, a los humanos siempre nos ha atraído la idea de que unos pocos estén por encima del resto por los dones que Dios les ha dado. Por el otro, nos encanta la idea de la igualdad, nos gusta creer que todos tenemos las mismas oportunidades para triunfar en la vida. En una conversación reciente sobre este tema, Darrin me dijo: «Lo que está ocurriendo es la democratización de los genios. Hay una parte en nosotros que quiere creer que cualquiera puede ser un genio». Yo nunca fui una estudiante de historia demasiado buena y en algunas ocasiones llegué a ser una alumna mediocre. Por eso me sorprendí bastante al ver que el libro de Darrin, escrito con insólita maestría, me había atrapado desde la primera página. La meticulosa investigación y el minucioso razonamiento del libro no le han restado amenidad a su contenido. Y de pronto al final, en la página 243, al llegar a los agradecimientos, descubrí que decía: «En mi vida he tenido muchas falsas ilusiones y desde luego seguiré teniendo muchas más. Pero ser un genio no es una de ellas». Después Darrin apunta, con humor y cariño, que mientras crecía sus padres constataron que a su hijo «nunca se le subieron los humos a la cabeza». E incluso recuerda que le hicieron un test para ver si podía hacer el curso para niños superdotados. Le mostraron «formas, imágenes y otras cosas por el estilo», pero lo único que recuerda con certeza es «haberlo suspendido». Darrin se acuerda de haber contemplado a sus compañeros de clase «encaminándose lentamente a las clases especiales para niños con un talento especial». Y a continuación reflexiona sobre si ser catalogado de niño no superdotado fue al final una suerte o una desgracia: «A una edad temprana me dijeron, con toda la objetividad de la ciencia, que no era un niño superdotado. En aquel momento podía haber tirado la toalla, pero soy muy testarudo y durante los años siguientes estuve intentando rebatir su veredicto, esforzándome para demostrarme a mí mismo y a los demás que no «había nacido con una capacidad intelectual limitada». De

clases para niños superdotados y talentosos. Fuera por la razón que fuese —tal vez un profesor pidió que me volvieran a hacer el test— al año siguiente saqué la puntuación requerida. Supongo que se podría decir que era una niña superdotada por los pelos.

---

igual modo, Michael Lomax no fue reconocido como niño prodigio. Sin embargo, tiene un currículo excepcional: es el presidente y director ejecutivo del United Negro College Fund, cargo que lleva desempeñando durante más de una década. En el pasado Michael fue rector de la Universidad de Dillard. Ha sido profesor de inglés en la Universidad Emory, en el Spelman College y en el Morehouse College, y se presentó en dos ocasiones como candidato a alcalde de la ciudad de Atlanta. «Francamente, no me consideraban el chico más inteligente», me confesó Michael recientemente. A los dieciséis años, su madre escribió sin embargo al rector del Morehouse College para pedirle si podía admitir a su hijo en los cursos preuniversitarios. «Por supuesto, en Morehouse ¡no había cursos preuniversitarios!», aclaró Michael riendo entre dientes. El rector de Morehouse decidió, en vista de las impresionantes notas de Michael, admitirlo en el primer curso de la universidad. «Entré en esa universidad. La detesté. Quería irme de allí. Era el primero de la clase, pero quería cambiar a otra universidad. Se me metió la idea en la cabeza de que el Williams College era más adecuado para mí y solicité matricularme en él. Hice los trámites requeridos y cuando estaban a punto de aceptarme, el encargado de las admisiones me dijo: "¡Ah!, por cierto, necesitamos tus notas de la prueba de acceso a la universidad"». Como le habían admitido en Morehouse sin solicitarlo formalmente, Michael no la había hecho. «Esta prueba era decisiva para mí. Decidí hacerla. Y no saqué una buena nota. No me admitieron en el Williams College.» Michael siguió estudiando en el Morehouse y fue un alumno brillante. Obtuvo la licenciatura en Inglés. Más tarde, obtuvo el máster en Inglés en la Universidad de Columbia y el doctorado en Literatura Americana y Afroamericana en la Universidad Emory. Ahora, a los sesenta y ocho años, Michael me señaló: «A mi edad, creo que es más una cuestión de carácter que de genialidad. Conozco a todo tipo de lumbreras que desaprovechan su gran talento o que se sienten insatisfechos e infelices al creer que basta con tenerlo. Lo que les digo a mis hijos, lo que intento decirles a mis nietos y a cualquier alumno al que tenga la oportunidad de tutelar, es lo siguiente: "Lo que cuenta es el esfuerzo, el trabajo duro, la persistencia, la determinación. Levantarte del suelo sacudiéndote el polvo de encima. Esto es lo más importante"». Para evitar recibir por correo electrónico invectivas sobre este pasaje relacionado con los cursos para niños superdotados y talentosos, me gustaría aclarar que soy una *ferviente* partidaria de ofrecerles a los niños todos los estímulos intelectuales que puedan manejar. Al mismo tiempo, pido vivamente que todos los que se puedan beneficiar de esta clase de cursos puedan acceder a ellos. Hace treinta años, Benjamin Bloom afirmó con toda la razón: «En este país hemos acabado creyendo que podemos saber quién será un gran músico guiándonos por los test de aptitudes musicales, quién será un gran matemático guiándonos por los test de aptitudes matemáticas. Incluimos a unos y excluimos a otros demasiado temprano en la vida... Todos los niños deberían tener la oportunidad de explorar las áreas que les interesen». Ronald S. Brandt, «On Talent Development»: una conversación con Benjamin Bloom», *Educational Leadership* 43, 1985, págs. 33-35.

Una forma de interpretar estas historias es que el talento es maravilloso, pero que los *test* psicológicos dejan mucho que desear. Sin duda, se podría argumentar que los test del talento —y los que evalúan cualquier otro factor que sea objeto de estudio de los psicólogos, como el grit— son sumamente imperfectos.

Pero también se podría concluir que centrarnos en el talento nos impide fijarnos en una virtud que es por lo menos igual de importante: el esfuerzo. En el siguiente capítulo analizaré por qué por más que el talento sea importante, el esfuerzo cuenta el doble.

3
El esfuerzo cuenta el doble

No transcurre un día sin que lea u oiga la palabra *talento*. En cada sección del periódico —desde la página de los deportes hasta la sección de negocios, desde las reseñas sobre actores y músicos del suplemento del fin de semana, hasta las noticias de primera plana de políticos que saltan a la fama— abundan las alusiones al talento. Por lo visto, cuando alguien realiza una hazaña sobre la que vale la pena escribir, lo calificamos al instante de «sumamente talentoso».

Cuando le damos demasiada importancia al talento, estamos infravalorando todo lo demás. Es como si en el fondo creyéramos que lo siguiente es cierto:

talento ⟶ **logros**

Por ejemplo, hace poco escuché a un comentarista radiofónico comparar a Hillary con Bill Clinton. Afirmó que ambos son buenos comunicadores. Sin embargo, Bill es un político nato y, en cambio, Hillary se ha ganado a pulso este papel. Bill tiene un talento natural para la política, mientras que Hillary ha llegado a donde está a base de esfuerzo. Las implicaciones tácitas evidentes son que ella nunca se le podrá comparar.

Yo también me descubrí haciendo lo mismo. Cuando alguien me impresiona de verdad, me digo: «¡Es un genio!» Pero no debería pensar de este modo. Y de hecho, no lo hago. ¿Y por qué caigo entonces en ese error? ¿Por qué inconscientemente prefiero el talento?

Hace varios años leí «La mundanidad de la excelencia»[1] un estudio sobre nadadores de competición. El título del artículo resume su principal conclusión: los logros humanos más deslumbrantes proceden en realidad de la combinación de innumerables elementos individuales que por separado son, en cierto sentido, corrientes.

Dan Chambliss, el sociólogo que realizó el estudio, escribió: «Un rendimiento prodigioso se debe en realidad a la confluencia de un montón de pequeñas habilidades[2] o actividades adquiridas o descubiertas que se han estado practicando, hasta convertirse en hábitos y transformarse más tarde en un todo sintetizado. Ninguna de esas acciones tiene nada de extraordinario ni de sobrehumano, lo único es que al ejecutarlas correctamente de manera sistemática generan la excelencia».

Pero la mundanidad cuesta vender. Al terminar sus análisis, Dan compartió varios capítulos con un colega. «Tienes que amenizarlo[3] —le aconsejó su amigo—. Hacer que esas personas sean más interesantes...»

Cuando llamé a Dan para preguntarle por algunas de sus observaciones, me enteré de que al haber sido nadador y más tarde entrenador de natación a tiempo parcial, le fascinaba la idea del talento, y lo que significaba realmente. Como joven profesor adjunto, Dan decidió llevar a cabo a fondo un estudio cualitativo sobre nadadores.

1. Daniel F. Chambliss, «The Mundanity of Excellence: An Ethnographic Report on Stratification and Olympic Swimmers», *Sociological Theory* 7, 1989, págs. 70-86.

2. Ibíd., pág. 81.

3. Ibíd., pág. 86.

En total, dedicó seis años a entrevistar y observar a nadadores, viviendo y viajando a veces con ellos y los entrenadores de todos niveles, desde el equipo de nadadores del club de natación local, hasta el equipo de élite que participaría en las siguientes Olimpiadas.

«El talento es quizá la explicación profana más omnipresente que tenemos para el éxito deportivo.»[4] Es como si el talento fuera la «sustancia invisible que hay detrás de la realidad del rendimiento deportivo, que distingue a los mejores de entre nuestros atletas».[5] Y estos grandes atletas parecen estar dotados «de un don especial, casi de "algo" interno que al resto no nos han dado, ya sea físico, genético, psicológico o fisiológico. Algunos "lo" tienen y otros no. Algunos son atletas natos y otros no».

Creo que Dan tiene razón. Cuando no podemos explicar cómo un atleta, un músico o cualquier otra persona ha hecho una hazaña que nos deja boquiabiertos, alzamos los brazos al cielo exclamando: «¡Es un don! Nadie te lo puede enseñar». Es decir, cuando no vemos fácilmente cómo la experiencia y el aprendizaje han llevado a alguien a un nivel de excelencia más allá de lo habitual, acabamos atribuyéndole un talento «natural».

Dan señala que las biografías de grandes nadadores revelan muchísimos factores que contribuyen a su éxito. Por ejemplo, los nadadores que más lejos han llegado han tenido casi siempre padres interesados por el deporte que ganaban el suficiente dinero como para pagar la preparación y los viajes que las competiciones de natación requieren, y disponer de una piscina, que también es importante. Y además hay que tener en cuenta los miles de horas que han estado practicando en la piscina durante años y años para ir perfeccionando los numerosos elementos individuales que al combinarse crean la actuación perfecta que los catapulta a la fama.

---

4. Ibíd., pág. 78.

5. Ibíd., pág. 78.

Aunque sea un error suponer que el talento es la explicación perfecta para un rendimiento deportivo impresionante, es lógico que la gente lo cometa. «Es fácil hacerlo[6] —me contó Dan—. Sobre todo si solo vemos atletas de élite una vez cada cuatro años al mirar las Olimpiadas por la televisión o al verlos actuando en lugar de presenciar cómo se entrenan a diario.»

También señala que para triunfar como nadador no hace falta tanto talento como la mayoría creemos.

«No creo que te refieras a que cualquiera de nosotros pueda ser Michael Phelps, ¿no?», pregunté.

«No, claro —respondió Dan—. Para empezar, hay ciertas ventajas anatómicas[7] que no se pueden desarrollar con el entrenamiento.»

«Y ¿acaso algunos nadadores no progresan más que otros aunque se esfuercen lo mismo y tengan el mismo entrenador?», proseguí.

«Sí, pero lo principal es que esa grandeza es posible. Está hecha de muchísimas hazañas individuales, y cada una es posible.»

Dan se refería a que si viéramos una película hecha con las horas, los días, las semanas y los años que han producido la excelencia, veríamos lo que él ve: que un alto nivel de rendimiento es, en realidad, la suma de actos cotidianos.

«¿Acaso el cada vez mayor dominio de los componentes cotidianos individuales lo explica todo? ¿Es todo cuanto hay?», le pregunté.

«A todos nos encanta el misterio y lo mágico. A mí también», contestó.

Después me contó el día que vio nadar a Rowdy Gaines y Mark Spitz.

«Spitz ganó siete medallas de oro en las Olimpiadas de 1972 y fue toda una estrella antes que Michael Phelps —añadió—. En

---

6. Ibíd., 79.

7. Daniel F. Chambliss, profesor de sociología en el Hamilton College, en una entrevista con la autora, 2 de junio, 2015.

1984, a los doce años de haberse retirado, Spitz volvió a presentarse de pronto. Se encontraba en la mitad de la treintena. Y se metió en el agua con Rowdy Gaines, que por aquel entonces había batido el récord mundial de los cien estilo libre. Hicieron varios cincuenta, es decir, dos largos a toda velocidad, como una minicompetición. Gaines ganó la mayoría, pero cuando iban por la mitad todo el equipo, reunido al borde de la piscina, se puso a mirar nadar a Spitz.»

Todos los nadadores del equipo se habían entrenado con Gaines y sabían lo bueno que era. Sabían que seguramente ganaría una medalla de oro en las Olimpiadas. Pero debido a la diferencia de edad entre ambos, ninguno había nadado con Spitz.

Un nadador mirando a Dan, exclamó señalando con el dedo a Spitz: «¡Dios mío, es un pez!»

Percibí en su voz la admiración que sentía por él. Incluso un estudiante de la mundanidad se dejaba deslumbrar fácilmente por las explicaciones sobre el talento. Le presioné un poco. ¿Era aquella clase de majestuoso rendimiento deportivo algo divino?

Dan me respondió que leyera a Nietzsche.

¿A Nietzsche? ¿El filósofo? ¿Qué podría decir un filósofo alemán del siglo diecinueve que explicara lo de Mark Spitz? Por lo visto, Nietzsche también había estado meditando largo y tendido sobre las mismas cuestiones.

«Cuando todo es perfecto no nos preguntamos cómo ha llegado a ocurrir[8] —escribió Nietzche—. Nos alegramos del hecho presente como si hubiera surgido por arte de magia.»[9]

---

8. Es una traducción informal, Friedrich Nietzsche, *Menschliches, Allzumenschliches: Ein Buch für Freie Geister,* Alfred Kröner Verlag, Leipzig, 1925, pág. 135.

9. Friedrich Nietzsche, *Human, All Too Human: A Book for Free Spirits,* trad. R. J. Hollingdale, University Press, Cambridge, Cambridge, Reino Unido, 1986, pág. 80.

Al leer este pasaje pensé en los jóvenes nadadores contemplando a su icónico Spitz exhibiendo un estilo de natación que casi no parecía humano.

«Nadie ve en la obra del artista cómo llegó a *crearse* —afirmó Nietzsche—. Lo cual es una ventaja, pues cuando vemos el acto de creación, la obra deja de entusiasmarnos.»[10] Es decir, *queremos* creer que Mark Spitz es un nadador nato por excelencia y que ninguno de nosotros podremos nadar como él. No queremos verlo en la piscina convirtiéndose de aficionado en profesional. Preferimos ver la excelencia cuando ya se ha formado. Preferimos el misterio a lo cotidiano.

Pero ¿por qué? ¿Por qué nos engañamos pensando que Mark Spitz no ha *ganado* su maestría natatoria con su esfuerzo?

«Nuestra vanidad, nuestro amor propio, fomenta el culto a la genialidad[11] —afirmó Nietzsche—. Porque cuando vemos la genialidad como algo mágico, no estamos obligados a compararnos con los demás y a descubrir nuestras propias carencias… Calificar algo de "divino" significa: "Aquí no es necesario competir"».

Es decir, mitologizar el talento natural nos permite esquivar el bulto. Nos permite relajarnos en el statu quo. Es lo que sin duda me ocurrió al inicio de mi carrera de profesora, cuando identificaba erróneamente el talento con los logros y, al hacerlo, no tenía en cuenta el esfuerzo, tanto el de mis alumnos como el mío.

¿Cuál es la realidad de la grandeza? Nietzsche llegó a la misma conclusión que Dan Chambliss. Las grandes proezas las realizan «aquellos que piensan en *una sola* dirección,[12] que lo usan todo como material, que siempre están observando afanosamente su vida interior y la de los demás, que perciben en todas partes modelos e incentivos, que nunca se cansan de combinar los medios que tienen a su alcance».

---

10. Ibíd., pág. 86.

11. Ibíd.

12. Ibíd.

¿Y qué hay del talento? Nietzsche nos pidió con viveza que nos considerásemos obras en proceso de creación y, sobre todo, artesanos. «¡No habléis de los dones, del talento nato![13] Se pueden citar innumerables hombres de toda índole que estaban muy poco dotados. Se convirtieron en figuras eminentes, en "genios" (por decirlo de alguna manera)... Todos poseían la seriedad de un buen obrero que aprende primero a construir las partes adecuadamente antes de aventurarse a crear un gran conjunto. Se toman el tiempo para ello, porque disfrutan más creando bien las cosas pequeñas y secundarias que con el efecto de un deslumbrante resultado.»

En mi segundo año del curso de posgrado me reunía una vez a la semana con Marty Seligman, mi tutor. Siempre me ponía muy nerviosa, Marty producía ese efecto en los demás, sobre todo en sus alumnos.

En aquella época —Marty se encontraba en la sesentena—, ya le habían concedido todos los galardones de psicología habidos y por haber. Sus investigaciones tempranas habían permitido entender la depresión clínica, algo inusitado hasta entonces. Más recientemente, como presidente de la Asociación Americana de Psicología, presentó el campo de la psicología positiva, una disciplina que aplica el método científico a cuestiones relacionadas con el progreso humano.[14]

Marty es corpulento y tiene voz de barítono. Tal vez estudie la felicidad y el bienestar, pero *alegre* no es la palabra que yo usaría para describirlo.

---

13. Ibíd.

14. Marty Seligman presentó la base de la psicología positiva en el discurso que pronunció ante la Asociación Psicológica Americana, reimpreso en *American Psychologist* 54, 1999, págs. 559-562.

En medio de fuera lo que fuese lo que yo estuviera diciendo, supongo que era un informe sobre lo que había hecho la semana anterior, o los siguientes pasos que daríamos en uno de nuestros estudios de investigación, Marty me interrumpió de pronto.

«No has tenido una buena idea en dos años», me espetó.

Me lo quedé mirando, boquiabierta, intentando procesar lo que me acababa de decir. Pestañeé. ¿Dos años? ¡Si ni siquiera llevaba dos años siendo estudiante de posgrado!

Silencio.

Cruzando los brazos, arrugó el ceño.

«Eres capaz de hacer todo tipo de estadísticas sofisticadas —apuntó Marty—. De algún modo consigues que todos los padres del colegio entreguen el formulario de consentimiento. Has hecho varias observaciones perspicaces. Pero no tienes una teoría. No tienes una teoría para la psicología de los logros.»

Silencio.

«¿Qué es una teoría?», le pregunté, sin tener la más remota idea de a qué se estaba refiriendo.

Silencio.

«Deja de leer tanto y ponte a pensar.»

Abandoné su despacho, entré en el mío y rompí a llorar. Al llegar a casa, lloré más aún junto a mi marido. Solté palabrotas. Echando pestes de Marty entre dientes y también en voz alta, por ser tan imbécil. ¿Por qué me estaba diciendo lo que hacía mal? ¿Por qué no elogiaba lo que hacía bien?

No tienes una teoría...

No me pude quitar esas palabras de la cabeza durante días. Al final, me sequé las lágrimas, dejé de soltar palabrotas y me senté frente al ordenador. Abrí el Word y me quedé mirando el cursor parpadeando, dándome cuenta de que me había limitado a hacer observaciones básicas sobre que el talento no bastaba para triunfar en la vida. Pero no había descubierto la relación que existía, exactamente, entre el talento y el esfuerzo, y la habilidad y los logros.

Una teoría es una explicación. Una teoría toma un aluvión de hechos y observaciones, y explica, en términos básicos, qué diantres está ocurriendo. Una teoría es incompleta por fuerza. Simplifica demasiado las cosas. Pero al hacerlo, nos ayuda a entender la realidad.

Si el talento no basta para explicar los logros, ¿qué elemento falta?

He estado trabajando en una teoría de la psicología de los logros desde que Marty me riñó por no tener una. Tengo páginas y páginas de diagramas que ocupan más de una docena de cuadernos de laboratorio. Después de estar pensando en ello durante más de un decenio, algunas veces a solas, y otras con la colaboración de colegas cercanos, publiqué por fin un artículo en el que presentaba dos sencillas ecuaciones que explican cómo se llega del talento a los logros.

Son las siguientes:

talento x *esfuerzo* = habilidad

habilidad x *esfuerzo* = logros

El talento es la rapidez[15] con la que tus habilidades mejoran cuando te esfuerzas en ello. Los logros son lo que ocurre cuando

15. *El talento es la rapidez*: cada cual interpreta la palabra *talento* de distinta manera, pero creo que la definición más intuitiva es la que he ofrecido aquí. Para ver las evidencias que demuestran que los individuos se diferencian en la rapidez con la que desarrollan habilidades, véase Paul B. Baltes y Reinhold Kliegl, «Further Testing of Limits of Cognitive Plasticity: Negative Age Differences in a Mnemonic Skill Are Robust», *Developmental Psychology* 28, 1992, págs. 121-125. Véase también Tom Stafford y Michael Dewar, «Tracing the Trajectory of Skill Learning with a Very Large Sample of Online Game Players», *Psychological Science* 25, 2014, págs. 511-518. Por último, véase la investigación de David Hambrick y de sus colegas sobre otros factores aparte de la práctica que también influyen en la adquisición de una habilidad. Por ejemplo, véase Brooke N. Macnamara, David Z. Hambrick y Frederick L. Oswald, «Deliberate Practice and Performance in Music, Games, Sports, Education, and Professions: A Meta-Analysis», *Psychological Science* 25, 2014, págs. 1608-1618. En la página web del psicólogo Anders Ericsson, https://psy.fsu.edu/php/people/people.php?_tr=1_1, cuya investigación se analiza a fondo en el capítulo siete, aparece una crítica sobre este metaanálisis.

aplicas las habilidades adquiridas. Por supuesto, las oportunidades que se te presentan —por ejemplo, tener un gran entrenador o profesor— cuentan también muchísimo y tal vez sean más importantes incluso que cualquier otra cosa en el plano individual. Mi teoría no se centra en estas fuerzas externas, ni tampoco incluye la suerte. Trata de la psicología de los logros, pero como la psicología no es todo lo que cuenta, mi teoría es incompleta.

Aun así, creo que es útil. Lo que afirma es que cuando consideras a los individuos en circunstancias idénticas, lo que cada uno alcance dependerá de dos cosas: el talento y el esfuerzo. El talento —la rapidez con la que mejora una habilidad— es fundamental. Pero el esfuerzo es un factor de ambas ecuaciones. El esfuerzo genera habilidad. Y al mismo tiempo, hace que la habilidad sea *productiva*. Lo ilustraré con varios ejemplos.

Warren MacKenzie es un famoso ceramista que vive en Minnesota. Ahora tiene noventa y dos años, pero ha estado trabajando sin parar en su oficio prácticamente toda su vida adulta. Al principio, él y su mujer, que también era artista, aunque ya falleció, intentaron dedicarse a un sinnúmero de profesiones distintas. «Cuando eres joven crees que puedes hacer lo que sea y pensábamos: "¡Ah!, seremos ceramistas, seremos pintores, seremos diseñadores textiles, seremos joyeros, seremos un poco de esto y un poco de aquello. Íbamos a ser como la gente del Renacimiento".»[16]

Al cabo de poco vieron con claridad que hacer una sola cosa cada vez mejor te satisface más que ser un aficionado en muchas otras. «Al final los dos dejamos el dibujo y la pintura, la serigrafía y el diseño de telas, y nos dedicamos a la cerámica porque sentimos que era la profesión que más nos atraía.»[17]

---

16. «Oral History Interview with Warren MacKenzie, 2002 October 29», Archives of American Art, Smithsonian Institution, www.aaa.si.edu/collections/interviews/oral-history-interview-warren-mackenzie-12417.

17. Ibíd.

MacKenzie me dijo: «Un buen ceramista hace cuarenta o cincuenta vasijas al día.[18] Algunas son excelentes y otras son mediocres o malas». De entre todas las piezas, solamente unas pocas se podrán poner a la venta y, de entre las seleccionadas, solo una pequeñísima cantidad «seguirá siendo un regalo para los sentidos[19] después de usar las piezas a diario».

Obviamente, MacKenzie no se ha convertido en un artista famoso solo por la cantidad de vasijas artísticas que crea, sino también por la belleza y la forma de las piezas. «Intento que cada pieza de cerámica sea el objeto más fascinante[20] que decore los hogares.» Con todo, simplificando las cosas, se podría decir que la cantidad de vasijas hermosas y resistentes, y exquisitamente útiles que produce en total, serán sus logros artísticos. Ya que no creo que le llenara ser uno de los mejores ceramistas y, sin embargo, haber creado, por ejemplo, solo una o dos piezas en toda su vida.

MacKenzie sigue trabajando en el torno cada día y a golpe de esfuerzo su habilidad como ceramista ha aumentado: «Cuando pienso en algunas de las vasijas que modelábamos al principio, me doy cuenta de que eran horribles. En aquella época creíamos que eran bonitas, era lo mejor que sabíamos hacer, pero nuestra mentalidad era tan elemental que las piezas también tenían esta cualidad, por eso carecían de la riqueza que intento plasmar hoy día en mis obras».[21]

«Me costó mucho hacer las diez mil primeras vasijas[22] —admitió—. Pero a partir de esa cantidad ya me resultó más fácil.»

18. Warren MacKenzie, ceramista, en una entrevista con la autora, 16 de junio, 2015.

19. Warren MacKenzie, Artist's Statement, Schaller Gallery, https://www.schallergallery.com/artists/macwa/pdf/MacKenzie-Warren-statement.pdf.

20. «Oral History», Archives of American Art.

21. Ibíd.

22. Alex Lauer, «Living with Pottery: Warren MacKenzie at 90», Walker Art Center blog, 16 de febrero, 2014, http://blogs.walkerart.org/visualarts/2014/02/16/living-with-pottery-warren-mackenzie-at-90.

A medida que le fue cogiendo el tranquillo y su habilidad mejoró, fue creando a diario cada vez más piezas de buena calidad:

talento x esfuerzo = habilidad

Al mismo tiempo, aumentó la cantidad de piezas de buena calidad que creaba:

habilidad x esfuerzo = logros

A base de esfuerzo, MacKenzie ha conseguido hacer mejor «las piezas más fascinantes que decoran los hogares». Al mismo tiempo, con el mismo esfuerzo invertido, se ha vuelto un artista más consumado.

«Afirmó que era un "escritor nato".»[23]

Esta frase aparece en *El mundo según Garp*, la cuarta novela de John Irving. La historia de Irving, como la del protagonista ficticio de esta novela, también es extraordinaria. Ha sido elogiado como «el gran escritor[24] de la literatura americana actual». Hasta la fecha ha escrito más de una docena de novelas, la mayoría superventas, y la mitad se han llevado a la gran pantalla. *El mundo según Garp* obtuvo el Premio del Libro Nacional y el guion de Irving de *Las normas de la casa de la sidra* ganó un Oscar.

Pero a diferencia de Garp, Irving no tenía un talento natural. Garp «aspiraba a la perfección y no se dispersaba».[25] Irving, en cambio, reescribe un manuscrito tras otro de sus novelas. Ha dicho

---

23. John Irving, *The World According to Garp*, Ballantine, Nueva York, 1978, pág. 127. [Edición en castellano: *El mundo según Garp*, Tusquets Editores, S. A., Barcelona, 2011, pág. 118].

24. Peter Matthiessen, citado en «Life & Times: John Iriving», *New York Times*, www.nytimes.com/books/97/06/15/lifetimes/irving.html.

25. Irving, *El mundo según Garp*, pág. 118.

sobre sus comienzos como escritor: «Lo más importante es que lo volvía a escribir todo... empecé a tomarme en serio mi falta de talento».[26]

Irving recuerda haber sacado un aprobado en inglés en el instituto. La nota de la parte verbal del SAT fue un 475 de 800,[27] significa que casi dos terceras partes de los estudiantes que hicieron el mismo examen sacaron mejores notas. Tuvo que estudiar un año más en el instituto porque no tenía bastantes créditos como para graduarse. Irving recuerda que sus profesores creían que era «perezoso» y «corto de entendederas».[28]

Irving no era perezoso ni corto de entendederas, pero sufría una dislexia severa. «Era el que menos posibilidades tenía... Mis compañeros de clase podían leer el relato que nos asignaban en una hora; yo, en cambio, necesitaba dos o tres. Cuando no conseguía deletrear bien las palabras, hacía una lista con las que más solía deletrear incorrectamente.»[29] Cuando a su propio hijo le diagnosticaron una dislexia, Irving entendió por fin por qué él había sido un mal estudiante. El hijo de Irving leía mucho más despacio que sus compañeros de clase, «resiguiendo con el dedo las frases como yo lo hacía y continúo haciéndolo. A no ser que lo haya escrito yo, lo leo "todo" muy despacio, resiguiéndolo con el dedo».[30]

Como leer y escribir le costó lo suyo, Irving vio «que para hacer algo bien de verdad tienes que superar tus limitaciones...[31] En mi caso, aprendí que tenía que prestar el doble de atención. Acabé apre-

---

26. John Irving, *The Imaginary Girlfriend: A Memoir*, Ballantine, Nueva York, 1996, pág. 10.

27. Sally Shaywitz, *Overcoming Dyslexia: A New and Complete Science-based Program for Reading Problems at Any Level*, Alfred A. Knopf, Nueva York, 2003, págs. 345-350.

28. Ibíd., pág. 346.

29. Irving, *Imaginary Girlfriend*, pág. 9.

30. Shaywitz, *Overcoming Dyslexia*, pág. 346.

31. Ibíd., pág. 347.

ciando que al hacer algo una y otra vez, algo que me costaba, me acababa saliendo como si nada. Vi que tenía la capacidad para ello y que no se adquiría de la noche a la mañana».

¿Los precozmente talentosos aprenden esta lección? ¿Descubren que la capacidad para hacer algo una y otra vez, para esforzarse, para tener paciencia, se puede adquirir, aunque lleve su tiempo?

Algunos tal vez. Pero los que tienen que esforzarse a una edad temprana lo aprenden mejor. «Una de las razones por las que me siento seguro escribiendo la clase de novelas que escribo es porque confío en mi resistencia para intentar conseguir algo una y otra vez, por más difícil que sea»,[32] dijo Irving. Después de escribir su décima novela, observó: «Reescribir es lo que mejor se me da[33] como escritor. Me paso más tiempo corrigiendo una novela o un guion que el que me ha llevado escribir el primer manuscrito».

«Se ha vuelto una ventaja —apuntó Irving sobre su incapacidad para leer y deletrear con la misma fluidez que los demás—. Cuando escribes una novela puedes realizarlo pausadamente[34] sin perjudicar a nadie. Como escritor, no le haces ningún mal a nadie si la corriges una y otra vez.»

Gracias al esfuerzo diario, Irving ha acabado siendo uno de los escritores más magistrales y prolíficos de la historia. Al esforzarse se ha convertido en un experto, y la maestría adquirida a base de esfuerzo le ha permitido crear relatos que han conmovido a millones de personas, incluyéndome a mí.

Will Smith, ganador de un Grammy como músico y nominado a un Oscar como actor, ha reflexionado largo y tendido sobre el talento, el esfuerzo, la habilidad y los logros. «Nunca me he considerado una

---

32. Ibíd.

33. John Irving, «Author Q&A», Random House Online Catalogue, 2002.

34. Shaywitz, *Overcoming Dyslexia*, pág. 347.

persona talentosa —observó en una ocasión—. Lo que se me da bien es trabajar duro llegando a extremos inauditos.»[35]

Según él, los logros son sobre todo una cuestión de recorrer un largo camino. Al pedirle que contara cómo llegó a ser famoso en la élite del entretenimiento, Will dijo:

Lo único en lo que me diferencio de los demás es que no me da miedo morirme en una cinta de correr. No me dejo ganar y punto. Tal vez tengas más talento que yo, quizá seas más listo que yo, más sexi que yo. Tal vez tengas todas estas cosas. Quizá me superes en nueve categorías. Pero si nos subimos a una cinta al mismo tiempo, solo pueden pasar dos cosas: que te bajes tú primero o que yo me muera.[36] Es así de simple.

En 1940, investigadores de la Universidad de Harvard opinaban lo mismo. En un estudio concebido para entender las «características de jóvenes varones sanos»[37] con el fin de «ayudar a la gente a llevar una vida más feliz y exitosa», les pidieron a 130 estudiantes universitarios de segundo curso que corrieran en una cinta como máximo cinco minutos. La pendiente de la cinta era tan pronunciada y la velocidad tan alta que la mayoría de los participantes solo lograron correr cuatro minutos.[38] Algunos duraron solamente un minuto y medio.

El Test de la Cinta estaba diseñado para ser agotador no solo

---

35. *60 Minutes*, CBS, 2 de diciembre, 2007, www.cbsnews.com/news/will-smith-my-work-ethic-is-sickening. La letra de una canción rap de Will Smith afirma: «Si dices que vas a correr tres millas y solo corres dos, no tendré que preocuparme por perder nada contigo». Véase «Will Smith Interview: Will Power», *Reader's Digest*, diciembre, 2006.

36. Tavis Smiley, PBS, 12 de diciembre, 2007.

37. Clark W. Heath, *What People Are: A Study of Normal Young Men*, Harvard University Press, Cambridge, Massachusetts, 1945, pág. 7.

38. Katharine A. Phillips, George E. Vaillant y Paula Schnurr, «Some Physiologic Antecedents of Adult Mental Health», *The American Journal of Psychiatry* 144, 1987, págs. 1009-1013.

física sino también mentalmente. Al evaluar y luego ajustar la forma física basal, los investigadores diseñaron el Test de la Cinta para evaluar la «resistencia y la fuerza de voluntad».[39] En especial, los investigadores de Harvard sabían que correr muy rápido no tenía solo que ver con la capacidad aeróbica y la fuerza muscular, sino también con hasta qué punto «un sujeto está dispuesto a esforzarse o tiende a rendirse antes de que el castigo sea demasiado severo».[40]

Al cabo de décadas, el psiquiatra George Vaillant hizo un seguimiento a los jóvenes del Test de la Cinta original. Los investigadores habían estado contactando con ellos, ahora sexagenarios, cada dos años desde que se licenciaron, y cada uno tenía un archivo en Harvard lleno a reventar, literalmente, de test psicológicos, cartas y notas de entrevistas exhaustivas. Por ejemplo, los investigadores anotaron los ingresos de cada joven, los progresos profesionales, los días que estaban enfermos, las actividades sociales, lo satisfechos que se sentían con el trabajo y el matrimonio, las visitas a psiquiatras y el consumo de fármacos que alteran el estado de ánimo como sedantes. Toda esta información permitió hacer una estimación de la adaptación psicológica general de los participantes en la adultez.

Por lo visto, el tiempo que habían estado corriendo en el Test de la Cinta a los veinte años era un predictor increíblemente fiable de la adaptación psicológica a lo largo de la adultez. George y su equipo consideraron que permanecer en la cinta también dependía de la buena forma física de la que gozaban en la juventud, y este hallazgo indicaba simplemente que la salud física preveía el bienestar psicológico en el futuro. Sin embargo, descubrieron que el ajuste de la línea basal para una buena forma física «apenas afectaba la correlación del tiempo que corrían en la cinta con la salud mental».[41]

---

39. Heath, *Normal Young Men*, pág. 75.

40. Ibíd., pág. 74.

41. Phillips, Vaillant y Schnurr, «Some Physiologic Antecedents», pág. 1012.

Es decir, Will Smith ha dado con algo importante. En lo que se refiere a saber cómo nos irá en la maratón de la vida, el esfuerzo cuenta enormemente.

«¿Cuánto tiempo *habrías* permanecido en la cinta?», le pregunté recientemente a George. Quería saberlo porque creo que es la personificación del grit. A principios de su carrera, al poco tiempo de finalizar su residencia en psiquiatría, George descubrió la información de la cinta, junto con toda la restante reunida hasta ese momento sobre los participantes. A modo de testigo en una carrera, el estudio había ido pasando de un equipo de investigadores a otro con un interés y una energía cada vez menor. Hasta que cayó en sus manos.

George reactivó el estudio. Volvió a contactar con los participantes a través de correos electrónicos y llamadas telefónicas y además los entrevisó a todos en persona, viajando a cualquier rincón del mundo para hacerlo. Ahora octogenario, ha sobrevivido a la mayoría de los participantes del estudio original. Está escribiendo su cuarto libro sobre lo que es hoy día el estudio continuado más largo sobre la evolución humana.

En respuesta a mi pregunta de cuánto habría durado en la cinta, George me contestó:

«Bueno, en realidad no soy tan persistente.[42] Cuando intento hacer crucigramas mientras viajo en avión, siempre miro las respuestas en cuanto me siento un poco frustrado.»

De modo que no es muy perseverante a la hora de hacer crucigramas.

«Y cuando algo se estropea en casa, se lo digo a mi mujer para que lo arregle.»

«O sea ¿que no crees que tengas determinación?»

---

42. George Vaillant, profesor en la Facultad de Medicina de la Universidad de Harvard y exdirector del Grant Study, en una entrevista con la autora, 8 de abril, 2015.

«El estudio de Harvard funciona porque me he estado dedicando tenazmente a él sin interrupción. Es lo único que no he perdido de vista. Me fascina en grado sumo. No hay nada más interesante que ver progresar a la gente.»

Tras hacer una pequeña pausa, George recordó la época en que estudiaba en un colegio de enseñanza preuniversitaria, cuando al formar parte del equipo de atletismo compitió en la modalidad de salto de pértiga. Para mejorar, él y los otros saltadores hacían elevaciones, a las que él llama «barbillas» al tener que alzar el cuerpo agarrándote de una barra hasta sobrepasarla con la barbilla, luego bajar al suelo y repetir el ejercicio una y otra vez.

«Conseguía hacer más barbillas que nadie. Y no era por ser el más atlético, ya que no lo era, sino por *haber hecho* un montón de barbillas. Las practicaba a diario.»

Cuando le pidieron al prolífico escritor y director Woody Allen que les diera un consejo a los jóvenes artistas, dijo:

> He observado que en cuanto una persona escribe una obra de teatro o una novela, ya va camino de conseguir que la pongan en escena o que se la publiquen, al contrario de la gran mayoría de la gente que me confiesa que su ambición es escribir y, sin embargo, se rinde a la primera de cambio sin llegar a escribirla nunca.[43]

Y en una formulación más concisa, Woody Allen también afirmó: «El ochenta por ciento del éxito consiste en estar allí».[44]

En la década de 1980 tanto George H. W. Bush como Mario Cuomo repetían con frecuencia esta perla de sabiduría en un discur-

---

43. William Safire, «On Language; The Elision Fields», *New York Times*, 12 de agosto, 1989.

44. Ibíd.

so tras otro, convirtiéndola en una especie de meme. Aunque estos líderes del partido republicano y del demócrata, respectivamente, disintieran en muchas cuestiones de peso, coincidían en la importancia de acabar lo que uno ha empezado.

Le dije a George Vaillant que si yo hubiera estado en el equipo de investigación de la Universidad de Harvard en 1940, habría hecho una sugerencia. Habría permitido a los jóvenes volver al día siguiente, si lo deseaban, para hacer de nuevo el Test de la Cinta. Sospecho que algunos habrían vuelto para averiguar si resistirían por más tiempo y otros se habrían conformado con el resultado del primer intento. Tal vez algunos habrían preguntado a los investigadores si conocían alguna estrategia, física o mental, para aguantar más tiempo en la cinta. Y quizá incluso habrían estado dispuestos a intentarlo una tercera y una cuarta vez... Entonces yo habría elaborado una puntuación del grit basada en las veces que esos jóvenes habían vuelto voluntariamente para ver si podían mejorar.

Huelga decir que permanecer en la cinta no es fácil y creo que tiene que ver con ser fieles a nuestros compromisos incluso cuando no nos sentimos cómodos. Pero subirnos a ella al día siguiente ávidos de volver a intentarlo refleja más grit si cabe. Porque cuando no volvemos al día siguiente —al romper nuestro compromiso—, el esfuerzo se esfuma, por lo que nuestras habilidades dejan de mejorar y al mismo tiempo dejamos de producir aquello que nos permitían hacer.

La cinta es en realidad una buena metáfora. Se estima que el 40 por ciento de los que adquieren un equipo para hacer ejercicio en casa acaban diciendo más tarde que lo han usado menos de lo que esperaban.[45] El esfuerzo que ponemos en un determinado ejercicio importa, pero creo que el mayor impedimento para progresar es

---

45. *Consumer Reports*, «Home Exercise Machines», agosto, 2011.

que a veces dejamos de hacer ejercicio simplemente. Como cualquier entrenador o atleta te diría, un esfuerzo constante a la larga lo es todo.

¿Suele la gente abandonar al cabo de poco aquello que se propone? ¿Cuántas cintas, bicicletas estáticas y juegos de pesas están ahora acumulando polvo en los sótanos de las casas de todos los rincones del país? ¿Cuántos niños empiezan un deporte y lo dejan antes de que acabe siquiera la temporada? ¿Cuántas mujeres prometen tejer jerséis para sus amistades y solo consiguen hacer media manga antes de olvidarse de las agujas? Y lo mismo ocurre con los huertos caseros, los recipientes de compost y las dietas. ¿Cuántas personas empiezan algo nuevo, llenas de entusiasmo y de buenas intenciones, y lo dejan —para siempre— nada más toparse con el primer obstáculo real, con el primer largo periodo de estancamiento?

Por lo visto, muchas dejan lo que han empezado demasiado pronto con demasiada frecuencia. Incluso más que el esfuerzo que una persona apasionada y perseverante ponga en un día, lo que de verdad importa es que se despierte al siguiente, y al otro, decidida a subirse a la cinta y a seguir haciéndolo.

Si no me he equivocado en mis cálculos matemáticos, alguien con el doble de talento y la mitad de esfuerzo que otra persona alcanzará el mismo nivel de habilidad, pero a la larga rendirá mucho menos, porque mientras la habilidad de un luchador mejora, también la está *usando* moldeando vasijas, escribiendo libros, dirigiendo películas, dando conciertos. Si lo que cuenta es la calidad y la cantidad de esas vasijas, libros, películas y conciertos, en este caso el luchador que iguala a otra persona con un talento innato al ponerle más esfuerzo llegará más lejos a la larga.

«Las personas que intentan sobresalir en la vida, que tienen un sueño, que son activas, no suelen ver que el talento no es lo mismo que la habilidad —señala Will Smith—. El talento se tiene de manera natural. La habilidad en cambio solo la adquirimos cuando le ponemos a nuestro oficio horas y horas».[46]

Yo añadiría que la habilidad también es distinta de los logros. Sin esfuerzo, el talento no es más que nuestro potencial sin manifestar. Sin esfuerzo, nuestra habilidad no es más que lo que podríamos haber hecho y no hemos hecho. A base de esfuerzo, el talento se convierte en habilidad y, al mismo tiempo, el esfuerzo hace que esta se vuelva *productiva*.

46. *Today* show, NBC, 23 de junio, 2008.

4

¿Cuánto grit tienes?

¿Cuán apasionado y perseverante eres?

Hace poco impartí una charla sobre el grit a estudiantes de la Escuela de Negocios Wharthon. Antes de que me diera tiempo de ordenar mis notas en el estrado, un aspirante a empresario se me acercó y se presentó.

Era encantador, lleno de la energía y el entusiasmo que hace que dar clases a los jóvenes sea tan gratificante. Jadeando, me contó una historia para ilustrar su prodigioso grit. Varios meses atrás había reunido miles de dólares para montar su empresa emergente. Llegó a extremos heroicos para conseguirlo y pasó varias noches en vela trabajando hasta la madrugada.

Me quedé impresionada y se lo hice saber. Pero me apresuré a añadir que el grit es más una cuestión de aguante que de intensidad.

—Si sigues trabajando en este proyecto con la misma energía dentro de uno o dos años, mándame un correo electrónico. En este caso podré decirte más cosas sobre tu grit.

Se quedó desconcertado.

—¡Vaya! Dentro de unos años tal vez no esté trabajando en lo mismo.

Buena observación. Muchas empresas que parecen prometedoras al principio acaban mal. Muchos proyectos empresariales optimistas terminan en la papelera.

—Bueno, tal vez no estés trabajando en esta empresa emergente *en particular*. Pero si no trabajas en el mismo sector, si te dedicas a una actividad que *no tenga nada que ver*, en tal caso no estoy segura de que tu historia ilustre el grit.

—¿Te refieres a no cambiar de trabajo? —me preguntó.

—No necesariamente. Pero saltar de una clase de proyecto empresarial a otro —de una serie de habilidades a otras completamente distintas— no es lo que la gente apasionada y perseverante hace.

—Pero ¿y qué me dices de si intento sacar adelante distintos proyectos con gran empeño?

—El grit no es *solo* una cuestión de trabajar con una increíble energía. Esto no es más que una parte.

Pausa.

—¿Por qué?

—Porque en primer lugar, no hay ningún atajo para la excelencia. Llegar a ser un gran experto, resolver problemas sumamente difíciles, lleva su tiempo, y es más largo de lo que la mayoría de la gente se imagina. Y, en segundo lugar, sabes que tienes que aplicar esas habilidades y producir productos o servicios que sean valiosos para los consumidores. Roma no se construyó en un día.

Como me estaba escuchando, proseguí:

—Y lo más importante es que el grit consiste en trabajar en algo que te importe tanto que estés dispuesto a serle fiel.

—Es hacer lo que te apasiona, esto ya lo he pillado.

—Exactamente, es enamorarte de lo que haces y *seguir* amándolo.

¿Cuán apasionado y perseverante eres? A continuación encontrarás la Escala del Grit[1] creada para el estudio que realicé en West Point. También la he usado en otros estudios descritos en este libro. Lee

---

1. La Escala del Grit original de doce afirmaciones, de la que se ha adaptado esta versión de diez, se publicó en Duckworth *et al.*, «Grit». La correlación entre estas dos versiones es *r* =,99. Ten en cuenta además que, como verás en el capítulo nueve, he revisado el elemento 2, añadiendo: «No me rindo fácilmente» a «Los reveses no me desalientan».

cada frase y elige la casilla de la derecha con la que más te identifiques. No pienses en exceso en las preguntas. Pregúntate simplemente cómo eres en comparación —no solo con tus compañeros de trabajo, amigos o familiares—, sino con la «mayoría de la gente».

	No se parece en nada a mí	No se parece demasiado a mí	Se parece un poco a mí	Se parece bastante a mí	Se parece mucho a mí
1. Las ideas y proyectos nuevos a veces me distraen de los anteriores.	5	4	3	2	1
2. Los reveses no me desalientan. No me rindo fácilmente.	1	2	3	4	5
3. Suelo fijarme una meta, pero más tarde decido ir a por otra distinta.	5	4	3	2	1
4. Soy muy trabajador.	1	2	3	4	5
5. Me cuesta seguir centrado en un proyecto que me lleve más de varios meses concluir.	5	4	3	2	1
6. Acabo todo lo que empiezo.	1	2	3	4	5
7. Mis intereses cambian de un año para otro.	5	4	3	2	1
8. Soy diligente, nunca me rindo.	1	2	3	4	5
9. He estado obsesionado con una cierta idea o proyecto por una temporada y luego ha dejado de interesarme.	5	4	3	2	1
10. He superado reveses para vencer un reto importante.	1	2	3	4	5

Para calcular tu puntuación total del grit, suma los puntos de las casillas y divide la cantidad entre 10. La puntuación máxima de esta escala es 5 (un alto grit) y la más baja posible es 1 (sin grit).

Usa la siguiente tabla para comparar tu puntuación[2] con la de una gran muestra de adultos estadounidenses.

Percentil	Puntuación del grit
10%	2,5
20%	3,0
30%	3,3
40%	3,5
50%	3,8
60%	3,9
70%	4,1
80%	4,3
90%	4,5
95%	4,7
99%	4,9

Ten en cuenta que tu puntuación es un reflejo de cómo te ves ahora. El grit que tienes en este momento de tu vida puede ser distinto del que tenías cuando eras más joven. Y si vuelves a hacer el test de la Escala del Grit más adelante, tal vez obtengas una puntuación distinta. Como este libro te seguirá mostrando, hay muchos motivos para creer que el grit puede cambiar.

---

2. La información sobre estas normas procede de Duckworth *et al.*, «Grit» Study 1. No olvides que existen numerosas limitaciones en cualquier evaluación, como las de los test autoevaluadores de la índole de la Escala del Grit. Para una discusión más extensa, véase Angela L. Duckworth y David S. Yeager, «Measurement Matters: Assessing Personal Qualities Other Than Cognitive Ability for Educational Purposes», *Educational Researcher* 44, 2015, págs. 237-251.

El grit tiene dos componentes: la pasión y la perseverancia. Si quieres profundizar un poco más, calcula las puntuaciones por separado de cada componente: para tu puntuación de la pasión, suma los puntos de las preguntas impares y divídelos entre 5. Para tu puntuación de la perseverancia, suma los puntos de las pares y divídelos entre 5.

Si obtienes una puntuación alta en pasión, probablemente también obtendrás una puntuación alta en perseverancia. Y viceversa. Aun así, supongo que tu puntuación de la perseverancia es un poco más alta que la de la pasión. No le ocurre a todo el mundo, pero es así en la mayoría de los sujetos que he estudiado. Por ejemplo, mientras escribía este capítulo hice el test de la Escala del Grit y saqué un 4,6 en total. Mi puntuación en perseverancia fue 5,0 y en pasión solo 4,2. Por extraño que parezca, seguir centrada en objetivos coherentes a lo largo del tiempo me cuesta más que trabajar con tesón y superar reveses.

Este patrón que se da —la puntuación de la perseverancia suele ser más alta que la de la pasión— indica que la pasión y la perseverancia no son exactamente lo mismo. En el resto de este capítulo explicaré con mayor detalle en qué se diferencian y mostraré cómo entenderlas como las dos caras de una misma moneda.

Mientras hacías el test de la Escala del Grit tal vez te hayas dado cuenta de que ninguna de las preguntas sobre la pasión te ha preguntado con cuánta *intensidad* te has comprometido a alcanzar tus objetivos. Tal vez parezca extraño, porque la palabra *pasión* se usa para describir emociones intensas. Para mucha gente, pasión es sinónimo de encaprichamiento u obsesión. Pero en las entrevistas sobre la clave del éxito, los grandes triunfadores suelen hablar de una distinta clase de compromiso. En vez de la intensidad, lo que mencionan repetidamente en sus observaciones es la idea de la *constancia con el paso del tiempo*.

Por ejemplo, he oído hablar de chefs que crecieron viendo a Julia Child por la televisión y en la adultez siguieron fascinados por la cocina. Y de inversores que en su cuarta o quinta década seguían sintiendo la misma curiosidad que la que sintieron el primer día que trabajaron comprando y vendiendo en la bolsa. He oído hablar de matemáticos que intentan resolver un problema —el *mismo* problema— día y noche durante años, sin decirse una sola vez: «¡Este teorema se puede ir al cuerno! Me dedicaré a alguna otra cosa». Por eso las preguntas que generan la puntuación de la pasión te piden que pienses en hasta qué punto sigues con tus objetivos con el paso del tiempo. ¿Es *pasión* la palabra correcta para describir una dedicación constante y duradera? Tal vez algunos opinen que debería encontrar otra palabra mejor. Quizá tengan razón. Pero lo que importa es la idea en sí: el entusiasmo es común; en cambio, el aguante es inusual.

Como lo ilustra, por ejemplo, Jeffrey Gettleman. Durante cerca de una década, Jeff ha sido el director de la corresponsalía en África oriental del *New York Times*. En el 2012 ganó el Premio Pulitzer al reportaje internacional por su cobertura del conflicto en África oriental. En el mundo del periodismo internacional, es toda una celebridad admirada por su coraje para cubrir historias en las que arriesga su vida y también por su deseo de denunciar con resolución episodios inconcebiblemente horrendos.

Conocí a Jeff cuando ambos teníamos veintipocos años. Por aquel entonces estábamos haciendo un máster en la Universidad de Oxford. En mi caso, fue antes de trabajar en la compañía McKinsey y de ser profesora y más tarde psicóloga. En el de Jeff, fue antes de escribir su primer reportaje. Creo que es justo decir que en aquella época ninguno de los dos sabíamos exactamente a qué nos dedicaríamos en el futuro y estábamos intentando averiguarlo desesperadamente.

Hace poco me puse al día hablando con él por teléfono. Estaba en Nairobi, su lugar de residencia cuando no está viajando a otras partes de África. Cada pocos minutos nos preguntábamos mutuamente si aún nos podíamos oír bien. Después de recordar a nuestros compañeros de clase y de intercambiar noticias sobre nuestros hijos, le pedí que reflexionara sobre la pasión y el papel que había jugado en su vida.

«Durante mucho tiempo he tenido una idea muy clara de dónde quería estar —afirmó Jeff—. Y mi pasión es vivir y trabajar en África oriental.»[3]

«Vaya, no lo sabía, creía que tu pasión era el periodismo y no cierta región del mundo. Si solo pudieras ser periodista o vivir en África oriental, ¿qué elegirías?»

Esperaba que se quedara con el periodismo. Pero no fue así.

«El periodismo es lo que a mí me va. Siempre me ha atraído escribir. Siempre me ha gustado vivir situaciones nuevas. Incluso la parte de confrontación del periodismo, lo cual dice mucho de mi personalidad. Me gusta desafiar la autoridad. Pero creo que el periodismo ha sido, en cierto modo, un medio para un fin.»

La pasión de Jeff surgió a lo largo de varios años. Y no fue un proceso de descubrimiento pasivo —de desenterrar una pequeña joya escondida en su psique—, sino más bien de construcción activa. Jeff no solo buscó su pasión sino que ayudó a crearla.

Al mudarse a Ithaca (Nueva York) desde Evanston (Illinois) cuando tenía dieciocho años Jeff no podía haberse imaginado su futura trayectoria profesional. En la Universidad de Cornell acabó eligiendo filosofía como asignatura principal en parte porque «era lo más fácil para los requisitos que pedían».[4] Al terminar el primer año de carrera, visitó en verano África oriental. Y este viaje fue el inicio del inicio. «No sé cómo explicarlo. Este lugar me hizo flipar. Había allí un espíritu con el que deseaba conectar y quería que formara parte de mi vida.»[5]

En cuanto regresó a Cornell, Jeff empezó a ir a clases de suajili y al terminar el segundo año se tomó un año sabático para viajar por el

---

3. Jeffrey Gettleman, director de la oficina de África oriental del *New York Times*, en una entrevista con la autora, 22 de mayo, 2015.

4. Abigail Warren, «Gettleman Shares Anecdotes, Offers Advice», *Cornell Chronicle*, 2 de marzo, 2015, http://www.news.cornell.edu/stories/2015/03/gettleman-shares-anecdotes-offers-advice.

5. Gettleman, entrevista.

mundo como mochilero. Durante aquel viaje, regresó a África oriental, sintiéndose tan maravillado por el lugar como la primera vez que lo visitó.

Pero no tenía claro cómo se ganaría la vida en él. ¿Cómo acabó dedicándose al periodismo? Un profesor que admiraba los escritos de Jeff se lo sugirió, y él recuerda haber pensado: «Es la idea más absurda que he oído... ¿quién quiere trabajar para un aburrido periódico?»[6] Recuerdo que yo me dije lo mismo antes de ser profesora. «¿Quién quiere ser una aburrida profesora?» Al final, Jeff acabó trabajando en el periódico estudiantil —el *Cornell Daily Sun*—, pero como fotógrafo y no como escritor.

«Cuando entré en la Universidad de Oxford no sabía qué quería estudiar.[7] A los profesores les chocaba que no lo supiera. Me decían cosas como: «¿Por qué estás aquí? Este es un lugar serio. Deberías tener una idea muy clara de lo que quieres estudiar o, si no, es mejor que te vayas».

En aquella época me imaginaba que Jeff elegiría el fotoperiodismo. Me recordaba a Robert Kincaid, el fotógrafo sensato y con mucho mundo interpretado por Clint Eastwood en *Los puentes de Madison*, que se estrenó en la época en que nos hicimos amigos. De hecho, aún me acuerdo de las fotografías que Jeff me mostró hace veinte años. Creí que eran del *National Geographic*, pero me dijo que las había sacado él.

En el segundo año en Oxford vio que el periodismo era incluso mejor como profesión: «En cuanto aprendí más cosas sobre ser un buen periodista, cómo me permitiría volver a África, lo divertido que sería y que en realidad en el periodismo uno podía escribir con más creatividad de la que al principio me había imaginado, me dije "¡Al diablo, esto es

---

6. Max Schindler, «New York Times Reporter Jeffrey Gettleman '94 Chronicles His Time in Africa», *Cornell Daily Sun*, 6 de abril, 2011.

7. Gettleman, entrevista.

lo que voy a hacer!" Me marqué un camino deliberado que era posible, porque el mundo del periodismo estaba muy jerarquizado y saltaba a la vista cómo ir de A a B, a C, a D... hasta salirme con la mía».

El paso A sería escribir en el *Cherwell,* el periódico estudiantil de la Universidad de Oxford. El paso B, hacer un internado en verano en un pequeño periódico de Wisconsin. El paso C, trabajar en el *St. Petersburg Times* de Florida, en el *Metro Beat.* El paso D, en *Los Angeles Times.* El paso E, en el *New York Times* como corresponsal nacional en Atlanta. El paso F, ser enviado al extranjero para cubrir reportajes bélicos y en el 2006 —al cabo de una década de haberse fijado un objetivo— llegó por fin al paso G: dirigir la oficina del *New York Times* en África oriental.

«Fue un camino muy sinuoso que me llevó a toda clase de lugares. Y resultó ser arduo, desalentador, desmoralizador, intimidante y todo lo demás. Pero al final me salí con la mía. Llegué exactamente a donde quería llegar».

En cuanto a muchos otros individuos que personifican el grit, la metáfora común de la pasión como fuegos artificiales no tiene sentido si tenemos en cuenta lo que la pasión significa para Jeff Gettleman. Los fuegos artificiales estallan en un resplandor de gloria, pero se apagan en un visto y no visto, solo quedan las volutas de humo y el recuerdo de aquel gran espectáculo. La trayectoria vital de Jeff sugiere en cambio la pasión como una *brújula:* aquello que te lleva un tiempo crear, ajustar y por fin perfeccionar, y que luego te guía por el largo y serpenteante camino que conduce a donde tú quieres llegar.

Pete Carroll, entrenador de los Seahawks de Seattle, lo expresa así: «¿Tienes una filosofía de la vida?»[8]

---

8. Pete Carroll, entrenador principal de los Seahawks de Seattle, en una entrevista con la autora, 2 de junio, 2015.

Para algunos la pregunta carece de sentido. Tal vez digan: «Bueno, estoy persiguiendo un montón de cosas. Un montón de objetivos. Un montón de proyectos. ¿A qué te refieres?»

Pero otros no tienen ningún problema en responder con convicción: «Esto es lo que yo quiero».

Todo se vuelve un poco más claro cuando entiendes el nivel del objetivo que Pete nos pide. No nos está preguntando qué queremos conseguir hoy, en concreto, o incluso este año. Nos está preguntando qué estamos intentando conseguir en la vida. En términos del grit, nos está preguntando sobre nuestra pasión.

La filosofía de Pete es: *Haz las cosas mejor de lo que se han hecho nunca.*[9] Al igual que Jeff, le llevó un tiempo descubrir, en el sentido más amplio, qué quería ser en la vida. El momento decisivo fue cuando su carrera pasaba por una mala época, al poco tiempo de ser despedido como entrenador principal de los Patriots de Nueva Inglaterra. Ocurrió en el primer y único año de su vida que no fue jugador o entrenador de fútbol americano. Cuando se encontraba en aquella coyuntura, uno de sus buenos amigos le sugirió que considerara algo más abstracto que cuál sería el siguiente trabajo que haría: «Debes tener una filosofía».

Pete se dio cuenta de que no tenía ninguna y que la necesitaba como agua de mayo. «Si por casualidad se me volvía a presentar la oportunidad de dirigir a un equipo, tendría una filosofía que motivara mis acciones».[10] Pete pensó y reflexionó a fondo sobre ello. «Durante las semanas y meses siguientes, mi vida se llenó de las anotaciones que escribía y de las carpetas llenas a reventar donde las metía.»[11] Al mismo tiempo, devoraba los libros de John Wooden, el legendario entre-

---

9. Para conocer con más profundidad el punto de vista de Pete, véase Pete Carroll, *Win Forever: Live, Work, and Play Like a Champion*, Penguin, Nueva York, 2010. Algunas de las citas de este capítulo, y también de los siguientes, proceden de las entrevistas mantenidas con el autor entre 2014 y 2015. Otras se han extraído del libro o de las charlas públicas de Pete.

10. Carroll, *Win Forever*, pág. 73.

11. Ibíd., pág. 78.

nador de baloncesto de la UCLA que batió un récord al ganar diez campeonatos nacionales.

Como muchos entrenadores, Pete ya había leído a Wooden. Pero en esta ocasión estaba leyendo y entendiendo a un nivel mucho más profundo lo que el icónico entrenador quería comunicar. Y lo más importante que Wooden dijo era que, aunque un equipo tuviera que hacer un millón de cosas bien, lo más importante era averiguar su visión global.

En ese momento Pete vio que los objetivos específicos —ganar un partido en particular o incluso un campeonato de la temporada, resolver el elemento de la alineación ofensiva, o la forma de hablarles a los jugadores— requerían coordinación y un propósito. «Una filosofía clara y bien definida te da la guía y los límites para no desviarte de tu objetivo», afirmó.

Una forma de entender aquello a lo que Pete se refiere es ver las metas en una jerarquía:[12]

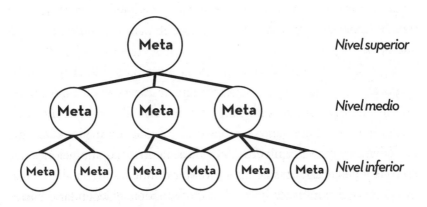

12. El material de este capítulo sobre la estructura jerárquica de las metas procede de Angela Duckworth y James J. Gross, «Self-control and Grit: Related but Separable Determinants of Success». *Current Directions in Psychological Science* 23, 2014, págs. 319-325. Para obtener una información más general sobre las jerarquías de las metas, véase Arie W. Kruglanski *et al.*, «A Theory of Goal Systems», en *Advances in Experimental Social Psychology* 34, 2002, págs. 331-378. Y, por último, para un análisis sobre la teoría de la fijación de objetivos, véase Edwin A. Locke y Gary P. Latham, «Building a Practically Useful Theory of Goal Setting and Task Motivation: A 35-Year Odyssey», *American Psychologist* 57, 2002, págs. 705-717.

En el nivel inferior de la jerarquía se encuentran las metas más concretas y específicas, las tareas de la lista por hacer a corto plazo: hoy quiero salir de casa a las ocho de la mañana. Quiero devolverle la llamada a mi socio. Quiero terminar de escribir el correo electrónico que empecé ayer. Estos objetivos de la parte inferior existen simplemente como *medios para alcanzar unos fines*. Queremos llevarlos a cabo porque nos permiten alcanzar *otros* ojetivos. En cambio, cuanto más alta es la posición que ocupa la meta en la jerarquía, más abstracta, general e importante es. Más es un fin en sí misma y menos un *medio* para un fin.

El diagrama que he dibujado tiene tres niveles, aunque lo he simplificado en exceso, ya que entre el nivel más bajo y el más alto podría haber varios niveles de metas intermedias. Por ejemplo, salir de casa a las ocho de la mañana es una meta del nivel inferior. Solo es importante por la meta del nivel medio: llegar al trabajo a tiempo. ¿Por qué te importa? Porque quieres ser puntual. ¿Por qué quieres ser puntual? Porque es una muestra de respeto hacia las personas con las que trabajas. ¿Por qué es esto importante? Porque intentas ser un buen jefe.

Si mientras te preguntas estos «porqués» respondes «¡Porque sí!», sabrás que has llegado a la meta más alta en la jerarquía. La del nivel superior no es un medio para ningún otro fin, sino un *fin en sí mismo*. A algunos psicólogos les gusta llamarla el «interés principal».[13] Yo considero la meta del nivel superior como una brújula que le da la dirección y el sentido a las otras metas inferiores.

Tom Seaver, el *pitcher* (lanzador) miembro del Salón de la Fama del Béisbol lo ilustra a la perfección. Cuando se retiró en 1987[14] a

---

13. Robert A. Emmons, *The Psychology of Ultimate Concerns: Motivation and Spirituality in Personality*, Guildford Press, Nueva York, 1999.

14. Ira Berkow, «Sports of the Times; Farewell, Sweet Pitcher», *New York Times*, 23 de junio, 1987.

los cuarenta y dos años, había acumulado 311 victorias, 3.640 *strikeouts*, 61 *shutouts* y un 2,86 como promedio de carreras. En 1992, cuando fue elegido para formar parte del Salón de la Fama del Béisbol, obtuvo el porcentaje de votos más alto que se había dado nunca: un 98,8 por ciento. A lo largo de su carrera de veinte años como beisbolista profesional, Seaver se propuso lanzar la pelota «lo mejor que pueda día tras día, año tras año».[15] Aquí tienes cómo esta intención le da un sentido y una estructura a todas sus metas inferiores:

Los lanzamientos... condicionan lo que como, cuándo me acuesto, lo que hago cuando estoy despierto. Condicionan la vida que llevo cuando no estoy lanzando la pelota. Si significa que he de ir a Florida y no puedo tomar el sol porque si se me quema la piel no podría hacer lanzamientos durante varios días, nunca voy con el torso desnudo bajo el sol... Si significa que debo acordarme de sacar a pasear a mis perros o de echar leña al fuego con la mano izquierda, lo hago con esta mano. Si significa que en invierno tengo que comer requesón en vez de galletas con pepitas de chocolate para no engordar, como requesón.[16]

La vida que Seaver describe parece dura. Pero él no opina lo mismo: «Los lanzamientos son lo que me hace feliz, he consagrado mi vida a ellos... He decidido a qué me quiero dedicar en la vida. Como cuando hago buenos lanzamientos soy feliz, solo hago cosas que me ayuden a serlo».[17]

---

15. Pat Jordan, «Tom Terrific and His Mystic Talent», *Sports Illustrated*, 24 de julio, 1972, www.si.com/vault/1972/07/24/612578/tom-terrific-and-his-mystic-talent.

16. Ibíd.

17. Ibíd.

Cuando hablo de la pasión no solo me refiero a que haya algo que te importa, sino que además te entregas a ese *mismo* objetivo principal con fidelidad y constancia. No es un capricho. Cada día te levantas pensando en las cuestiones en las que pensabas cuando te dormiste. Sigues avanzando, en cierto modo, en la misma dirección, sintiéndote más deseoso aún si cabe de dar incluso el más pequeño paso que te lleve hacia ella, en vez de dar un paso a un lado, hacia algún otro destino. Incluso tu fijación se podría llamar obsesiva. La mayoría de tus acciones importan porque tienen que ver con tu interés principal, tu filosofía de la vida.

Tienes tu orden de prioridades.

El grit consiste en tener la misma meta del nivel superior durante mucho tiempo. Además, esta «filosofía de la vida», como Pete Carroll la llama, es tan interesante e importante que organiza muchas de tus actividades de vigilia. En las personas que aúnan pasión y perseverancia, la mayor parte de las metas del nivel medio y del inferior están, de un modo u otro, relacionadas con la meta principal. En cambio, la falta de grit puede deberse a tener unas estructuras menos coherentes en cuanto a las metas.

A continuación encontrarás varios ejemplos de cómo se manifiesta la falta de grit. He conocido a muchos jóvenes que tienen un sueño —por ejemplo, ser médico o jugar al baloncesto en la NBA— y que se imaginan con viveza lo maravilloso que sería conseguirlo, pero en cambio no se marcan las metas del nivel medio e inferior que les llevarán a este destino. En la jerarquía de sus metas hay una en la parte superior, pero no se apoya en otras del nivel medio o del nivel inferior.

La psicóloga Gabriele Oettingen, mi buena amiga y colega, lo llama «fantaseo positivo».[18] La investigación de Gabriele sugiere que imaginarnos un futuro positivo sin esclarecer cómo llegaremos a él, sobre todo al considerar los obstáculos que se interponen en nuestro camino, da resultados a corto plazo y nos pasa factura a la larga. A corto plazo, nos sentiremos de maravilla con nuestro deseo de ser médico. Pero a la larga, viviremos con la decepción de no haberlo cumplido.

Incluso algo más común aún, creo, es tener muchos objetivos del nivel medio que no se corresponden con ningún objetivo unificador del nivel superior.

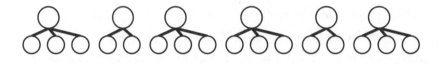

O tener varias jerarquías de metas sin ninguna conexión que compiten entre sí.

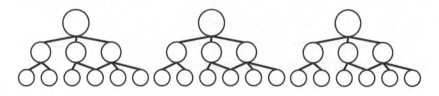

Hasta cierto punto, el conflicto entre metas es una característica necesaria de la existencia humana. Por ejemplo, yo tengo una jerarquía de metas como profesional y otra como madre. Incluso Tom Seaver admite que la agenda de viajes y de entrenamientos de un deportista profesional no le permite pasar todo el tiempo que él de-

---

18. Gabriele Oettingen, «Future Thought and Behaviour Change», *European Review of Social Psychology* 23, 2012, págs. 1-63. En el libro de Gabriele Oettingen, *Rethinking Positive Thinking: Inside the New Science of Motivation*, Penguin, Nueva York, 2014, encontrarás un resumen fantástico y una serie de sugerencias prácticas sobre la fijación de objetivos y la planificación.

searía con su mujer y sus hijos. Aunque jugar a béisbol sea su pasión profesional, hay otras jerarquías de metas que evidentemente también son importantes en su vida.

Como Seaver, yo tengo una jerarquía de metas para el trabajo. *Uso la psicología para ayudar a los niños a progresar.* Pero tengo otra jerarquía de metas que implica ser la mejor madre posible para mis dos hijas. Como sabe cualquier progenitor que trabaje, tener dos «intereses principales» no es fácil. Nunca dispones de bastante tiempo, energía o atención para hacer todo lo que deseas. Decidí vivir con esta tensión. Como mujer joven, consideré otras alternativas —no forjarme una carrera o no formar una familia— y decidí que, moralmente, no había una «decisión correcta», solo una decisión correcta para mí.

La idea de que cada momento de vigilia de nuestra vida debería estar guiado por una meta del nivel superior es un extremismo idealizado que tal vez no sea conveniente incluso para la persona con más pasión y perseverancia. Con todo, sugeriría que es posible reducir largas listas de metas del nivel medio y del nivel inferior, dependiendo de cómo nos sirvan para un objetivo de suma importancia. Y creo que lo ideal es tener *una sola meta profesional* del nivel superior en lugar de varias.

En resumen, cuanto más unificadas, alineadas y coordinadas sean nuestras jerarquías de metas, mejor.

Se dice que la fortuna que Warren Buffett —el multimillonario hecho a sí mismo— ha amasado a lo largo de su vida con su propio esfuerzo, dobla aproximadamente la cantidad de donaciones que recibe la Universidad de Harvard. Un día le sugirió a su piloto[19] un proceso sencillo de tres pasos para establecer prioridades en la vida.

---

19. James Clear, «Warren Buffett's "Two List" Strategy: How to Maximize Your Focus and Master Your Priorities», *Huffington Post*, publicado el 24 de octubre de 2014, actualizado el 24 de diciembre de 2014, http://www.huffingtonpost.com/james-clear/warren-buffetts-two-list-strategy-how-to-maximize-your-focus-_b_6041584.html.

La historia es la siguiente: Buffett le aconsejó a su fiel piloto que tuviera unos sueños más grandes que simplemente pilotar el avión que lo llevaba donde él necesiraba ir. El piloto le confesó que sí los tenía. Buffet le explicó entonces los tres pasos que debía dar para cumplirlos.

En primer lugar, escribir una lista con veinticinco metas profesionales.

En segundo lugar, hacer un examen de conciencia y rodear con un círculo las cinco metas más prioritarias. Solo cinco.

En tercer lugar, observar con atención las veinte metas que no había rodeado con un círculo. Y evitarlas a toda costa. Le distraerían, le robarían el tiempo y la energía, desviándole de las metas más importantes.

Cuando oí esta historia por primera vez, pensé: «¿Quién iba a tener veinticinco metas profesionales? Eso es ridículo, ¿no?» Pero luego empecé a escribir en una hoja de papel pautado todos los proyectos en los que estoy trabajando. Cuando llegué al renglón treinta y dos, vi que me podía beneficiar de este ejercicio.

Curiosamente, la mayoría de las metas que se me ocurrieron eran del nivel medio. Cuando nos piden que escribamos una serie de metas, en lugar de solo una, solemos citar las de este nivel.

Para ayudarme a priorizar, añadí columnas que me permitían ordenar lo interesantes e importantes que eran esos proyectos. Puntué cada meta en una escala del 1 al 10, de la menos a la más interesante, y otra vez de la menos a la más importante. Multipliqué estas cifras para obtener una cantidad del 1 al 100. Ninguna de mis metas, al multiplicar el «interés × la importancia» obtuvo un 100, la puntuación más alta, ni tampoco un 1, la puntuación más baja.

Luego intentando seguir el consejo de Buffett, rodeé con un círculo algunas de las metas más interesantes e importantes, relegando el resto a la categoría de «evitar a toda costa».

Lo intenté, pero no pude hacerlo.

Al cabo de un día más o menos de estarme preguntando quién tendría razón —Warren Buffet o yo—, descubrí que la mayoría de mis metas estaban relacionadas. La mayoría eran medios para fines que me llevaban a la meta principal: ayudar a los niños a triunfar y progresar en la vida. Había solo unas pocas metas profesionales que no tenían nada que ver con la principal. A regañadientes, decidí ponerlas en la lista de evitar a toda costa.

Ahora, si pudiera reunirme con Buffett y revisar mi lista con él (algo muy poco probable, ya que dudo de que mis necesidades ocuparan un lugar en la jerarquía de sus metas), me diría que este ejercicio servía para tomar conciencia de que el tiempo y la energía son limitados. Cualquier persona exitosa tiene que decidir qué es lo que hará en parte al decidir qué es lo que *no* hará. Esto lo entiendo. Y creo que puedo aplicarlo en mi vida sin ningún problema.

Pero yo añadiría que el método convencional de establecer prioridades no basta. Cuando nos vemos obligados a hacer malabarismos para dedicarnos a una serie de metas profesionales muy distintas del nivel superior, sentimos un conflicto interno. Necesitamos *una sola* brújula interior y no dos, tres, cuatro o cinco.

Frank Modell, New Yorker, 7 de julio, 1962. Colección/The Cartoon Bank del New Yorker.

Yo le añadiría un cuarto paso al ejercicio de priorización de tres pasos de Buffett. Pregúntate: «¿Hasta qué punto estas metas tienen un propósito común?» Cuanto más formen parte de la misma jerarquía de metas —es importante porque en este caso llevan al mismo interés principal— más focalizarás tu pasión en un objetivo.

Si sigues este método para establecer prioridades en la vida, ¿te convertirás en un lanzador del Salón de la Fama o ganarás más dinero que nadie en la historia? Probablemente no. Pero tendrás más oportunidades de avanzar hacia aquello que te importa, de acercarte a donde *quieres* llegar.

Cuando ves tus metas organizadas en una jerarquía, te das cuenta de que el grit no consiste en perseguir tercamente —a cualquier precio y por sécula seculórum— *cada* meta del nivel inferior de tu lista. Al final, tal vez tengas que dejar varias de las cosas que estás procurando alcanzar a toda costa. No todas te funcionarán. Inténtalo con más energía, incluso durante un poco más de tiempo del necesario. Pero no te des con la cabeza contra la pared intentando alcanzar algo que no es más que un medio para un fin más importante.[20]

Reflexioné acerca de lo importante que es saber cómo las metas del nivel inferior encajan en la jerarquía cuando escuché a Roz Chast, la famosa viñetista del *New Yorker*, dar una charla en una librería local.

---

20. Por ejemplo, en un estudio los participantes, jóvenes adultos, escribieron sus metas de los niveles superiores, medios e inferiores. Durante las dos semanas siguientes fueron contando sus frustraciones diarias a los investigadores. Los que demostraron tener una estructura de metas más jerarquizada exhibieron más tarde una mayor resiliencia ante las frustraciones diarias. En particular, al enfrentarse a experiencias frustrantes, siguieron teniendo la sensación de ser capaces de alcanzar sus objetivos. En un estudio relacionado, una estructura de metas más jerarquizada previó una menor ira e irritación ante las frustraciones diarias durante los dos meses siguientes. Véase Michael D. Robinson y Sara K. Moeller, «Frustrated, but Not Flustered: The Benefits of Hierarchical Approach Motivation to Weathering Daily Frustrations», *Motivation and Emotion* 38, 2014, págs. 547-559.

Nos contó que su porcentaje de rechazos, en esta etapa de su carrera, era cerca del 90 por ciento. Afirmó que antes era muchísimo más alto.

Llamé a Bob Mankoff, el editor de viñetas del *New Yorker*, para preguntarle hasta qué punto era habitual esta cifra. A mí me parecía chocantemente alta. Bob me respondió que Roz era en realidad un caso inusual. ¡Vaya! Me dije que no quería pensar en todos los viñetistas del mundo siendo rechazados nueve veces de cada diez. Pero entonces Bob me dijo que la mayoría de los viñetistas viven *incluso con más* rechazos. En el *New Yorker* los «viñetistas contratados», que tenían más posibilidades de que les publicaran sus ilustraciones que el resto, presentaban colectivamente unas quinientas viñetas cada semana. Pero en un determinado tema, habitualmente solo había espacio para diecisiete. Hice el cálculo: equivalía a un porcentaje de rechazos de más de un 96 por ciento.

«¡Madre mía! ¿Quién no se rendiría cuando las posibilidades son tan deprimentes?»

Al menos uno que yo sepa: el propio Bob.

La historia de Bob revela muchas cosas sobre cómo una obstinada perseverancia para alcanzar una meta del nivel superior requiere, quizá paradójicamente, una cierta flexibilidad hacia las metas de los niveles inferiores. Es como si pudieras escribir con un bolígrafo la meta del nivel superior en cuanto has vivido y reflexionado lo bastante como para saber cuál es, y con un lápiz las de los niveles inferiores, para revisarlas y borrarlas a veces, y luego encontrar otras nuevas para reemplazarlas.

Aquí tienes mi dibujo, que no se puede comparar ni por asomo con los del *New Yorker,* para ilustrar a qué me refiero.

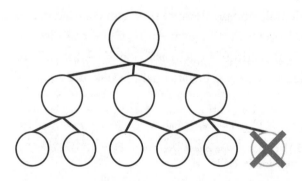

La meta del nivel inferior, que presenta una x de aspecto enojado, ha sido bloqueada. Significa una nota de rechazo, un revés, un punto muerto, un fracaso. La persona con pasión y perseverancia se sentirá decepcionada, o incluso desconsolada, pero no por mucho tiempo.

Al cabo de poco, se fijará una nueva meta del nivel inferior —dibujará otra viñeta, por ejemplo—, que le sirva para el mismo fin.

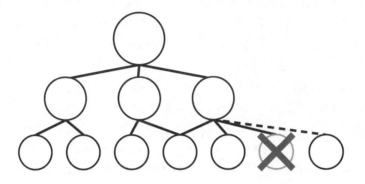

Uno de los lemas de los Boinas Verdes es «improvisa, adáptate, supéralo».[21] A muchos de nosotros nos aconsejaron de niños: «Si no te sales con la tuya, inténtalo, inténtalo de nuevo». Buen consejo, pero como también dicen: «Inténtalo, inténtalo de nuevo, y luego prueba algo distinto». En los niveles inferiores de la jerarquía de las metas, esto es exactamente lo que debes hacer.

Esta es la historia de Bob Mankoff.

Como Jeff Gettleman, el corresponsal jefe del *New York Times* en África oriental, Bob no siempre supo con claridad cuál era su pasión. De niño, le gustaba dibujar y en lugar de ir al instituto local en el Bronx, fue al Instituto de Música y de las Artes de LaGuardia, que más tarde serviría de escenario para la película *Fame*. En cuanto se

---

21. Michael Martel, *Improvise, Adapt, Overcome: Achieve the Green Beret Way*, Amazon Digital Services, Inc., Seattle, 2012.

matriculó, le echó un vistazo al lugar y al ver el alto nivel del centro se sintió intimidado.

«Ver dibujos tan magistrales hizo que los míos parecieran los de un aficionado[22] —recuerda Bob—. Después de licenciarme, no toqué un lápiz, un bolígrafo o un pincel durante tres años.» En su lugar se matriculó en la Universidad de Syracuse, donde estudió filosofía y psicología.

En el último año de carrera, compró *Learning to Cartoon*, el libro del legendario Syd Hoff, un ejemplo de la máxima: «El esfuerzo cuenta el doble». A lo largo de su vida, Hoff dibujó 571 viñetas para el *New Yorker*, escribió e ilustró más de sesenta libros infantiles, creó tiras cómicas que se publicaban en periódicos de todo el país e hizo literalmente miles de dibujos y viñetas para otras publicaciones. El libro de Hoff empieza afirmando alegremente: «¿Cuesta ser viñetista? No, para nada. Y te lo demostraré. He escrito este libro…»[23] Y concluye con el capítulo «Cómo sobrevivir a las notas de rechazo». En medio de él hay lecciones sobre composición de imágenes, perspectiva, la figura humana, expresiones faciales y otros temas relacionados con la ilustración.

Bob siguió el consejo de Hoff al crear veintisiete viñetas. Llamó a la puerta de una revista tras otra, intentando venderlas, aunque no se presentó en el *New Yorker* porque no atendían a los viñetistas en persona. Y, por supuesto, fue rechazado de plano por cada editor que visitó. La mayoría le sugirió que lo volviera a intentar entregándole más viñetas a la semana siguiente. «¿Más? ¿Es que alguien puede dibujar más de veintisiete viñetas?»,[24] se preguntó.

---

22. Robert Mankoff, *How About Never-Is Never Good for You?: My Life in Cartoons*, Henry Holt and Company, 2014, Nueva York, pág. 34.

23. Syd Hoff, *Learning to Cartoon*, Stravon Educational Press, 1966, Nueva York, pág. vii.

24. Mankoff, *How About Never*, pág. 38.

Antes de volver a leer el último capítulo de Hoff sobre las notas de rechazo, Bob recibió la noticia de que era posible que lo reclutaran para ir a luchar en Vietnam. Pero no le apetecía demasiado ir, a decir verdad deseaba con toda su alma *no* ir. Así que, pensándolo bien, decidió —rápidamente— hacer un posgrado en Psicología Experimental. A lo largo de varios años, mientras hacía corretear a ratones por laberintos, encontró un hueco para dibujar. Y un día, justo antes de doctorarse, vio que la psicología no era lo suyo. «Recuerdo haber pensado que la característica que definía mi personalidad era otra muy distinta. Soy el tipo más divertido que has conocido[25] —así era como me veía a mí mismo—, soy *divertido*.»

Durante un tiempo Bob se planteó dos formas de ganarse la vida con el humor: «Me dije, vale, seré comediante o viñetista».[26] Se dedicó a ello con entusiasmo. «Me pasaba el día entero escribiendo rutinas de humor y por la noche dibujaba viñetas». Pero con el paso del tiempo una de estas metas del nivel medio le acabó atrayendo más que la otra: «En aquella época los espectáculos de comediantes eran distintos a los de ahora. No había clubes de la comedia. Tenía que ir a Borscht Belt y no quería hacerlo... Sabía que mi humor no iba a funcionar como yo quería con aquel público».

Bob abandonó el mundo de la comedia y puso toda su energía en las viñetas. «Dos años más tarde de estar ofreciendo sus viñetas, lo único que había conseguido eran bastantes notas de rechazo del *New Yorker* como para empapelar el cuarto de baño de mi casa.»[27] Hubo pequeñas victorias —viñetas vendidas a otras revistas—, pero por aquel entonces la meta del nivel superior de Bob

---

25. Bob Mankoff, editor de viñetas del *New Yorker*, en una entrevista con la autora, 10 de febrero, 2015.

26. Mankoff, entrevista.

27. Mankoff, *How About Never*, pág. 44.

se había vuelto mucho más concreta y ambiciosa. No solo quería ganarse la vida siendo divertido, sino ser además uno de los mejores viñetistas del mundo. «El *New Yorker* era en el viñetismo lo que los Yankees de Nueva York eran en el béisbol: el Mejor Equipo —cuenta Bob—. Si lograbas entrar en ese equipo, tú también eras el mejor.»[28]

Las pilas de notas de rechazo le sugirieron a Bob que «vuelve a intentarlo de nuevo» no le estaba funcionando. Decidió hacer algo distinto. «Fui a la Biblioteca Pública de Nueva York y busqué todas las viñetas[29] que se habían publicado desde 1925 en el *New Yorker*». Al principio, creyó que tal vez no dibujaba lo bastante bien, pero saltaba a la vista que algunos viñetistas muy famosos del *New Yorker* eran dibujantes de tercera categoría. Bob se dijo entonces que quizá el texto no era correcto —tal vez era demasiado corto o demasiado largo—, pero aquella posibilidad no tenía demasiado sentido. El texto solía ser breve, aunque no siempre, y de todos modos el de Bob no era inusual en este sentido. Luego se dijo que quizá no estaba dando en el clavo con su *clase* de humor. Pero el problema tampoco era ese, porque algunos viñetistas famosos eran fantasiosos, otros satíricos y otros filosóficos o simplemente interesantes.

Lo único que tenían en común todas las viñetas era que hacían *pensar* al lector.

Y también había otra similitud: cada viñetista tenía su estilo personal característico. Aunque no había uno que fuera el «mejor». Al contrario, lo que importaba era que el estilo fuera en cierto modo muy marcado y personal, una expresión del viñetista.

Observando literalmente cada viñeta habida y por haber publicada por el *New Yorker*, Bob descubrió que él también podía hacerlo igual

---

28. Ibíd., pág. 46.

29. Mankoff, entrevista.

de bien. O mejor. «Me dije: "puedo hacerlo, puedo hacerlo". Estaba completamente seguro.»[30] Sabía que podía dibujar con su propio estilo viñetas que hicieran pensar a la gente. «Trabajé con varios estilos. Al final elegí el de los puntos.» El estilo de las viñetas de Bob, que ahora es tan famoso, se llama «punteo», y lo había estado probando en el instituto cuando descubrió al impresionista francés Georges Seurat.

Después de que el *New Yorker* rechazara sus viñetas unas dos mil veces entre 1974 y 1977, Bob mandó la de abajo. La aceptaron.

Robert Mankoff, New Yorker, 20 de junio, 1977.
The New Yorker Collection/The Cartoon Bank

Al año siguiente vendió trece viñetas al *New Yorker*, y al otro, veinticinco, y luego veintisiete más. En 1981, Bob recibió una carta de la revista ofreciéndole un puesto de trabajo como viñetista. Bob lo aceptó.

---

30. Ibíd.

En su papel de editor y mentor, Bob aconseja a los aspirantes a viñetistas que entreguen sus ilustraciones en series de diez, «porque en el viñetismo, como en la vida, nueve de cada diez cosas nunca funcionan».[31]

De hecho, abandonar metas del nivel inferior no solo es perdonable, sino absolutamente necesario a veces. Hazlo cuando puedas reemplazar una meta del nivel inferior por otra más factible. También tiene sentido cambiar de camino cuando una meta distinta del nivel inferior —un medio distinto para el mismo fin— es simplemente más eficaz, o más divertida, o cualquier otra razón que sea más conveniente para tu plan original.

En cualquier largo viaje te encontrarás desvíos.

Sin embargo, cuanto más alto sea el nivel de una meta, más sentido tiene empecinarte en alcanzarla. Personalmente, intento no obsesionarme demasiado con una subvención denegada, un artículo académico rechazado o un experimento fallido. El dolor de estos fracasos es real, pero no le doy demasiadas vueltas y al poco tiempo sigo adelante. En cambio, no me rindo fácilmente en las metas del nivel medio y, francamente, no me puedo imaginar nada que estuviera dispuesta a cambiar por mi meta principal, «mi filosofía de la vida», como Pete la llamaría. Mi brújula, una vez he descubierto todas las partes de las que se compone y las he unido, sigue señalando en la misma dirección durante semanas, meses y años.

Muchos años antes de hacer las primeras entrevistas que me permitirían descubrir el grit, Catharine Cox, una psicóloga de Stanford, se dedicó también a identificar las características de los grandes triunfadores.

---

31. Mankoff, *How About Never*, pág. 114.

En 1926, Cox publicó sus hallazgos, basados en los detalles biográficos de 301 figuras históricas con logros excepcionales en su haber.[32] Entre estos individuos eminentes figuraban poetas, líderes políticos y religiosos, científicos, soldados, filósofos, artistas y músicos. Aunque todos habían vivido y fallecido en los cuatro siglos anteriores a la investigación de Cox, las historias de sus logros, merecedoras de aparecer en seis enciclopedias populares, sobrevivieron.

El objetivo inicial de Cox era evaluar lo inteligente que cada uno era, tanto comparados con los otros como con el resto de los mortales. Para llevar a cabo esta evaluación rastreó las evidencias disponibles, buscando signos de precocidad intelectual —y basándose en la edad y en la superioridad de los logros—, calculó el CI de cada uno en la infancia. El resumen publicado de este estudio —si es que se le puede llamar «resumen» a un libro de más de ochocientas páginas— incluye una historia del caso de cada una de las 301 figuras eminentes de Cox, ordenadas de la menos a la más inteligente.

Según Cox, el más inteligente de todos era el filósofo John Stuart Mill, que obtuvo una puntuación estimada de su CI en la infancia de 190 pues aprendió griego a los tres años, escribió una historia de Roma a los seis y ayudó a su padre a corregir las pruebas de una historia de la India a los doce. Los menos inteligentes en la clasificación de Cox —con un CI estimado en la infancia que iba de 100 a 110, rozan por encima el promedio habitual—, como Nicolás Copérnico, el fundador de la astronomía moderna; el químico y físico Michael Faraday, y el poeta y novelista español Miguel de Cervantes. Isaac Newton se encuentra en la mitad de la clasificación, con un CI de 130, el mínimo que un niño necesita en la actualidad para ser aceptado en muchos de los cursos para alumnos superdotados y talentosos.

---

32. Cox, «Early Mental Traits».

Basándose en estas evaluaciones del CI, Cox concluyó que, como grupo, las figuras históricas eminentes eran más inteligentes que la mayoría de la gente. Lo cual es lógico.

Pero lo más chocante era lo poco que importaba el CI a la hora de diferenciar los que habían alcanzado más logros de los que habían alcanzado menos. El CI promedio en la infancia de los genios más eminentes, apodados por Cox como los Diez Primeros, era 146. El CI promedio de los menos eminentes, apodados los Diez Últimos, era 143. El margen era insignificante. Es decir, *apenas* había una relación entre inteligencia y eminencia en la muestra de Cox.

Los Diez Primeros de Cox*
(los genios más eminentes)

Sir Francis Bacon

Napoleón Bonaparte

Edmund Burke

Johann Wolfgang von Goethe

Martin Luther

John Milton

Isaac Newton

William Pitt

Voltaire

George Washington

* Los Primeros Diez[33]

---

33. Ibíd., pág. 181. Presentados en orden alfábetico según el apellido.

Los Diez Últimos (los genios menos eminentes)

Christian K. J. von Bunsen

Thomas Chalmers

Thomas Chatterton

Richard Cobden

Samuel Taylor Coleridge

Georges J. Danton

Joseph Haydn

Hugues-Félicité-Robert de Lamennais

Giuseppe Mazzini

Joachim Murat

Si el talento intelectual no determinaba si una persona ascendía a la lista de los Diez Primeros o descendía a la de los Diez Últimos, ¿qué era entonces lo que lo determinaba? Mientras consultaban miles de páginas de información biográfica, Cox y su ayudante también evaluaron sesenta y siete distintos rasgos de la personalidad en un subconjunto de cien genios. Cox eligió deliberadamente un abanico de rasgos —de hecho, cubrió toda la gama que la psicología moderna considera importante— para explorar lo máximo posible las diferencias que separaban a las personas eminentes del resto de los mortales y también los Diez Primeros de los Diez Últimos.

Con relación a más de sesenta y siete indicadores, Cox encontró solo diferencias minúsculas entre las figuras eminentes y la población en general. Por ejemplo, la eminencia tenía poco que ver con la extroversión, la alegría o el sentido del humor. Y no todos los grandes triunfadores habían sacado notas excelentes en sus estudios. Lo que los diferenciaba sobre todo del resto era un grupo de cuatro indicadores. Estos también diferenciaban en gran medida los Diez Primeros de los Diez Últimos: a los supereminentes de los eminentes. Cox los agrupó y lo llamó «persistencia en la motivación».

Dos de los indicadores se podían considerar elementos ligados a la pasión en la Escala del Grit.

El grado en el que uno trabaja en objetivos lejanos con visión de futuro (lo contrario de vivir a salto de mata). Prepararse activamente para más tarde en la vida. Trabajar hacia una determinada meta.

La tendencia a no abandonar tareas por ser mudable. No buscar algo nuevo por ser novedoso. No «buscar un cambio».

Y los otros dos se podían considerar elementos ligados a la perseverancia en la Escala del Grit.

El grado de fuerza de voluntad o perseverancia. La silenciosa determinación de mantener un curso de acción una vez tomada la decisión.

La tendencia a no abandonar las tareas ante los obstáculos. Perseverancia, tenacidad, obstinación.

En los comentarios de su resumen, Cox concluyó que los que tenían una «gran inteligencia», aunque no fuera excepcional, combinada con el mayor grado de persistencia, se volverían más eminentes que los que poseían una «inteligencia excepcional combinada con un menor grado de persistencia».[34]

Sea *cual sea* la puntuación que hayas obtenido en la Escala del Grit, espero que te haya servido para reflexionar. Te ayudará a ver tus metas con más claridad y hasta qué punto coinciden —o no— con

---

34. Ibíd., pág. 187.

una única pasión de suprema importancia. También te ayudará a entender mejor hasta qué punto eres capaz de perseverar ante las notas de rechazo de la vida.

Aunque esto no es más que el comienzo. En el siguiente capítulo verás que el grit puede cambiar y cómo, de hecho, cambia. Y en el resto del libro aprenderás a aumentarlo más deprisa.

5

El grit se desarrolla

«¿Hasta qué punto el grit está en nuestros genes?»

Me hacen esta pregunta siempre que doy una charla sobre el grit. La cuestión de lo innato y lo adquirido es básica. Sabemos intuitivamente que algunos factores —como la estatura— están determinados por la lotería genética, mientras que otros —como aprender a hablar inglés o francés— dependen del entorno y de la educación. «A los entrenamientos no se viene a entrenar la estatura» es una expresión popular en el baloncesto y mucha gente interesada en el grit desea saber si es un factor como la estatura o si es como los idiomas.

La cuestión de si el grit está en nuestro ADN puede esclarecerse con una respuesta corta y otra larga. La corta es simplemente: «en parte». Y la larga es más complicada. En mi opinión, la respuesta larga merece más nuestra atención.[1] La ciencia ha dado pasos de

---

1. Las investigaciones del psicólogo Steve Heine demuestran que si creemos que algo es genético, pensamos que es «natural» y, por tanto, que ya «no tiene remedio». Por ejemplo, si se le dice a los obesos que la obesidad tiene bases genéticas, se esforzarán menos en hacer dieta. Véase Ilan Dar-Nimrod y Steven J. Heine, «Genetic Essentialism: On the Deceptive Determinism of DNA», *Psychological Bulletin* 137, 2011, págs. 800-818. Tal vez la gente no reaccionaría de este modo si entendiera mejor que la interacción entre genes y entorno es compleja y dinámica. Al lector interesado en ello tal vez le resulten especialmente esclarecedoras las investigaciones de Elliot Tucker-Drob sobre el tema. Véase, por ejemplo, Daniel A. Briley y Elliot M. Tucker-Drob, «Comparing the Developmental Genetics of Cognition and Personality Over the Life Span», *Journal of Personality*, 2015, págs. 1-14.

gigante en cuanto a descubrir cómo los genes, las experiencias y su interacción, nos hacen ser quienes somos. Y por lo que he visto, se ha estado malinterpretando continuamente debido a la propia complejidad de estos hechos científicos.

Para empezar, te aseguro que cada rasgo humano está influido *tanto* por los genes como por las experiencias.

Como, por ejemplo, la estatura. Las diferencias genéticas hereditarias de las que proviene son una gran razón de por qué algunas personas son muy altas o muy bajas, y otras se encuentran entre ambos extremos.

Pero también es cierto que la estatura *promedio* de hombres y mujeres ha aumentado enormemente en solo unas pocas generaciones. Por ejemplo, los datos militares registrados demuestran que hace ciento cincuenta años[2] la estatura promedio de los varones británicos era 1,55 metros.[3] El aumento de estatura ha sido incluso mayor en otros países. En los Países Bajos, el varón promedio mide casi 1,80 metros, más de 15 centímetros[4] que hace ciento cincuenta años. Recuerdo este gran aumento generacional de la estatura cada vez que me reúno con mis colaboradores holandeses. Se inclinan solícitos, pero, aun así, me siento como si estuviera plantada ante un bosque de secuoyas.

No creo que la reserva genética haya cambiado tanto en unas pocas generaciones, sino que el gran aumento de la estatura más bien tiene que ver con la nutrición, el agua y el aire puros, y la medicina moderna.

---

2. Timothy J. Hatton y Bernice E. Bray, «Long Run Trends in the Heights of European Men, 19th-20th Centuries», *Economics and Human Biology* 8, 2010, págs. 405-413.

3. Alison Moody, «Adult Anthropometric Measures, Overweight and Obesity», en *Health Survey for England 2013*, ed. Rachel Craig y Jennifer Mindell, Health and Social Care Information Centre, Londres, 2014.

4. Hatton, «Long Run Trends». Yvonne Schonbeck *et al.*, «The World's Tallest Nation Has Stopped Growing Taller: The Height of Dutch Children from 1955 to 2009», *Pediatric Research* 73, 2013, págs. 371-377.

(Por cierto, el aumento generacional de peso ha sido incluso mayor, y esto puede deberse a comer más que en el pasado y a movernos menos, en lugar de estar relacionado con cambios en nuestro ADN.) Incluso en una sola generación se puede apreciar la influencia del entorno en el peso. Los niños que toman comida sana en abundancia serán más altos; en cambio, la malnutrición atrofia el crecimiento.

Asimismo, rasgos como la honradez y la generosidad,[5] y sí, también el grit, están influidos por la genética y las experiencias. Al igual que el CI,[6] la extroversión, gozar del contacto con la naturaleza,[7] ser goloso,[8] la tendencia a acabar fumando como un carretero,[9] el riesgo de contraer cáncer de piel[10] y cualquier otra cosa que se te ocurra. Lo innato nos condiciona, al igual que lo adquirido.

El talento, en cualquiera de sus variedades, también está influido por la genética. Hay quienes nacen con genes que les permiten tener más

---

5. Véase Eric Turkheimer, Erik Pettersson y Erin E. Horn, «A Phenotypic Null Hypothesis for the Genetics of Personality», *Annual Review of Psychology* 65, 2014, págs. 515-540.

6. Richard E. Nisbett *et al.*, «Intelligence: New Findings and Theoretical Developments», *American Psychologist* 67, 2012, págs. 130-159.

7. Niels G. Waller, David T. Lykken y Auke Tellegen, «Occupational Interests, Leisure Time Interests, and Personality: Three Domains or One? Findings from the Minnesota Twin Registry». En *Assessing Individual Differences in Human Behavior: New Concepts, Methods, and Findings*, ed. David John Lubinski y René V. Dawis, Davies-Black Publishing, Palo Alto, California, 1995, págs. 233-259.

8. Fiona M. Breen, Robert Plomin y Jane Wardle, «Heritability of Food Preferences in Young Children», *Physiology & Behavior* 88, 2006, págs. 443-447.

9. Gary E. Swan *et al.*, «Smoking and Alcohol Consumption in Adult Male Twins: Genetic Heritability and Shared Environmental Influences», *Journal of Substance Abuse* 2, 1990, págs. 39-50.

10. Paul Lichtenstein *et al.* «Environmental and Heritable Factors in the Causation of Cancer—Analyses of Cohorts of Twins from Sweden, Denmark, and Finland», *New England Journal of Medicine* 343, 2000, págs. 78-85.

facilidad para entonar una melodía,[11] encestar una pelota de baloncesto[12] o resolver una ecuación cuadrática.[13] Pero aunque parezca mentira, el talento *no* depende solamente de la genética: la rapidez con la que desarrollamos cualquier habilidad también depende en gran medida de la experiencia.

Por ejemplo, el sociólogo Dan Chambliss participó en competiciones de natación en el instituto, pero lo dejó al creer que nunca llegaría a competir a nivel nacional.

«Soy demasiado pequeño y mi cuerpo no me permite la flexión plantar en el movimiento del tobillo. Al intentar hacer el movimiento inverso, no puedo doblar el pie hacia arriba, solo flexionarlo hacia abajo. Es una limitación anatómica. Significa básicamente que como deportista de élite solo puedo nadar a braza.»[14] Después de esta entrevista, investigué un poco sobre la flexión plantar. Los ejercicios de estiramiento mejoran el grado de flexión, pero la longitud de determinados huesos es muy importante para la flexibilidad de pies y tobillos.

Con todo, el mayor impedimento para mejorar no era anatómico, sino el entrenamiento recibido: «Visto en retrospectiva, me doy cuenta de que mis entrenadores fueron malísimos[15] en un par de lugares decisivos. Uno de los entrenadores del instituto —lo tuve durante cuatro años— no me enseñó nada literalmente. Nada de nada. Solo a girar en la piscina nadando a braza y encima me lo enseñó mal».

---

11. Elizabeth Theusch y Jane Gitschier, «Absolute Pitch Twin Study and Segregation Analysis», *Twin Research and Human Genetics* 14, 2011, págs. 173-178.

12. Lisa M. Guth y Stephen M. Roth, «Genetic Influence and Athletic Performance», *Current Opinion in Pediatrics* 25, 2013, págs. 653-658.

13. Bonamy Oliver *et al.*, «A Twin Study of Teacher-Reported Mathematics Performance and Low Performance in 7-Year-Olds», *Journal of Educational Psychology* 96, 2004, págs. 504-517.

14. Chambliss, entrevista.

15. Chambliss, entrevista. Para conocer la enorme importancia que tiene la calidad de un maestro en las trayectorias de los logros académicos, véase Eric A. Hanushek, «Valuing Teachers: How Much Is a Good Teacher Worth?», *Education Next* 11, 2011, págs. 40-45.

¿Qué ocurrió cuando por fin Dan recibió un buen entrenamiento, en parte al seguir con los entrenadores nacionales y olímpicos con los que se preparaba?

«Años más tarde volví a meterme en la piscina y a ponerme en forma y nadé los doscientos metros a cuatro estilos tan rápido como cuando iba al instituto.»

De nuevo es la misma historia. Nos influye tanto lo innato como lo adquirido. Ambas cosas.

¿Cómo saben los científicos a ciencia cierta que tanto lo innato como lo adquirido juegan un papel a la hora de influir en factores como el talento y el grit? En las últimas décadas los investigadores han estado estudiando a gemelos idénticos y gemelos bivitelinos criados en la misma familia o en familias distintas. Los gemelos idénticos tienen el mismo ADN; en cambio, los bivitelinos por lo general solo comparten la mitad. Este hecho, y un montón de elaboradas estadísticas (en realidad, más que elaboradas descubres que son rutinarias en cuanto un buen profesor te las explica), les permiten a los investigadores deducir, dependiendo de lo parecidos que acaben siendo los gemelos, la heredabilidad de los rasgos.

Muy recientemente, investigadores de Londres[16] me comunicaron que aplicaron la Escala del Grit en más de dos mil pares de

---

16. Conversación con Robert Plomin, 21 de junio, 2015. Para un análisis sobre la herencia de los rasgos de personalidad, véase Turkheimer, Pettersson y Horn, «Phenotypic Null Hypothesis». Vale la pena advertir que hay estudios genéticos conductuales que no dependen de gemelos, y también que la herencia es un tema demasiado complejo como para resumirlo en este libro. En especial, se dan interacciones entre distintos genes, entre los genes y el entorno, y los efectos epigenéticos. En cuanto a este tema, se ha generado un debate sobre el grado de influencia ambiental que se puede adjudicar a la crianza de los hijos. Separar los efectos de la crianza de los hijos de la herencia genética es sin duda difícil. Sobre todo, porque no se puede asignar al azar a niños para que vivan con distintas familias. Sin embargo, este tipo de experimentos se pueden llevar a cabo con crías de ratas de laboratorio y con sus madres. Es posible, por ejemplo, asignar al azar crías a madres muy cariñosas que

gemelos adolescentes que vivían en el Reino Unido. Este estudio estimó que el factor hereditario en la subescala de la perseverancia era del 37 por ciento y la de la pasión del 20 por ciento. Estas estimaciones van a la par de otras sobre el factor hereditario en cuanto a otros rasgos de la personalidad. Es decir, significa que algunas de las variaciones del grit en la población se pueden atribuir a factores genéticos y el resto, a las experiencias.

Me apresuro a añadir que no hay solo *un* gen que explique el factor hereditario del grit. Al contrario, docenas de investigaciones han revelado que casi todos los rasgos humanos son poligenéticos,[17] es decir, están influidos por más de un gen. En realidad la estatura, por ejemplo, depende de muchos más, al menos de 697 distintos genes,[18] según el último recuento. Y algunos de los genes que influyen en la estatura influyen también en otros rasgos. En total, el genoma humano contiene la asombrosa cantidad de veinticinco mil genes distintos,[19] y estos tienden a interactuar unos con otros y también con las influencias ambientales de forma tan complicada que todavía se entienden muy poco.

---

lamen, acicalan y amamantan a sus retoños o a otras más despreocupadas. El neurobiólogo Michael Meaney ha hecho precisamente esto, y ha descubierto que las crías de las ratas cariñosas que lamen, acicalan y amamantan a sus retoños más de lo habitual se estresan menos al vivir situaciones estresantes. Los efectos duran en la adultez y, en realidad, las crías nacidas de madres que apenas lamen a sus retoños, pero que a las veinticuatro horas de nacer las cambiaron para que crecieran con una madre que las lamiera mucho, acabaron también lamiendo mucho a sus propias crías al ser madres. Véase Darlene Francis, Josie Diorio, Dong Liu y Michael J. Meaney, «Nongenomic Transmission Across Generations of Maternal Behavior and Stress Responses in the Rat», *Science* 286, 1999, págs. 1155-1158.

17. Christopher F. Chabris *et al.*, «The Fourth Law of Behavioral Genetics», *Current Directions in Psychological Science* 24, 2015, págs. 304-312.

18. Andrew R. Wood *et al.*, «Defining the Role of Common Variation in the Genomic and Biological Architecture of Adult Human Height», *Nature Genetics* 46, 2014, págs. 1173-1186.

19. «A Brief Guide to Genomics», National Human Genome Research Institute, última actualización: 27 de agosto, 2015, www.genome.gov/18016863.

En resumidas cuentas, ¿qué hemos aprendido? En primer lugar, que el grit, el talento y otros rasgos psicológicos importantes para triunfar en la vida están influenciados por los genes y también por las experiencias. Y en segundo lugar, que no hay un único gen que determine el grit, ni de hecho cualquier otro rasgo psicológico.

Me gustaría citar un tercer punto importante: las estimaciones sobre el factor hereditario explican por qué hay personas que se diferencian del término medio, pero no dice nada sobre el término medio en sí.

Aunque el factor hereditario de la estatura refleje algo sobre la variabilidad —por qué en una determinada población algunos individuos son más altos y otros más bajos— no dice nada sobre cómo ha cambiado la altura promedio. Ello es importante, porque demuestra que el entorno en el que crecemos importa, en realidad importa mucho.

Otro ejemplo asombroso más relevante aún para conocer aquello que conduce al éxito es el efecto Flynn, que lleva el nombre de Jim Flynn, el científico social neozelandés que lo descubrió. Se refiere a los sorprendentes aumentos que se han estado dando en las puntuaciones del CI en el siglo pasado. ¿Hasta qué punto han aumentado? Según los test de inteligencia más ampliamente usados —la Escala Wechsler de Inteligencia para Niños y la Escala Wechsler de Inteligencia para Adultos—,[20] se ha dado por término medio un aumento de más de quince puntos en los últimos cincuenta años[21] en más de

---

20. Los test Wechsler los publica ahora el Pearson's Clinical Assessment.

21. La información sobre el efecto Flynn procede de las conversaciones con James Flynn mantenidas del 2006 al 2015. Para obtener más información sobre el efecto Flynn, véase James R. Flynn, *Are We Getting Smarter?: Risking IQ in the Twenty-First Century*, Cambridge University Press, Cambridge, Reino Unido, 2012. Véase también Jakob Pietschnig y Martin Voracek, «One Century of Global IQ Gains: A Formal Meta-Analysis of the

los treinta países estudiados. Es decir, si a la gente de un siglo atrás le hicieran el test de inteligencia, en comparación con lo habitual en la actualidad, obtendrían de promedio una puntuación de 70: estarían en el límite del retraso mental. Y si se lo hicieran a la gente moderna, en comparación con lo habitual de hace un siglo, obtendríamos una puntuación de 130: la típica exigida en los cursos para superdotados.

Cuando descubrí el efecto Flynn, no me lo podía creer. ¿Cómo es posible que nos estemos volviendo mucho más inteligentes tan deprisa?

Llamé a Jim para compartir mi incredulidad y mi deseo de aprender más sobre ello. Siendo el trotamundos que es, viajó en avión a Filadelfia para conocerme en persona y dar una charla sobre su investigación. En nuestro primer encuentro recuerdo que me dije que Jim se parecía a la caricatura de un profesor universitario: alto, de cuerpo un tanto huesudo, con gafas de montura metálica y una mata de pelo rizado color gris acero.

Flynn empezó su charla explicando los hechos básicos sobre los cambios en el CI. Investigando la puntuación bruta de los test de inteligencia realizados a lo largo de los años, descubrió que en algunos test los aumentos eran mucho mayores que en otros. Dirigiéndose a la pizarra, trazó una empinada línea indicando que las puntuaciones que más habían aumentado habían sido las de los test de inteligencia relacionados con el razonamiento abstracto. Por ejemplo, hoy día muchos niños pequeños saben responder a la pregunta: «¿En qué se parecen los perros y los conejos?» Tal vez respondan que ambos están vivos, o que todos

---

Flynn Effect (1909-2013)», *Perspectives on Psychological Science* 10, 2015, págs. 282-306. En este análisis de 271 muestras independientes, procedentes en total de casi cuatro millones de sujetos de treinta y un países, surgieron varios descubrimientos fundamentales: el CI aumenta en todas partes de forma positiva a lo largo del último siglo; la magnitud del incremento ha variado en relación con la inteligencia; el incremento ha sido menos espectacular en los últimos años; y, por último, las causas de ello se deben, además de a los efectos multiplicadores sociales, a cambios en la educación, la nutrición, la higiene, la atención sanitaria y la sofisticación de los test.

son animales. En la puntuación manual, estas respuestas solo valen medio punto. Algunos niños llegan a decir que ambos son mamíferos, y por esta sagaz respuesta reciben un punto. En cambio, los niños pequeños de un siglo atrás tal vez exclamaran con cara de perplejidad: «Pero ¡si los perros persiguen a los conejos!» Obteniendo cero puntos.

Como especie, nuestro razonamiento abstracto está mejorando día a día.

Para explicar los aumentos masivos solo en ciertos subtest de inteligencia y no en otros, Flynn contó una historia sobre el baloncesto y la televisión. El baloncesto, en todos los niveles de la competición, se ha ido volviendo más competitivo a lo largo del último siglo. El propio Flynn jugó un poco a este deporte en su época de estudiante y recuerda que los partidos cambiaron incluso al cabo de varios años. ¿Qué ocurrió?

Según Flynn, lo que ocurrió fue la televisión. El baloncesto era un deporte ideal para ver en la pequeña pantalla y al retransmitirlo ganó popularidad. En cuanto la televisión entró en los hogares, más chavales empezaron a jugar a baloncesto, intentando hacer bandejas con la mano izquierda tocando el tablero, botes con cambio de mano por delante, ganchos elegantes y otras habilidades que parecían de lo más corrientes en los grandes baloncestistas. Y al mejorar en este deporte, cada niño sin darse cuenta enriqueció el entorno de aprendizaje de los niños o las niñas contra los que jugaba. Porque una forma de mejorar en baloncesto es jugar con otros chicos un poco más hábiles.

Flynn llamó a este ciclo virtuoso de ir mejorando una habilidad el efecto multiplicador social[22] y usó la misma lógica para explicar los cambios generacionales en el razonamiento abstracto. Cada vez más, a lo largo del último siglo, nuestra profesión y vida cotidiana nos exigen pensar de manera analítica y lógica. Estudiamos durante más

---

22. William T. Dickens y James R. Flynn, «Heritability Estimates Versus Large Environmental Effects: The IQ Paradox Resolved», *Psychological Review* 108, 2001, págs. 346-369.

años y en la universidad nos exigen, cada vez más, razonar en lugar de aprender algo de memoria.

Tanto las pequeñas diferencias ambientales como las genéticas pueden activar un ciclo virtuoso. Sea como sea, los efectos se multiplican socialmente a través de la cultura porque cada uno enriquecemos el ambiente en el que todos vivimos.

El siguiente gráfico muestra cómo las puntuaciones de la Escala del Grit han ido variando en función de la edad. Son los datos de un amplio ejemplo de adultos estadounidenses y el eje horizontal refleja que los adultos con más pasión y perseverancia de mi muestra tenían sesenta años o más, y que los adultos con menos grit se encontraban en la veintena.

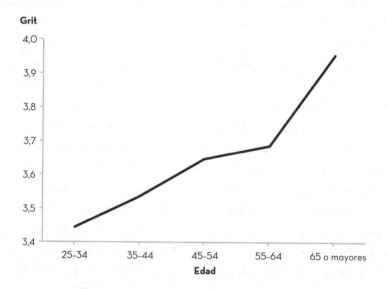

Una explicación para estos datos es una especie de «efecto Flynn a la inversa» del grit. Por ejemplo, es posible que los adultos en su séptima década de vida tengan un mayor grit porque crecieron en una época cultural muy distinta, tal vez en una cuyos valores y nor-

mas enfatizaban más que ahora una pasión y perseverancia sosteni-
da. Es decir, es posible que la Generación más Grandiosa (la que en
Estados Unidos creciera en medio de las privaciones de la Gran Depresión y que luchó en la Segunda Guerra Mundial) tuviera más
pasión y perseverancia que la Generación Y debido a que en la actualidad las fuerzas culturales son distintas a las del pasado.

Esta explicación de por qué el grit y la edad[23] van de la mano me
la sugirió un colega de más edad que, mirando por encima de mi
hombro el mismo gráfico, dijo sacudiendo la cabeza: «¡Lo sabía! He
estado dando el mismo curso a los mismos estudiantes en la misma
universidad durante décadas. Y te aseguro que los de ahora ¡no se
esfuerzan tanto como los de antes!» Mi padre, que dedicó por entero
su vida profesional como químico a la compañía DuPont y se jubiló
literalmente con el reloj de oro, tal vez hubiera dicho lo mismo del
empresario de Wharton que se acercó a mí al terminar de dar yo una
charla. Incluso habiéndose pasado noches enteras en vela para montar su propia empresa, el joven medio esperaba dedicarse a otro proyecto empresarial totalmente nuevo al cabo de pocos años.

Aunque también es posible que estas tendencias relacionadas con la
edad no tengan nada que ver con los cambios generacionales que
afectan al grit. En su lugar, lo que la información podría estar revelan-
do es cómo *maduramos* con el paso de los años. Mi propia experiencia y las historias de modelos vivientes del grit como Jeff Gettleman
y Bob Mankoff sugieren que en realidad el grit se desarrolla a medida que descubrimos nuestra filosofía de la vida, superamos rechazos
y decepciones, y aprendemos a distinguir las metas del nivel inferior
que debemos abandonar rápidamente de las del nivel superior que
requieren más tenacidad. La moraleja es que a medida que acumula-

---

23. Estos datos fueron originalmente publicados en Duckworth *et al.*, «Grit», pág. 1092.

mos años vamos *desarrollando* la capacidad para manifestar una pasión y perseverancia duraderas.

Para diferenciar estas explicaciones antagónicas, se necesita otra clase distinta de estudio. Con el fin de reunir la información que acabo de mostrar, le pregunté a individuos de distintas edades cuál era su nivel actual de grit. Lo que obtuve fue una instantánea del grit en adultos jóvenes y en adultos maduros. Lo ideal·sería hacerles un seguimiento toda su vida, como hizo el psicólogo George Vaillant con un grupo de varones de la Universidad de Harvard. Como la Escala del Grit hace poco que fue creada, no puedo poner una película acelerada del grit a lo largo de una vida. Aunque me gustaría tener esta clase de película, no dispongo más que de una instantánea.

Por suerte, muchos otros aspectos de la personalidad se han examinado longitudinalmente. En docenas de estudios en los que se les ha hecho un seguimiento a los participantes durante años y décadas, las tendencias son claras. La mayoría de las personas se vuelven más conscientes, seguras, afectuosas y serenas[24] con las experiencias de la vida. Gran parte de este cambio tiene lugar entre los veinte y los cuarenta años, pero en realidad no hay una época en la vida humana en la que la personalidad deje de evolucionar. Colectivamente, esta información demuestra lo que los psicólogos de la personalidad llaman hoy el principio de la madurez.[25]

Maduramos. O al menos la mayoría lo hacemos.

Hasta cierto punto estos cambios están preprogramados y son biológicos. La pubertad y la menopausia son etapas que nos cambian la personalidad, por ejemplo. Pero, en general, los cambios de personalidad dependen más bien de las experiencias vitales.

---

24. Avshalom Caspi, Brent W. Roberts y Rebecca L. Shiner, «Personality Development: Stability and Change», *Annual Review of Psychology* 56, 2005, págs. 453-484.

25. Ibíd., pág. 468.

¿Cómo nos cambian exactamente las experiencias vitales la personalidad?

Una razón por la que cambiamos es que aprendemos algo que no sabíamos antes. Por ejemplo, tal vez aprendamos a base de probar y cometer errores que cambiar repetidamente una ambición profesional por otra no nos llena. Esto es sin duda lo que a mí me ocurrió entre los veinte y los treinta años de edad. Después de dirigir una organización sin ánimo de lucro, de dedicarme luego a la investigación neurocientífica, y más tarde al asesoramiento empresarial y por último a la docencia, aprendí que ser una «principiante prometedora» era divertido, pero que ser una verdadera experta era infinitamente más gratificante. También aprendí que estar trabajando con tesón durante años se suele confundir con talento innato y que la pasión es tan necesaria como la perseverancia para alcanzar una excelencia del más alto nivel.

Asimismo, descubrimos, como lo hizo el novelista John Irving, que «para hacer algo muy bien debemos superar nuestras limitaciones», para apreciar que «al hacer algo una y otra vez, acabamos ejecutando como si nada lo que antes nos costaba enormemente» y, por último, que la capacidad para trabajar diligentemente «no surge de la noche a la mañana».[26]

Además de los descubrimientos sobre la condición humana, ¿qué más va cambiando con el paso de los años?

Lo que cambia, creo, son nuestras circunstancias. A medida que vamos cumpliendo años nos enfrentamos a nuevas situaciones. Nuestro primer trabajo. Nos casamos. Nuestros padres envejecen y descubrimos que ahora somos nosotros los que los cuidamos. Estas situaciones nuevas nos obligan a actuar de forma distinta a la habitual. Y dado que no hay en el planeta una especie más adaptable que la de los seres humanos, cambiamos. Estamos a la altura de las circunstancias.

---

26. Shaywitz, *Overcoming Dyslexia*, pág. 347.

En otras palabras, cambiamos cuando *es necesario*. La necesidad es la madre de la adaptación.

Lo ilustraré con un ejemplo trivial. Lucy, mi hija pequeña, a los tres años aún no había aprendido a ir al lavabo. Mi marido y yo habíamos hecho todo lo posible para que dejara de usar pañales. Habíamos leído un montón de libros sobre cómo conseguirlo e intentamos aplicar todas las ideas que nos sugerían o, al menos, lo intentamos con toda la energía que les queda a unos padres trabajadores cargados con listas de cosas por hacer. Pero todo fue inútil, Lucy no dio su brazo a torcer.

Al poco tiempo de cumplir tres años, dejó la clase de los niños pequeños del jardín de infancia, donde casi todos seguían con los pañales, para pasar a la de los «mayorcitos», donde ni siquiera había una mesa para cambiárselos. El primer día que la acompañé a su nueva aula, puso unos ojitos como platos, rastreando el nuevo entorno, un tanto asustada, creo, aunque probablemente no deseara seguir en la antigua aula a la que estaba acostumbrada.

Nunca olvidaré el momento en que la fui a recoger por la tarde. Sonriéndome orgullosa, me anunció que había aprendido a ir al lavabo. Y me dijo, textualmente, que ya no necesitaba los pañales. Y así fue. En un solo día aprendió a ir al baño. ¿Cómo es posible? Es así porque cuando un niño hace cola para ir al lavabo con otros niños y ve que se espera que lo use, hace exactamente esto. Aprende lo que necesita hacer.

Bernie Noe, el director de la escuela Lakeside en Seattle, hace poco compartió conmigo la siguiente historia de su hija. Ilustra el principio de la madurez a la perfección. La familia de Noe vive en el campus y su hija adolescente llegaba tarde al instituto casi cada día. Un verano le salió un trabajo de doblar ropa en una tienda local de American Eagle. El primer día, el encargado le dijo: «¡Ah, por cierto, si algún día llegas tarde al trabajo, estás despedida».[27] Se que-

---

27. Bernie Noe, rector de la Universidad de Lakeside, en Seattle, en una entrevista con la autora, 29 de julio, 2015.

dó de piedra. ¿No iban a darle una segunda oportunidad? Durante toda su vida no se había encontrado más que paciencia, comprensión y segundas oportunidades.

¿Y qué ocurrió?

«Fue asombroso —recordó Noe—. Fue el cambio de conducta más inmediato que jamás había visto en mi hija, en el sentido literal.»

Ahora se ponía dos alarmas para asegurarse de llegar puntual, o antes de la hora, al trabajo, donde no toleraban que llegara tarde.

Como la labor de un rector es guiar a los jóvenes hacia la madurez, Noe considera que su poder para hacerlo es limitado.

«Si tienes un negocio, tanto te da que un joven crea que es especial. Lo que te importa es: "¿Rendirás en el trabajo? Porque si no rindes no nos sales a cuenta".»

Los sermones no son ni la mitad de eficaces que el efecto de las consecuencias.

El principio de la madurez al fin y al cabo es esto. Con el tiempo aprendemos lecciones vitales que no olvidaremos y nos vamos adaptando a las crecientes exigencias de nuestras circunstancias. Y al final, acabamos acostumbrándonos a la nueva forma de pensar y actuar. Llega un día en que apenas nos acordamos de nuestro comportamiento inmaduro. Nos hemos adaptado, y estas adaptaciones han sido duraderas y, finalmente, nuestra identidad —la clase de persona que éramos— ha evolucionado. Hemos madurado.

En su conjunto, los datos que he reunido sobre el grit y la edad son coherentes con dos historias distintas. Una afirma que nuestro grit cambia dependiendo de la era cultural en la que vivamos. La otra dice que a medida que acumulamos años nuestro grit aumenta. Pero ¿podrían ser ciertas las dos? Creo que lo *son*, al menos hasta cierto punto. De cualquier manera, esta instantánea revela que el grit no es inmutable. Como cualquier aspecto de nuestro carácter psicológico, es más maleable de lo que creíamos.

Si el grit se desarrolla, ¿cómo ocurre?

Recibo casi a diario correos electrónicos y cartas de personas que desearían tener más pasión y perseverancia. Lamentan no haber perseverado lo bastante en algo como para ser ahora unos expertos. Sienten que han desperdiciado su talento. Quieren desesperadamente tener una meta a largo plazo y perseguirla con pasión y tenacidad.

Pero no saben por dónde empezar.

Una buena forma de hacerlo es viendo tu situación actual. Si no tienes toda la pasión y perseverancia que quisieras, pregúntate *por qué* es así.

La respuesta más evidente que se le ocurre a la gente es esta: «Supongo que soy perezoso».

Aquí tienes otra: «Soy un impostor».

O: «Soy por naturaleza incapaz de acabar lo que empiezo».

Creo que todas estas respuestas son erróneas.

A decir verdad, cuando dejamos algo a medias lo hacemos por una razón. En realidad, lo hacemos por *diferentes* razones. Tal vez se te pase por la cabeza cualquiera de estos cuatro pensamientos antes de dejar lo que te habías propuesto:

«Me aburre».

«No vale la pena el esfuerzo».

«No es importante para mí».

«No puedo hacerlo, es mejor que me dé por vencido».

No hay nada malo —moralmente o en cualquier otro sentido— en tener esta clase de pensamientos. Como he intentado mostrarte en este capítulo, los modelos del grit también renuncian a metas. Pero cuanto más alto sea el nivel de la meta que se cuestionan, con más empeño intentan alcanzarla. Y lo más importante es que no cambian de dirección cuando se trata de un objetivo especialmente importante que condiciona casi todo lo demás que hacen. Quienes poseen un grit muy desarrollado no tienden a pronunciar las frases antes citadas.

Gran parte de lo que he aprendido sobre cómo se desarrolla el grit procede de las entrevistas mantenidas con hombres y mujeres que encarnan las cualidades de la pasión y la perseverancia. He incluido retazos de estas conversaciones a lo largo del libro para que tú también puedas asomarte a la mente y al corazón de los modelos del grit y ver si descubres una creencia, actitud o hábito que valga la pena emular.

Estas historias sobre el grit son una especie de información y complementan los estudios más sistemáticos y cuantitativos que he realizado en lugares como West Point y el National Spelling Bee. En conjunto, la investigación revela las cualidades psicológicas que los modelos consumados del grit tienen en común. Son cuatro. Contrarrestan cada uno de los pensamientos desalentadores que he citado más arriba y se adquieren en un determinado orden a lo largo de los años.

Primero surge el *interés*. La pasión aparece al disfrutar de lo que haces. Cada persona con pasión y perseverancia que he estudiado puede señalar aspectos de su trabajo que le gustan menos que otros y la mayoría tiene que aguantar al menos una o dos tareas que les desagradan. Sin embargo, por lo general su trabajo les cautiva y les parece importante. Con una fascinación duradera y la curiosidad de un niño, exclaman casi a voz en cuello: «¡Me apasiona lo que hago!»

Después se da la capacidad de *practicar*. Una clase de perseverancia es la disciplina diaria de intentar hacer las cosas mejor que ayer. Tras haber descubierto un área en particular y sentir interés por ella, te dedicas en cuerpo y alma a practicar la habilidad para llegar a dominarla, cueste lo que cueste. Siendo consciente de tus puntos débiles para superarlos, la practicas una y otra vez, un montón de horas al día, durante semanas, meses y años. El grit consiste en no entregarte a la autocomplacencia. «¡Quiero mejorar a toda costa!» es el estribillo de los que personifican el grit, sea cual sea su interés particular, pese a lo extraordinarios que se hayan vuelto en su profesión.

En tercer lugar aparece el *propósito*. Tu pasión aumenta al estar convencido de que tu trabajo es importante. A la mayoría nos resulta imposible conservar a lo largo de la vida un interés carente de propósito.[28] Por eso es necesario que tu trabajo te parezca interesante y, al mismo tiempo, ligado totalmente al bienestar de los demás. Para unos pocos, la sensación de propósito surge enseguida, pero para muchos la motivación de servir a los demás va aumentando *después* de adquirir un interés y de irlo practicando de forma disciplinada durante años. A pesar de todo, los modelos consumados del grit siempre me dicen: «Mi trabajo es importante tanto para mí como para los demás».

Y, por último, surge la *esperanza*. La esperanza es estar a la altura de la perseverancia. Hablaré de ella después del interés, la práctica y el propósito, pero la esperanza *no* define la última etapa del grit, sino *todas*. Desde el principio hasta el final, es sumamente importante aprender a seguir adelante incluso cuando las cosas se ponen difíciles, aunque tengamos dudas. En distintos momentos, de forma importante o pequeña, la vida nos derribará de un bandazo. Si nos quedamos en el suelo, el grit pierde. Si nos levantamos, el grit gana.

---

28. Ken M. Sheldon, «Becoming Oneself: The Central Role of Self-Concordant Goal Selection», *Personality and Social Psychology Review* 18, 2014, págs. 349-365. Véase la investigación del psicólogo Ken Sheldon sobre el disfrute y la importancia como los dos componentes de lo que él llama «metas motivadas autónomamente». Ken señala que todos tenemos responsabilidades que debemos cumplir por obligación o necesidad. Pero por más que creamos que nos importan estas metas motivadas por lo exterior, el hecho de alcanzarlas pocas veces nos llena tanto como las metas llenas de sentido que nos interesan. Muchos de los participantes de los estudios de Ken son personas muy cultas de clase media tirando a alta y, sin embargo, carecen de metas motivadas autónomamente. Le cuentan a Ken que se sienten como si estuvieran viviendo la vida en el asiento del pasajero. Mediante un seguimiento a lo largo de los años, Ken ha descubierto que tienden menos a alcanzar sus objetivos. E incluso cuando lo consiguen, no les llenan tanto como al resto. Recientemente, reuní datos de cientos de adultos, de veinticinco a setenta y cinco años de edad, y descubrí que la evaluación de Ken sobre la motivación autónoma se correlaciona positivamente con el grit.

Tal vez ya seas consciente de tu grit sin que una psicóloga como yo se entrometa en ello. Quizá ya tengas un interés profundo y duradero en la vida, el deseo de superar retos a todas horas, una evolucionada sensación de propósito y una gran confianza en tu capacidad para superar cualquier adversidad que se te ponga por delante. Si es así, seguramente obtendrías la puntuación más alta en la Escala del Grit. ¡Enhorabuena!

Pero si no tienes tanto grit como quisieras, los capítulos siguientes te irán de maravilla. Al igual que puedes aprender a realizar cálculos matemáticos mentalmente y a tocar el piano, también puedes aprender la psicología del grit por ti mismo, pero una cierta orientación al respecto te será de gran ayuda.

Las cuatro cualidades psicológicas —el interés, la práctica, el propósito y la esperanza— no son dones que *tengas o no y punto*, sino que puedes aprender a descubrir, desarrollar y profundizar tus intereses. Adquirir el hábito de la disciplina. Cultivar una sensación de propósito y sentido en la vida. Y también aprender a tener esperanzas.

Puedes desarrollar el grit desde dentro. Si quieres saber cómo conseguirlo, sigue leyendo.

SEGUNDA PARTE
Desarrolla el grit desde dentro

6

Interés

Haced lo que os apasiona[1] es una frase popular con la que suelen arrancar las charlas. Lo he comprobado por mí misma al escucharla en mi época de estudiante o pronunciarla como profesora en muchas ocasiones. Seguro que al menos la mitad de conferenciantes, tirando corto, recalcan la importancia de dedicarte a lo que amas en la vida.

Por ejemplo, Will Shortz, editor durante mucho tiempo de la sección de crucigramas del *New York Times,* les dijo a los estudiantes de la Universidad de Indiana: «Os aconsejo que descubráis lo que más os gusta hacer en la vida y que intentéis dedicaros a ello a tiempo completo. La vida pasa en un suspiro. Haced lo que os apasiona».

Jeff Bezos les contó a los licenciados de Princeton la historia de cómo dejó un puesto importante con un gran sueldo como financiero en Manhattan para montar Amazon: «Después de reflexionar largo y tendido, decidí tomar el camino más arriesgado para dedicarme a lo que me apasiona».[2] También dijo: «Sea lo que sea lo que queráis ser, descubriréis que si no os apasiona vuestro trabajo no duraréis demasiado en él».[3]

---

1. Indiana University, «Will Shortz's 2008 Commencement Address», CSPAN, https://www.c-span.org/video/?205168-1/indiana-university-commencement-address.

2. Universidad de Princeton, «Jeff Bezos' 2010 Baccalaureate Remarks», TED, www.ted.com/talks/jeff_bezos_gifts_vs_choices.

3. Taylor Soper, «Advice from Amazon Founder Jeff Bezos: Be Proud of Your Choices, Not Your Gifts», *GeekWire*, 13 de octubre, 2013, www.geekwire.com/2013/advice-amazon-founder-jeff-bezos-proud-choices-gifts.

Y este consejo no solo se ha pronunciado en los calurosos días de junio, durante los discursos de toga y bonete de la universidad en la que trabajo. También lo he oído —una y otra vez, casi hasta la saciedad— de boca de los modelos del grit a los que he entrevistado.

Al igual que Hester Lacey.

Hester es una periodista británica que ha estado entrevistando semanalmente a grandes triunfadores del calibre de Shortz y Bezos desde el 2011. Su columna se publica semanalmente en el *Financial Times*. Tanto si se trata de diseñadores de moda (Nicole Farhi), escritores (Salman Rushdie), músicos (Lang Lang), comediantes (Michael Palin), chocolateros (Chantal Coady) o barmans (Colin Field), Hester siempre les hace las mismas preguntas,[4] como: «¿Qué es lo que te motiva?» y «Si lo perdieras todo mañana, ¿qué harías?»

Le pregunté a Hester qué era lo que había aprendido después de haber entrevistado a doscientas celebridades «megaexitosas», como ella me las describió durante la conversación.

«En las entrevistas oigo repetidamente: "Me apasiona lo que hago".[5] Cada cual lo expresa a su manera. Con frecuencia dicen simplemente: "Me apasiona lo que hago". Pero también dicen cosas como: "Soy muy afortunado por levantarme cada mañana ilusionado por ir a trabajar, estoy deseando meterme en el estudio, estoy deseando empezar el próximo proyecto". Estas personas no trabajan por obligación ni por dinero…»

Haz lo que te apasiona no fue el mensaje que oí mientras crecía.

En su lugar me dijeron que las realidades prácticas de sobrevivir «en el mundo real» eran mucho más importantes para cualquier jo-

---

4. Hester Lacey, «The Inventory», columna publicada semanalmente en el *Financial Times*.

5. Hester Lacey, periodista del *Financial Times*, en una entrevista con la autora, 2 de junio, 2015.

vencita que criarse «entre algodones» como yo hubiera deseado. Me advirtieron que los sueños demasiado idealistas de «dedicarme a lo que me apasionaba» podrían convertirse en un rastro de migas de pan que me llevaría a la pobreza y la decepción. Me recordaban que ciertos trabajos, como ser médico, te proporcionaban altos ingresos y una buena posición, y que en el futuro estas cosas me importarían más que en aquel momento.

Como te habrás imaginado, el que me daba estos consejos era mi padre.

«Entonces, ¿por qué estudiaste química?», le pregunté.

«Porque mi padre me lo pidió —repuso sin un ápice de resentimiento en la voz—. De niño la historia era mi tema preferido», añadió.

Me explicó que también le gustaban las matemáticas y las ciencias, pero que no pudo elegir la carrera que quería. Su familia tenía un negocio textil y mi abuelo hizo que cada uno de sus hijos estudiara oficios que fueran relevantes en una etapa u otra de la producción textil.

«En el negocio de mi familia era necesario un químico y no un historiador.»

Al final, resultó que la Revolución China puso fin prematuramente al negocio textil de mi familia. Al poco tiempo, nos mudamos a Estados Unidos y mi padre fue contratado por la empresa DuPont. Treinta y cinco años más tarde, se jubiló como el científico de más alto rango en la compañía.

Dado lo metido que estaba mi padre en su trabajo —solía verle absorto en sus problemas científicos o de gestión de la empresa— y su fulgurante trayectoria profesional, vale la pena considerar si no sería preferible decantarnos por la profesión más práctica en lugar de por la que más nos gusta.

¿Hasta qué punto *es* absurdo aconsejar a los jóvenes intentar hacer lo que aman a toda costa? En la última década los científicos que han estado estudiando el interés llegaron a una respuesta definitiva.

En primer lugar, la investigación revela que nos sentimos mucho más satisfechos cuando trabajamos en algo que coincide con nuestros intereses personales. Es la conclusión de un metaanálisis realizado con la información de casi cien estudios distintos que incluían colectivamente a adultos en activo de prácticamente cualquier profesión concebible. Por ejemplo, las personas que disfrutan pensando en ideas abstractas *no* son felices gestionando los detalles de complicados proyectos logísticos, prefieren resolver problemas matemáticos. Y las que gozan interactuando con la gente, *no* son felices si tienen que trabajar solas frente a un ordenador el día entero, se sentirán mejor dedicándose a otra cosa, como a las ventas o a la docencia. Es más, los que tienen un trabajo que coincide con sus intereses personales[6] son en general más felices con su vida.[7]

En segundo lugar, cuando el trabajo nos interesa *rendimos* más.[8] Es la conclusión de otro metaanálisis de sesenta estudios llevado a cabo a lo largo de los últimos sesenta años. Los empleados con una ocupación afín a sus intereses personales rinden más, son más serviciales con sus compañeros y conservan el trabajo más tiempo. Los universitarios que estudian la carrera que les gusta sacan mejores notas y tienden menos a dejarla a medias.

Sin duda es cierto que no te saldrá un trabajo en el que te guste *todo* lo que hagas. No es fácil ganarte la vida jugando a Minecraft, por más bueno que seas en este videojuego. Y hay mucha gente en el mundo que no se puede permitir el lujo de elegir entre una gran di-

6. Mark Allen Morris, «A Meta-Analytic Investigation of Vocational Interest-Based Job Fit, and Its Relationship to Job Satisfaction, Performance, and Turnover» (tesis de doctorado) Universidad de Houston, 2003.

7. Rong Su, Louis Tay y Qi Zhang, «Interest Fit and Life Satisfaction: A Cross-Cultural Study in Ten Countries» (manuscrito en preparación).

8. Christopher D. Nye, Rong Su, James Rounds y FritzDrasgow, «Vocational Interests and Performance: A Quantitative Summary of over 60 Years of Research», *Perspectives on Psychological Science* 7, 2012, págs. 384-403.

versidad de trabajos. Nos guste o no, hay limitaciones muy reales[9] en cuanto a las posibilidades que tenemos para ganarnos la vida.

Sin embargo, como William James predijo hace un siglo, estos nuevos hallazgos científicos confirman las sabias palabras de apertura de un discurso de graduación: la manera «decisiva» de prever lo bien que nos irá en cualquier actividad depende del «deseo y la pasión, de la intensidad de nuestro interés...»[10]

En una encuesta Gallup del 2014, más de dos terceras partes de adultos afirmaron no implicarse demasiado en el trabajo y una buena parte «no se implicaban lo más mínimo».

El panorama es incluso más desolador en el extranjero. Una encuesta Gallup llevada a cabo en 141 países, reveló que salvo Canadá, en el resto de los países se dan incluso índices más elevados de trabajadores que «no se implican demasiado» en su profesión y que «no se implican lo más mínimo». En todo el mundo, solo un 13 por ciento de adultos afirman «implicarse» en el trabajo.[11]

Por lo visto a muy poca gente le apasiona su medio de vida.

Es difícil reconciliar las simples directrices ofrecidas en las charlas inspiracionales con los niveles epidémicos de indiferencia hacia el trabajo. ¿Por qué tanta gente no consigue dedicarse a lo que le gusta? ¿Es que el éxito laboral de mi padre contradice el argumento de la pasión? ¿Cómo debemos interpretar el hecho de que mi padre aca-

---

9. Véase Cal Newport, *So Good They Can't Ignore You: Why Skills Trump Passion in the Quest for Work You Love*, Hachette Book Group, Nueva York, 2012. Cal señala que cuando nos dedicamos al oficio que nos apasiona, acabamos convirtiéndonos en expertos de gran utilidad para otras personas.

10. William James, *Talks to Teachers on Psychology; and to Students on Some of Life's Ideals*, Henry Holt and Company, Nueva York, 1916, pág. 114.

11. Gallup, *State of the Global Workplace: Employee Engagement Insights for Business Leaders Worldwide* Gallup, Inc., Washington, D. C. 2013.

bara amando su profesión? ¿Deberíamos decirle a la gente *haz lo que te ordenan* en lugar de *haz lo que te apasiona*?

No lo creo.

A decir verdad, Will Shortz y Jeff Bezos me parecen fuentes tremendas de inspiración para dedicarnos a lo que nos apasiona. Si bien es una ingenuidad pensar que nos gustará todo cuanto implica nuestro trabajo, creo lo que los miles de datos de estos metaanálisis indican, confirmando lo que nuestro sentido común ya nos decía: aquello que nos interesa cuenta mucho en la vida. A nadie le interesa todo y todos estamos interesados en algo. O sea que es una buena idea intentar trabajar en lo que nos atrae y motiva. Tal vez no nos garantice la felicidad y el éxito, pero sin duda nos ayudará a alcanzarlos.

Dicho esto, no creo que a la mayoría de los jóvenes se les haya de animar a dedicarse a lo que les gusta. La mayoría *harían* justamente esto —en un abrir y cerrar de ojos— si supieran lo que les gusta. Si en alguna ocasión me invitan a dar un discurso de graduación, siempre empiezo con el consejo: *Haced lo que os apasiona.* Y luego intento durante el tiempo que me queda cambiar la idea que tienen los jóvenes de cómo esto ocurre en realidad.

Cuando empecé a entrevistar a los modelos del grit, supuse que todos tendrían historias sobre el momento único en el que de repente descubrieron cuál era su vocación. Me imaginaba que en su vida habría una escena de película en la que de pronto lo veían todo con una claridad meridiana, ambientada por una música de orquesta in crescendo, para reflejar la trascendencia del momento.

En la primera escena de *Julie y Julia,* una Julia Child más joven de lo que ninguno de nosotros la había visto antes en la televisión, está cenando en un lujoso restaurante francés con Paul, su marido. Julia prueba el lenguado a la *meunière,* exquisitamente dorado, al que el camarero le ha quitado las espinas a la perfección momentos antes de servirlo, cubierto ahora con una salsa de mantequilla normanda, limón y perejil. Julia se siente extasiada. Nunca había probado una comida tan deliciosa. Siempre le había gustado la gastronomía, pero no sabía que existiera un manjar tan exquisito como *este*.[12]

«La experiencia me abrió la mente y el alma —observó Julia al cabo de muchos años—. Me impactó tanto que se me quedó grabada para siempre.»[13]

Esta escena de película era la que yo esperaba de mis modelos del grit. Y creo que también era la que los jóvenes licenciados —achicharrándose bajo sus togas y bonetes y con el duro borde de la silla plegable clavándoseles en los muslos— se imaginaban cuando uno descubría su pasión en la vida. Un momento en el que de no saber en qué emplearías tu tiempo en la Tierra pasabas, en un abrir y cerrar de ojos, a saber con una claridad portentosa cuál era tu vocación.

Pero, en realidad, la mayoría de los modelos del grit que he entrevistado me contaron que se pasaron años explorando intereses diversos y que no fue hasta al cabo de un tiempo cuando se dieron cuenta de que aquel al que acabarían dedicando sus horas de vigilia (y algunos incluso las del sueño) era su verdadera vocación.

El nadador Rowdy Gaines por ejemplo, medallista olímpico de oro, me dijo: «De niño me encantaban los deportes. Cuando fui al instituto jugué a fútbol americano, béisbol, baloncesto, golf y tenis, en este orden, antes de decantarme por la natación. Seguí buscando. Me dije que si iba probando distintos deportes acabaría encontrando alguno que me apasionara».[14] Me quedé con la natación, pero no fue un amor a primera vista. «El día que intenté entrar en el equipo de nata-

---

12. *Julie y Julia*, dirigida por Nora Ephron, Columbia Pictures, 2009.

13. Marilyn Mellowes, «About Julia Child», PBS, 15 de junio, 2005, www.pbs.org/wnet/americanmasters/julia-child-about-julia-child/555.

14. El nadador Rowdy Gaines, medallista olímpico de oro, en una entrevista con la autora, 15 de junio, 2015.

ción fui a la biblioteca del instituto para ver en qué consistía el atletismo, me daba la impresión de que no me admitirían. Me dije que si no me admitían en el equipo de natación, probaría el atletismo.»

En la adolescencia, el chef Marc Vetri, galardonado con un Premio James Beard —una gala que equivale a los «Oscar» de la gastronomía americana—, le gustaba tanto la música como la cocina. Al terminar los estudios, se mudó a Los Ángeles. «Estudié en un conservatorio durante un año y por la noche trabajaba en restaurantes para ganar dinero. Más tarde entré en una banda, trabajaba por la mañana en los restaurantes para poder tocar por la noche. Me decía: "¡Vaya, lo de los restaurantes da dinero y me está empezando a gustar; en cambio, con la música me habría muerto de hambre". Y de pronto me salió la oportunidad de irme a Italia y todo cambió.» Me cuesta imaginar a mi chef preferido tocando la guitarra en lugar de preparando pasta, pero cuando le pregunté qué pensaba del camino que no había seguido, repuso: «La música y la cocina son mundos muy creativos. Me alegro de haber elegido el de la cocina,[15] pero también podría haber sido músico».

Para Julia Child, el etéreo bocado de lenguado a la *meunière* que probó fue toda una revelación. Pero su epifanía fue que la cocina francesa clásica era divina y *no* que se convertiría en chef, autora de libros de cocina y, al final, en la mujer que enseñaría al público americano a preparar *coq au vin* en sus propias cocinas. De hecho, la autobiografía de Julia revela que aquella memorable cena fue seguida de una *sucesión* de experiencias que estimularon su interés. Una lista incompleta incluiría innumerables comidas deliciosas en restaurantes parisinos, conversaciones y amistades con amables pescaderos, carniceros y vendedores de productos agrícolas en los mercados callejeros de la ciudad, encuentros con dos enciclopédicos libros de cocina francesa —el primero se lo prestó su tutor

---

15. El chef Marc Vetri, en una entrevista con la autora, 2 de febrero, 2015.

francés y el segundo se lo regaló Paul, su solidario marido—, horas de clases de cocina en Le Cordon Bleu bajo la tutela del gran entusiasta aunque exigente chef Bugnard, y dos mujeres parisinas conocidas suyas que tuvieron la idea de escribir un libro de cocina para los estadounidenses.[16]

¿Qué habría ocurrido si Julia —que en el pasado soñaba con ser una novelista y de niña «no le atraía lo más mínimo la cocina»—,[17] hubiera vuelto a su hogar en California después de probar aquel profético bocado de pescado cocinado a la perfección? Quién sabe, pero sin duda en el idilio de Julia con la comida francesa, aquel primer bocado de lenguado fue el primer beso. «¡Cuanto más cocino, más me gusta cocinar! —le dijo más tarde a su cuñada—. Y pensar que me ha llevado cuarenta años descubrir mi verdadera pasión...[18] (salvo la que siento por mi gato y mi marido)»

Aunque envidiemos a los que se ganan la vida con lo que les gusta, no deberíamos suponer que empezaron desde un lugar distinto al del resto de los mortales. Lo más probable es que les llevara un tiempo descubrir exactamente qué era lo que querían hacer con su vida. Los oradores de los discursos de graduación tal vez afirmen sobre su vocación: «No puedo imaginarme haciendo ninguna otra cosa», pero en realidad en el pasado hubo un tiempo en el que lo hicieron.

Hace varios meses, leí un post en Reddit titulado «Un interés pasajero en todo. No sé a qué dedicarme».[19]

---

16. Julia Child con Alex Prud'homme, *My Life in France*, Alfred A. Knopf, Nueva York, 2006.

17. Ibíd., pág. 3.

18. Mellowes, «About Julia Child».

19. «Fleeting Interest in Everything, No Career Direction», Reddit, consultado el 17 de junio, 2015, www.reddit.com/r/jobs/comments/1asw10/fleeting_interest_in_everything_no_career.

A pesar de mis treinta y pocos años no tengo idea de a qué dedicarme. Toda mi vida me han estado diciendo lo inteligente que soy y el gran potencial que tengo. Me interesan tantas cosas que al final no me atrevo a probar nada. Por lo visto, para dedicarte a cualquier profesión necesitas un certificado de profesionalidad o una titulación que exige invertir mucho tiempo y un montón de dinero antes de poder siquiera probar el trabajo, lo cual es una lata.

La persona de treinta y tantos años que escribió este post me despierta mucha compasión. Al igual que los estudiantes veinteañeros que vienen a verme para que les aconseje a qué pueden dedicarse.

Mi colega Barry Schwartz ha estado aconsejando a jóvenes adultos angustiados durante mucho más tiempo que yo. Lleva cuarenta y cinco años enseñando psicología en la Universidad de Swarthmore.

Barry cree que lo que les impide a muchos jóvenes interesarse en serio por una carrera son sus expectativas poco realistas.

«Es el mismo problema que tienen muchos jóvenes para encontrar pareja —observó—. Buscan a una persona muy atractiva y lista que sea además amable, empática, considerada y divertida. Aunque intentes decirle a un joven de veintiún años que no encontrará una pareja que sea la mejor en *cualquier* aspecto, no te escuchará. Están obsesionados con la perfección.»[20]

«¿Y qué me dices de Myrna, tu maravillosa mujer?», le pregunté.

«¡Ah, ella *es* maravillosa! Mucho más que yo. Pero ¿es perfecta? ¿Es la única mujer con la que podría haber llevado una vida feliz? ¿Soy yo el único hombre con el que Myrna podría haber vivido un matrimonio maravilloso? Creo que no.»

---

20. Barry Schwartz, cátedra Dorwin Cartwright de Teoría Social y Acción Social, Universidad de Swarthmore, en una entrevista con la autora, 27 de enero, 2015.

Otro problema relacionado, añadió Barry, es el mito de que enamorarse de una profesión es algo que nos ocurre de improviso.

«Solo te das cuenta de las sutilezas y alegrías de muchas cosas después de haberte estado centrando en algo durante una buena temporada, metiéndote hasta las cejas. Al principio, parecen poco interesantes y superficiales, hasta que te sumerges en una y al cabo de un tiempo descubres que tiene muchas facetas que no conocías, y nunca puedes resolver del todo el problema, o comprenderlo por entero, a no ser que persistas en ello.»

Barry hizo una pausa.

«A decir verdad, encontrar pareja es la analogía perfecta. Conocer a tu posible pareja —no a tu alma gemela perfecta, sino a una prometedora pareja— no es más que el principio.»

Hay muchas cosas que no sabemos sobre la psicología del interés. Ojalá supiéramos, por ejemplo, por qué a algunas personas (incluyéndome a mí) les gusta tanto la cocina mientras que a otras el tema no les interesa lo más mínimo. ¿Por qué a Marc Vetri le atraen las actividades creativas y a Rowdy Gaines le gustan los deportes? Salvo por la vaga explicación sobre que el interés es, como cualquier otra cosa relacionada con el ser humano, en parte heredable y en parte fruto de las vivencias, no puedo decir otra cosa. Pero las investigaciones científicas sobre la evolución de los intereses han revelado algunos hallazgos importantes. Aunque tengo la impresión de que por desgracia estos factores básicos no suelen comprenderse.

La mayoría de la gente ve la pasión como un descubrimiento repentino, como aquel primer bocado de lenguado a la *meunière* que trae consigo la certeza de los años que pasarás en la cocina... o como cuando te lanzas al agua en tu primera sesión de entrenamiento y sales de la piscina sabiendo que un día serás un medallista olímpico... o descubres, al leer *El guardián entre el centeno* de cabo a rabo, que has nacido para ser escritor. Pero el primer encuentro con aquello que tal vez te *acabe* llevando a una pasión que nunca se extinguirá es exactamente eso, una escena abierta en un relato mucho más largo y menos espectacular.

Lo que la ciencia le diría a la persona de treinta y pico años que escribió en Reddit el post titulado «Un interés pasajero en todo» y «No sé a qué dedicarme» es: la pasión por tu trabajo se parece un poco a un *descubrimiento,* seguido de mucho *desarrollo* y de toda una vida de *profundización.*

Te lo explicaré.

En primer lugar, en la infancia aún es demasiado pronto por lo general para saber qué seremos de mayores. Los estudios longitudinales que han hecho un seguimiento a miles de sujetos a lo largo del tiempo han revelado que la mayoría de las personas solo *empiezan* a sentirse atraídas por intereses vocacionales y a alejarse de otros en la pubertad.[21] Este es sin duda el patrón que he visto en mis entrevistas de investigación y también el que la periodista Hester Lacey descubrió en sus entrevistas con figuras «megaexitosas». Hay que tener en cuenta, sin embargo, que es muy poco probable que un alumno de séptimo curso —incluso un modelo futuro del grit— sepa a esa edad con claridad qué es lo que le apasiona en la vida. Un alumno de séptimo está empezando a descubrir lo que le gusta y lo que no le gusta.

En segundo lugar, los intereses *no* se descubren mirando en nuestro interior, sino al interactuar con el mundo exterior.[22] El proceso de

---

21. Douglas K. S. Low, Mijung Yoon, Brent W. Roberts y James Rounds. «The Stability of Vocational Interests from Early Adolescence to Middle Adulthood: A Quantitative Review of Longitudinal Studies», *Psychological Bulletin* 131, 2005, págs. 713-737.

22. La mayor parte del contenido de este capítulo sobre cómo va surgiendo un interés procede de una entrevista entre la autora y Ann Renninger, catedrática de Estudios Educacionales en la Facultad Eugene M. Lang de la Universidad de Swarthmore, el 13 de julio, 2015. Para conocer un análisis exhaustivo sobre este tema, véase K. Ann Renninger y Suzanne Hidi, *The Power of Interest for Motivation and Engagement,* Routledge, 2015, Londres.

descubrir lo que nos interesa puede ser enrevesado, accidental e ineficiente porque no es posible prever lo que nos llamará la atención y lo que no lo hará. Tampoco podemos *forzarnos* a que algo nos guste. Como Jeff Bezos observó: «Uno de los mayores errores que cometemos es *obligarnos* a que algo nos interese».[23] Si no lo experimentamos personalmente, no sabremos qué es lo que nos gusta o no.

Paradójicamente, al principio no nos damos cuenta de haber descubierto algo que nos interesa. Es decir, cuando empieza a atraernos es posible que no lo advirtamos. Siempre notamos la emoción del tedio —sabemos cuándo la sentimos—, pero al atraernos una nueva actividad o experiencia tal vez apenas seamos conscientes de lo que nos está ocurriendo. Significa que al empezar una nueva actividad es prematuro preguntarnos nerviosamente cada varios días si hemos dado con nuestra pasión.

En tercer lugar, tras descubrir algo interesante, aparece una etapa más larga cada vez más proactiva en la que nuestro interés aumenta. Es de crucial importancia que el nuevo interés vaya seguido de otros encuentros que lo estimulen una y otra vez.

Por ejemplo, Mike Hopkins, el astronauta de la NASA, me contó que al mirar lanzamientos espaciales en la televisión cuando iba al instituto se le despertó el interés por los viajes espaciales que le duraría hasta el día de hoy. Lo que le enganchó no fue *un* lanzamiento en particular, sino la serie de lanzamientos que veía a lo largo de los años. Al cabo de un tiempo empezó a buscar más información sobre la NASA y «una información me fue llevando a otra[24] y a otra.

En el caso del maestro ceramista Warren MacKenzie, primero fue a clases de cerámica al no quedar ya plazas libres en las de pintu-

23. Rob Walker, «25 Entrepreneurs We Love: Jeff Bezos, Amazon.com», *Inc.* magazine, abril de 2004, pág. 150.

24. Mike Hopkins, astronauta de la NASA y coronel de las Fuerzas Aéreas estadounidenses, en una entrevista con la autora, 12 de mayo, 2015.

ra, después descubrió *A Potter's Book* del gran Bernard Leach y a continuación hizo unas prácticas de un año con el propio Leach.

Y, por último, nuestros intereses aumentan cuando disponemos de un equipo de personas que nos apoyan, como padres, profesores, entrenadores y compañeros. ¿Por qué son tan importantes? En primer lugar, porque nos ofrecen los estímulos y la información necesarios para que algo nos guste cada vez más. Y también —evidentemente— porque su reacción positiva nos hace sentir contentos, competentes y seguros.

Como lo ilustra, por ejemplo, Marc Vetri. Pocas cosas hay que me gusten más que leer sus libros y ensayos de cocina, pero en su etapa de estudiante solo sacó aprobados. «Nunca me esforcé en los estudios —me confesó—. Siempre me decía: "Esta asignatura es un rollo".» En cambio, le encantaban las tardes de los domingos que pasaba en la casa de su abuela siciliana al sur de Filadelfia. «Ella cocinaba albóndigas y lasaña, y a mí me gustaba levantarme temprano para echarle una mano. A los once años más o menos empecé a querer preparar esa comida[25] en mi casa.»

Durante su adolescencia Marc trabajó a tiempo parcial lavando platos en un restaurante del barrio. «Me encantaba hacerlo. Trabajaba mucho.» ¿Por qué? Una razón era el dinero que ganaba, pero la otra era la camaradería que reinaba en la cocina. «En aquella época me sentía marginado por la sociedad. Era una especie de bicho raro. Tartamudeaba. Todos mis compañeros del colegio creían que era raro. Y yo me decía: "¡Vaya! Aquí lavo platos y mientras lo hago veo a mis compañeros cocinando en equipo y encima me dan de comer. Todo el mundo es amable conmigo y les caigo bien".»

Si lees los libros de cocina de Marc, te sorprenderá ver la cantidad de amigos que ha hecho y los mentores que tiene en el mundo de la cocina. Si hojeas los libros en busca de una foto en la que aparezca

---

25. Vetri, entrevista.

solo, te costará encontrar alguna. Y si lees los agradecimientos de *Il Viaggio Di Vetri*, te encontrarás con dos páginas enteras repletas de nombres de personas que le permitieron llegar a donde ha llegado, incluyendo esta nota: «Mamá y papá, siempre me habéis dejado buscar mi propio camino y me habéis guiado en él. No os podéis imaginar lo mucho que os lo agradezco. Siempre os necesitaré».[26]

Qué «lástima» que la pasión no nos llegue a todos de sopetón, como una epifanía, sin que tengamos que desarrollarla activamente, ¿no? Tal vez. Pero la realidad es que nuestros primeros intereses son frágiles y nada claros, y necesitan que los vayamos cultivando y perfeccionando con energía a lo largo de los años.

A veces, cuando hablo con padres ansiosos, me da la impresión de que malinterpretan lo que yo llamo grit. Les explico que la mitad del grit se compone de perseverancia —al oírlo, asienten con la cabeza agradecidos—, pero *también* añado que nadie trabaja con empeño en algo que no le interese de verdad. En ese momento suelen dejar de asentir para ladear la cabeza.

«Si no trabajas duro, no destacarás en la vida, por más que algo te apasione —afirma la "mamá tigresa" Amy Chua, como se hace llamar—. La mayoría de la gente es una nulidad en aquello que le gusta.»[27] Yo estoy totalmente de acuerdo. Incluso para desarrollar tus intereses tienes que esforzarte —practicando, estudiando, aprendiendo—. Pero creo que la mayoría de las personas son *peores* aún en aquello que *no* les gusta.

Así que tengo un mensaje para los padres, los futuros padres y los que no son padres de todas las edades: *antes de que un arduo esfuerzo*

---

26. Marc Vetri, *Il Viaggio Di Vetri: A Culinary Journey*, Ten Speed Press, Nueva York, 2008, pág. ix.

27. Amy Chua, *Battle Hymn of the Tiger Mother*, Penguin, Nueva York, 2011, pág. 213.

entre en juego, antes de que aquellos que todavía no saben lo que les apasiona en la vida estén preparados para pasarse horas enteras al día perfeccionando diligentemente una habilidad, necesitan holgazanear, estimulando y volviendo a estimular un interés. Por supuesto, sentir un interés por algo requiere tiempo y energía, y sí, también una cierta disciplina y sacrificio. Pero en esta primera etapa los principiantes no *están* obsesionados en mejorar. *No tienen* una visión de futuro a años vista. *No* saben cuál será la meta superior que regirá su vida. Ante todo, se lo están pasando bien.

Es decir, hasta el experto más consumado empezó siendo un principiante despreocupado.

Esta es también la conclusión a la que llegó el psicólogo Benjamin Bloom, que entrevistó a 120 estrellas[28] de nivel internacional del mundo del deporte, las artes y las ciencias; y además a sus padres, entrenadores y profesores. Uno de los hallazgos más importantes de Bloom es que el desarrollo de una habilidad atraviesa tres etapas distintas, cada una de varios años. Los intereses se descubren y desarrollan durante lo que Bloom llama la «edad temprana».[29]

El apoyo en la edad temprana[30] es crucial porque los principiantes aún están intentando averiguar si quieren seguir con lo que les está empezando a atraer o por el contrario dejarlo. Bloom y su equipo de investigación descubrieron que en esta etapa de la vida los mentores ideales eran los especialmente cálidos y alentadores. «Tal

---

28. Benjamin Bloom, *Developing Talent in Young People*, Ballantine, Nueva York, 1985.

29. Ibíd. Desearía señalar que aunque el interés normalmente preceda a la práctica vigorosa de la que hablaré en el siguiente capítulo, también se ha demostrado que al esforzarnos en una actividad, esta nos puede llegar a apasionar más si cabe. Véase Michael M. Gielnik *et al.*, «"I Put in Effort, Therefore I Am Passionate": Investigating the Path from Effort to Passion in Entrepreneurship», *Academy of Management Journal* 58, 2015, págs. 1012-1031.

30. Para leer un artículo relacionado con este tema, véase Stacey R. Finkelstein y Ayelet Fishbach, «Tell Me What I Did Wrong: Experts Seek and Respond to Negative Feedback», *Journal of Consumer Research* 39, 2012, págs. 22-38.

vez la mayor virtud[31] de esos profesores fuera hacer que el aprendizaje en esta primera etapa resultara muy agradable y gratificante. Les presentaron la materia a los alumnos como una actividad divertida y enfocaron el aprendizaje como un juego».

También es importante gozar en la edad temprana de un cierto grado de autonomía. Los estudios longitudinales que han hecho un seguimiento a los principiantes confirman que los padres y profesores autoritarios socavan la motivación intrínseca.[32] Los chicos cuyos padres les permiten elegir lo que les gusta tienden más a adquirir intereses que más tarde se transforman en una pasión. Aunque mi padre cuando vivía en Shanghái en 1950 aceptara sin pensarlo dos veces la carrera que su padre le asignó, a la mayoría de los jóvenes de hoy día les costaría sentir un auténtico interés por una profesión que no han elegido.

El psicólogo deportivo Jean Côté ha descubierto que acortar esta etapa de interés relajado y juguetón, de descubrimiento y desarrollo, tiene pésimas consecuencias. Su investigación reveló que a los atletas profesionales como Rowdy Gaines que probaron en la infancia una variedad de deportes antes de decantarse por uno, les suelen ir mucho mejor las cosas a la larga. Esta temprana serie de experiencias les ayudan en la juventud a descubir el deporte que más les gusta. También les da la oportunidad de «entrenar de forma combinada» distintos músculos y habilidades, y esta preparación complementaria les servirá para realizar un entrenamiento más específico en el futuro. Aunque los atletas que se saltan esta etapa tengan ventaja al principio en las competiciones contra otros atletas menos especializados, Côté descubrió

---

31. Bloom, *Developing Talent*, pág. 514.

32. Robert Vallerand, Nathalie Houlfort y Jacques Forest, «Passion for Work: Determinants and Outcomes», en *The Oxford Handbook of Work Engagement, Motivation, and Self-Determination Theory*, ed. Marylène Gagné, Oxford University Press, Oxford, Reino Unido, 2014, págs. 85-105.

que también son más proclives a sufrir lesiones físicas y a quemarse psicológicamente.[33]

Hablaré de lo que Bloom llama la «edad intermedia» en el siguiente capítulo, donde me centro en la práctica. Y en el capítulo ocho nos sumergiremos en la «edad posterior», donde analizo el propósito.

Por ahora, espero que veas que las necesidades emocionales de los principiantes son distintas[34] de las de los expertos. Cuando una actividad nos empieza a interesar necesitamos gozar de apoyo y libertad para descubrir si nos gusta. Necesitamos vivir pequeñas victorias. Recibir aplausos. Sí, podemos manejar un cierto grado de críticas y correcciones. Sí, tenemos que practicar. Pero no demasiado ni demasiado pronto. Cuando un principiante se siente presionado, pierde el interés. Y una vez perdido, le costará mucho recuperarlo.

Volvamos a los oradores de las ceremonias de graduación del inicio del capítulo. Al ser estudios de casos sobre la pasión, nos muestran cómo son los primeros años en los que empezamos a sentirnos atraídos por algo.

Will Shortz, editor de la sección de rompecabezas del *New York Times*, me contó que su madre era «una escritora y amante de las

---

33. Jean Côté, catedrático de psicología en la Universidad de Queen, en una entrevista con la autora, 24 de julio, 2015. Véase también, Jean Côté, Karl Erickson y Bruce Abernethy, «Play and Practice During Childhood», en *Conditions of Children's Talent Development in Sport*, ed. Jean Côté y Ronnie Lidor, Fitness Information Technology, Morgantown, Virginia Occidental, 2013, págs. 9-20. Côté, Baker y Abernethy, «Practice and Play in the Development of Sport Exercise», en *Handbook of Sport Psychology*, ed. Gershon Tenenbaum y Robert C. Eklund, John Wiley & Sons, Hoboken, Nueva Jersey, 2007, págs. 184-202.

34. Robert J. Vallerand, *The Psychology of Passion: A Dualistic Model*, Oxford University Press, Oxford, Reino Unido, 2015. Vallerand ha descubierto que la pasión lleva a la práctica deliberada y que el apoyo a la autonomía brindado por padres y profesores conduce a tener una pasión en la vida.

palabras», y que a la madre de su madre le apasionaban los crucigramas. En su familia había una inclinación por el lenguaje. Shortz especuló que quizá lo llevara en los genes.

Pero el único camino que siguió no fue un destino genético. Al poco tiempo de aprender a leer y escribir, le cayó en las manos un libro de pasatiempos. «Me fascinó —recuerda—. Y quise crear uno.»[35]

Como era de esperar, después de aquel primer libro —que le despertó la curiosidad— vinieron muchos más. «De crucigramas, acertijos matemáticos, de todo lo que se hubiera publicado en el mercado...» Al poco tiempo, Shortz ya conocía el nombre de los creadores de rompecabezas mentales más célebres y adquirió toda la colección Dover Books de su héroe Sam Loyd, y también las obras de media docena de otros creadores de pasatiempos que eran para Shortz tan conocidos como desconocidos para mí.

¿Quién le compró todos esos libros?

Su madre.

¿Qué más hizo ella?

«Recuerdo que cuando era muy pequeño mi madre organizó una partida de bridge con las amigas en casa y para entretenerme por la tarde, trazó en una hoja de papel la cuadrícula de un crucigrama y me mostró cómo rellenar las casillas en sentido vertical y horizontal con palabras. Y aquella tarde me lo pasé fenomenal creando mis pequeños crucigramas. Cuando sus amigas se fueron, mi madre me numeró las casillas y me mostró cómo escribir las claves. Fue el primer crucigrama que creé.»[36]

Y después la madre de Shortz hizo lo que algunas madres —incluyéndome a mí— hacen por ocurrírseles la idea o por haberlo

---

35. Will Shortz, director de la sección de rompecabezas del *New York Times*, en una entrevista con la autora, 28 de febrero, 2015.

36. Elisabeth Andrews, «20 Questions for Will Shortz», *Bloom Magazine*, diciembre de 2007/enero de 2008, pág. 58.

aprendido: «Mi madre me animó a vender los crucigramas en cuanto empecé a crearlos, porque como escritora, ofrecía artículos a las revistas y los periódicos para que los publicaran. Nada más ver este interés en mí, me mostró cómo sacarle partido.

»Vendí mi primer crucigrama[37] a los catorce años y a los dieciséis ya era un colaborador regular de las revistas de pasatiempos de Dell».

La madre de Shortz estaba siempre pendiente de lo que a su hijo le pudiera interesar: «Mi madre hizo un montón de cosas increíbles —me contó—. De niño, por ejemplo, me encantaba oír la radio y la música pop y rock que emitían. Cuando vio este interés mío, le pidió prestada la guitarra a un vecino y me la dejó en la litera de arriba, yo dormía en la de abajo. Si quería podía tomarla y aprender a tocarla».

Pero el deseo de ser músico no se podía comparar ni por asomo con el de crear crucigramas. «A los nueve meses, mi madre al ver que no había tocado la guitarra una sola vez, se la devolvió al vecino. Supongo que me gustaba escuchar música, pero no me atraía tocarla.»

Cuando se matriculó en la Universidad de Indiana, fue su madre la que encontró un curso individualizado que le permitiría a Shortz inventar su propia carrera: hasta el día de hoy, Shortz es la única persona del mundo licenciada en Enigmatología, el término para designar el estudio de los rompecabezas mentales.

¿Y qué hay de Jeff Bezos?

El interés inusual que Jeff sentía desde pequeño tiene mucho que ver con la curiosidad inusual de Jackie, su madre.

Jeff llegó al mundo cuando hacía solo dos semanas que su madre había cumplido los diecisiete. «Por eso me dijo que no tenía dema-

---

37. Shortz, entrevista.

siadas ideas preconcebidas de lo que se suponía que debía hacer»,[38] me contó.

Su madre recuerda haber sentido una gran curiosidad por Jeff y por su hijo y su hija más pequeños: «Sentía una gran curiosidad por esas criaturas y por lo que eran y harían en la vida. Me fijé en lo que les interesaba a cada uno de mis hijos —los tres eran muy distintos—, y les ayudé a desarrollar su pasión. Vi que debía dejarles bucear a sus anchas en lo que les gustara».

Por ejemplo, a los tres años Jeff pidió muchas veces dormir en una «cama grande». Jackie me explicó que *al final* acabó saliéndose con la suya, aunque no fuera la «cama grande» que uno se imaginaría. Al día siguiente al entrar en la habitación de Jeff, se lo encontró desmontando su propia cuna con un destornillador. Jackie no le riñó. En su lugar, se sentó en el suelo y le ayudó. Jeff durmió en su «cama grande» aquella noche.

Cuando hacía secundaria, Jeff estaba siempre inventando todo tipo de artefactos mecánicos, como una alarma conectada a la puerta de su habitación que se disparaba ruidosamente en cuanto uno de sus hermanos cruzaba el umbral. «Fuimos a RadioShack un montón de veces —me comentó Jackie riendo—. A veces íbamos cuatro veces en un mismo día porque mi hijo necesitaba otro componente.»

«En una ocasión pasó una cuerda a través de todos los tiradores de los armarios de la cocina para que al abrir uno, los otros se abrieran de golpe.»

Intenté imaginarme en estas situaciones. Intenté imaginarme sin enloquecer. Intenté imaginarme haciendo lo que Jackie hizo:

---

38. Jackie Bezos, en una entrevista con la autora, 6 de agosto, 2015. Jackie también me contó que la temprana pasión de Jeff por el espacio nunca desapareció. Su discurso de despedida del instituto se centró en la colonización del espacio. Décadas más tarde, fundó la compañía Blue Origin para establecer una presencia constante en el espacio: www. blueorigin.com.

advertir que su hijo mayor se estaba convirtiendo en una persona capaz de solucionar problemas de primera y estimular ese interés como un juego.

«En casa me apodaban "Capitán del Caos" porque de alguna manera siempre aceptaba cualquier cosa que mis hijos quisieran hacer», me contó Jackie.

Jackie recuerda que cuando Jeff decidió construir un cubo infinito, es decir, una serie de espejos motorizados que reflejan las imágenes de los otros hasta el infinito, ella estaba sentada en la acera conversando con una amiga. «Jeff se acercó de pronto para explicarnos la ciencia que había detrás del cubo y yo le escuché, asintiendo con la cabeza y haciéndole alguna pregunta de vez en cuando. Cuando se fue, mi amiga me preguntó si había entendido todo lo que mi hijo me había explicado. Y yo le respondí: "Lo importante no es entenderlo todo, sino escucharle".»

Cuando Jeff iba al instituto, transformó el garaje de su casa en un laboratorio para inventar y experimentar. Un día Jackie recibió una llamada del centro advirtiéndole que Jeff se estaba saltando las clases de la tarde. Cuando él llegó a casa, ella le preguntó qué había estado haciendo por las tardes. Jeff le contó que había encontrado a un profesor del barrio que le estaba dejando experimentar con las alas de un avión y con la fricción y la resistencia aerodinámica. «Bien, lo entiendo, veamos ahora si nos ponemos de acuerdo para que lo sigas haciendo sin saltarte las clases», le propuso Jackie.

En la universidad Jeff se especializó en Informática e Ingeniería Eléctrica y después de licenciarse aplicó sus habilidades de programador en la gestión de fondos de inversión. Al cabo de varios años montó una librería en Internet que llevaría el nombre del río más largo del mundo: Amazon.com. (También registró el dominio www.relentless.com; si tecleas esta dirección en tu navegador descubrirás adónde te lleva…)

«Siempre estoy aprendiendo —me contó Will Shortz—. Siempre estoy ensanchando mi cerebro de una nueva forma, intentando encontrar una nueva descripción para una palabra, buscando un nuevo tema. En una ocasión leí a un escritor que decía que cuando ya te aburre escribir, significa que has perdido las ganas de vivir. Yo creo que con los rompecabezas ocurre lo mismo. Si te aburren, quiere decir que la vida te resulta tediosa, porque existe una gran diversidad.»[39]

Prácticamente cualquier modelo del grit con el que he hablado, incluido mi padre, afirma lo mismo. Y al pasar revista a un estudio tras otro a gran escala, he descubierto que cuanto mayor es el grit de una persona, menos cambios en su carrera suele hacer.

En cambio, todos conocemos a gente que se lanza de cabeza a un nuevo proyecto, desarrollándolo con un vigoroso interés y a los tres, cuatro o cinco años, lo cambia por otro totalmente distinto. Aunque no haya nada malo en tener una variedad de distintas aficiones, tener innumerables citas con nuevas ocupaciones sin decantarse nunca por una no es demasiado aconsejable que digamos.

«Yo los llamo "los cortoplacistas"»,[40] me dijo Jane Golden.

Jane lleva más de treinta años promocionando el arte público en Filadelfia, mi ciudad natal, como directora del venerado Programa de Artes Murales. En su último proyecto, ayudó a transformar las paredes de más de 3.600 edificios en murales. Su programa de arte es el de mayor envergadura del país. La mayoría de las personas que la conocen describen su compromiso con las artes murales como «imparable», y Jane estaría de acuerdo en ello.

«Los cortoplacistas se apuntan a nuestros cursos por una temporada y luego los dejan para estudiar otra cosa en otra parte, y luego otra, y así

---

39. Shortz, entrevista.

40. Jane Golden, fundadora y directora ejecutiva del Programa de Artes Murales, en una entrevista con la autora, 5 de junio, 2015.

sucesivamente. Yo siempre los miro como si fueran de otro planeta, porque pienso: "¿Cómo es posible que no os decantéis por nada?"»

Pero lo más sorprendente no es la limitada atención de los cortoplacistas que llegan y se van, sino la constante dedicación de Jane a la misma actividad. En realidad, es normal sentir un cierto hastío después de dedicarnos a lo mismo durante un tiempo. A todos los seres humanos, incluso desde la infancia, nos gusta dejar de lado lo conocido para descubrir otras cosas nuevas y sorprendentes. De hecho, la palabra *interés* viene de *interesse,* que en latín significa «diferente». Ser de interés es, literalmente, ser diferente. Somos por naturaleza amantes de lo nuevo.

Si bien es corriente hartarnos de las cosas al cabo de un tiempo, no es algo inevitable. Si vuelves a examinar la Escala del Grit, verás que la mitad de las afirmaciones tratan de lo constantes que son los intereses de uno a lo largo del tiempo. Esto está relacionado con el hecho de que los modelos del grit además de descubrir algo que les gusta y desarrollar ese interés, aprenden a *profundizarlo.*

De joven, Jane creía que sería pintora. Ahora lucha contra los trámites burocráticos, recauda dinero y se ocupa de promover la cultura de la ciudad. Me preguntaba si había sacrificado su vida por una causa que le parecía más importante, aunque menos interesante. Si había renunciado a lo nuevo.

«Cuando dejé de pintar, me costó mucho el cambio —comentó Jane—. Pero entonces descubrí que elaborar el Programa de Artes Murales era una actividad creativa. Y me lo pasé de maravilla, porque soy una persona muy curiosa.

»Vista desde fuera mi vida tal vez parezca prosaica. Si alguien me echara en cara: "Jane llevas dirigiendo el Programa de Artes Murales toda tu vida", yo le respondería: "No, escucha hoy he visitado una cárcel de máxima seguridad al norte de Filadelfia. He ido a la iglesia. He asistido a una reunión. Me he reunido con un comisario adjunto. Y también con una persona del consejo municipal. He trabajado en el programa para artistas residentes. He ido a la ceremonia de graduación de unos chicos".»

Jane me lo ilustró con la analogía de una pintora: «Soy como una artista que contempla el cielo cada mañana y ve una variedad de colores muy vivos donde los demás no ven más que azul o gris. Veo a lo largo de un solo día esta tremenda complejidad y matices de colores. Veo algo que siempre está evolucionando y mejorando».

Para entender mejor el interés cada vez más profundo de los expertos, recurrí al psicólogo Paul Silvia.

Paul es uno de los mayores expertos en la emoción del interés. Empezó nuestra conversación señalando que los bebés no saben nada de nada al nacer. A diferencia de otros animales dotados de un fuerte instinto para actuar de cierto modo, los bebés necesitan aprenderlo prácticamente todo experimentándolo. Si *no* les atrajera mucho lo nuevo, no aprenderían tanto como lo hacen y tendrían menos posibilidades de sobrevivir. «El interés —el deseo de aprender cosas nuevas, de explorar el mundo, de buscar lo novedoso, de perseguir el cambio y la variedad— es un impulso básico.»[41]

¿Cómo se explicaría en este caso el interés duradero[42] de los modelos del grit?

Paul ha descubierto, como yo, que los expertos suelen decir cosas como: «Cuanto más lo conozco, menos lo entiendo». Sir John Templeton, por ejemplo, pionero de la idea de las inversiones en fondos diversificados, fue el que creó el lema de su fundación filantrópica: «¡Qué poco sabemos, cuánto deseamos aprender!»[43]

---

41. Paul Silvia, profesor adjunto de psicología en la Universidad de Carolina del Norte en Greensboro, en una entrevista con la autora, 22 de julio, 2015.

42. Paul J. Silvia, «Interest-the Curious Emotion», *Current Directions in Psychological Science* 17, 2008, págs. 57-60.

43. Véase www.templeton.org.

El secreto, explicó Paul, es que los principiantes ven lo nuevo de una manera y los expertos de otra. Para el principiante lo nuevo es cualquier cosa que no conozca. *Para el experto, lo nuevo son los matices.*

«Pongamos, por ejemplo, el arte moderno —observó Paul—. Muchas piezas que a un novato le resultan similares son muy distintas para un experto. Los novatos no tienen el bagaje de conocimientos necesario. No ven más que colores y formas. No están seguros de lo que significan.»[44] Pero el experto en arte posee en comparación conocimientos enormes. Ha desarrollado una sensibilidad para los detalles que el resto ni siquiera percibimos.

Te pondré otro ejemplo. ¿Has visto alguna vez en televisión las competiciones de las Olimpiadas? ¿Has escuchado los comentarios de los perodistas deportivos en tiempo real: «¡Vaya, el triple bucle ha sido un poco corto!» «Ha hecho la elevación de piernas en anillas con una sincronización perfecta»? Mientras ves los juegos olímpicos en el sofá de tu casa te preguntas cómo estos comentaristas pueden captar unas diferencias tan pequeñas en la actuación de un atleta frente a la de otro sin ver la repetición de la escena a cámara lenta. Yo necesito verla a cámara lenta. No percibo estos matices. Pero un experto ha acumulado el conocimiento y la habilidad para ver lo que un novato no capta.

Si lo que quieres es dedicarte a lo que te apasiona, pero aún no sabes qué es, el primer paso para lograrlo es descubrirlo.

Hazte varias simples preguntas. «¿En qué me gusta pensar?» «¿En que divaga mi mente?» «¿Qué es lo que de verdad me importa?» «¿En qué me gusta emplear el tiempo?» «¿Y qué me resulta, en cambio, totalmente insoportable?» Si te cuesta responder a estas pre-

---

44. Silvia, entrevista.

guntas, intenta recordar tu época de adolescente, la etapa de la vida en la que habitualmente nos empezamos a interesar por algo.

En cuanto tengas una cierta idea de lo que es, estimula tus nacientes intereses. Hazlo *llevando a cabo* algo en el mundo. Yo les aconsejo a los jóvenes que han acabado el instituto y que me preguntan retorciéndose las manos de angustia a qué pueden dedicarse: «¡Experimenta! ¡Prueba! Así tendrás más posibilidades de saberlo que si no haces nada».

En esta primera etapa de exploración, te aconsejo que sigas varias normas importantes extraídas del artículo de Will Shortz: «Cómo resolver los crucigramas del *New York Times*»:[45]

Empieza a partir de las respuestas de las que estás seguro. Por más indefinidos que sean tus intereses, sabes que hay algunas cosas que detestarías como medio de vida, y otras que te parecen más prometedoras. Esto ya es algo.

Baraja sin temor todas tus suposiciones. Te guste o no, cuando estés intentando descubrir lo que te interesa, te equivocarás a veces. A diferencia de las respuestas de los crucigramas, no hay *una* sola cosa que te acabe apasionando, sino muchas. No es necesario que encuentres la «correcta» o ni siquiera la «mejor», solo una dirección en la que te sientas a gusto. Lo más probable es que no sepas si algo te gusta de verdad hasta que lo pruebes por un tiempo.

No temas descartar una respuesta que no te funciona. En un momento de tu vida tal vez decidas escribir tu meta del nivel superior en tinta indeleble, pero hasta entonces asegúrate de hacerlo en lápiz.

---

45. Will Shortz, «How to Solve the *New York Times* Crossword Puzzle», *New York Times Magazine*, 8 de abril, 2001.

Es decir, si ya tienes una buena idea de lo que más te gusta hacer, es hora de desarrollar ese interés tuyo. Después de descubrirlo, tienes que desarrollarlo.

No te olvides de estimular tus intereses una y otra vez. Encuentra la forma de avivarlos. Y ten paciencia. Desarrollar un interés lleva su tiempo. Sigue haciéndote las preguntas y deja que las respuestas te conduzcan a otras preguntas. Sigue ahondando. Busca a otras personas que compartan tus mismos intereses. Recurre a un mentor estimulante. Sea cual sea tu edad, con el tiempo tu papel de aprendiz se volverá más activo e instruido. Al cabo de unos años habrás acumulado más conocimientos y experiencia, y una mayor confianza en ti mismo y curiosidad por conocer más a fondo tu pasión.

Y si ya llevas varios años haciendo lo que te gusta y aún no sabes si verdaderamente es tu pasión, intenta profundizar tus intereses. Como a tu cerebro le gusta lo nuevo, puedes sentirte tentado a dejarlo por otra actividad nueva y quizá sea lo más sensato. Sin embargo, si quieres dedicarte a *algo* muchos años, encuentra la manera de disfrutar de los matices que solo un verdadero aficionado sabe apreciar. «Lo viejo en lo nuevo es lo que nos llama la atención —afirmó William James—. Lo viejo visto bajo una luz ligeramente distinta.»[46]

Es decir, *haz lo que te apasiona* no es un mal consejo. Pero comprender cómo avivar tu pasión es mejor aún.

---

46. James, *Talks to Teachers*, pág. 108.

7
Práctica

En una de mis primeras investigaciones descubrí que los jóvenes con más pasión y perseverancia en el National Spelling Bee[1] practicaban más que los que tenían un grit menor. Las horas extras de práctica explicaban a su vez que lo hubieran hecho mejor que el resto en la gran final.

Este hallazgo tiene mucho sentido. Como profesora de matemáticas, he observado en mis alumnos muchos distintos grados de esfuerzo. Algunos no dedican literalmente un solo minuto a la semana a los deberes, mientras que otros estudian horas enteras cada día. Dado que todos los estudios revelan que las personas con más grit son las que suelen perseverar en algo más que el resto, parece ser que la mayor ventaja del grit sea simplemente *dedicarse durante más tiempo a una tarea*.

Al mismo tiempo, me vienen a la cabeza muchas personas que pese a tener años de experiencia en su trabajo, se han quedado estancadas en la mediocridad. Estoy segura de que a ti también se te ocurren unas cuantas. Piensa en ello. ¿Conoces a alguien que lleve muchos años haciendo lo mismo —tal vez toda su vida profesional— y sin embargo lo mejor que puedes decir de su habilidad es que al menos no es tan malo como para que lo despidan? Como diría un colega mío en broma: unos tienen veinte años de experiencia a sus espaldas y otros solo *uno…* en todos esos años.

---

1. Duckworth *et al.*, «Grit».

Kaizen en japonés significa «aguantar una etapa de estancamiento». Se puede traducir literalmente como un «continuo progreso». Hace un tiempo, esta idea era el motor en la cultura empresarial americana, que la consideraba el principio fundamental de la pujante economía industrial japonesa. Después de entrevistar a docenas y docenas de modelos del grit, os puedo asegurar que todos nadan en *kaizen*. Sin excepción.

Del mismo modo, en sus entrevistas con figuras «megaexitosas», la periodista Hester Lacey ha advertido que todas ellas demostraron un asombroso deseo de sobresalir más aún en su ya extraordinario nivel de experiencia: «Un actor declara: "Nunca he interpretado un papel a la perfección, pero quiero hacerlo lo mejor posible. Y en cada papel quiero aportar algo nuevo. Quiero ser cada vez mejor". Y un escritor afirma: "Quiero que cada libro que escribo supere al anterior"».[2]

«Es el persistente deseo de mejorar —me explicó Hester—. Es lo opuesto a la autocomplacencia. Pero es un estado mental *positivo* y no uno negativo. No es mirar atrás insatisfecho, sino mirar *hacia delante* deseando progresar.»

Mis investigaciones me hicieron preguntarme si el grit no es solo la *cantidad de tiempo dedicado a aquello que nos interesa,* sino también un tiempo de *calidad.* Un *mayor tiempo en una tarea* y a la vez un *tiempo de más calidad.*

Empecé a leer todo lo que caía en mis manos sobre el desarrollo de las habilidades.

Al poco tiempo estas lecturas me llevaron a la puerta de la casa del psicólogo cognitivo Anders Ericsson. Ericsson ha dedicado su carrera a estudiar cómo los expertos adquieren sus extraordinarias

---

2. Lacey, entrevista.

habilidades. Ha estudiado a atletas olímpicos, ajedrecistas portentosos, pianistas célebres, primeras bailarinas, golfistas profesionales, campeones de Scrabble y radiólogos expertos. La lista es larguísima.

Es decir, Ericsson es el experto a nivel mundial de los expertos a nivel mundial.[3]

El siguiente gráfico resume lo que Ericsson descubrió. Si se le hiciera un seguimiento al progreso de figuras de talla mundial, se vería que su habilidad ha ido mejorando gradualmente a lo largo de los años. A medida que mejoran, progresan a un ritmo más lento.[4] Esto nos pasa a todos. Cuanto más dominamos un campo, más pequeños serán los progresos que hagamos de un día a otro.

---

3. Anders Ericsson y Robert Pool, *Peak: Secrets from the New Science of Expertise*, Houghton Mifflin Harcourt, Nueva York, 2016. Véase también, K. Anders Ericsson, «The Influence of Experience and Deliberate Practice on the Development of Superior Expert Performance», en *The Cambridge Handbook of Expertise and Expert Performance*, ed. K. Anders Ericsson *et al.*, Cambridge University Press, Cambridge, Reino Unido, 2006. K. Anders Ericsson, Ralf Th. Krampe y Clemens Tesch-Römer, «The Role of Deliberate Practice in the Acquisition of Expert Performance», *Psychological Review* 100, 1993, págs. 363-406.

4. Véase K. Anders Ericsson y Paul Ward, «Capturing the Naturally Occurring Superior Performance of Experts in the Laboratory», *Current Directions in Psychological Science* 16, 2007, págs. 346-350. Véase también Allen Newell y Paul S. Rosenbloom, «Mechanisms of Skill Acquisition and the Law of Practice», en *Cognitive Skills and Their Acquisition*, ed. John R. Anderson, Lawrence Erlbaum Associates, Hillsdale, Nueva Jersey, 1981, págs. 1-56. Los modelos del grit siempre me dicen, con distintas palabras, que si tuviera una lupa vería que las curvas de aprendizaje no son regulares, sino que más bien están formadas de «miniperiodos», en los que te quedas atascado en un problema durante horas, días, semanas o incluso más tiempo, y luego experimentas de repente un gran progreso. El poeta Irving Feldman de noventa y seis años, miembro de la Fundación MacArthur, lo expresó de este modo: «El aprendizaje no es una cuesta empinada, sino una serie de cuestas conectadas por las mesetas de los periodos de estancamiento».

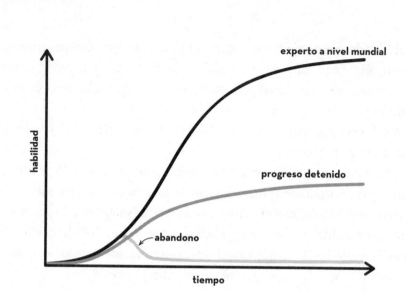

No es de extrañar que en el desarrollo de una habilidad se dé una curva de aprendizaje. Pero la escala de tiempo en la que tiene lugar sí que es sorprendente. En uno de los estudios de Ericsson, los mejores violinistas de un conservatorio alemán acumularon unas diez mil horas de práctica[5] a lo largo de diez años antes de alcanzar niveles de experiencia de élite. En comparación, otros alumnos menos destacados acumularon la mitad de horas de práctica durante el mismo espacio de tiempo.

Tal vez no sea una casualidad que la bailarina Martha Graham haya afirmado: «Ser una bailarina consumada[6] lleva diez años». Hace más de un siglo, los psicólogos que estudiaban a los telegrafistas observaron que manejar con soltura el código morse era muy inusual por los «numerosos años de duro aprendizaje» requeridos. ¿Cuántos años? «Hemos constatado que para ser un experto en el manejo del

---

5. Ericsson *et al.*, «The Role of Deliberate Practice».

6. Martha Graham, «I Am a Dancer», en Edward R. Murrow's *This I Believe*, CBS, circa 1953. Publicado de nuevo en NPR, «An Athlete of God», 4 de enero, 2006, www.npr.org/templates/story/story.php?storyId=5065006.

telegráfo[7] hacen falta como mínimo diez años», concluyeron los investigadores.

Si has leído la investigación original de Ericsson sabrás que diez mil horas de práctica a lo largo de diez años no es más que un promedio aproximado.[8] Algunos de los músicos a los que estudió alcanzaron el virtuosismo de un experto más pronto y otros más tarde. Pero hay una buena razón de por qué «la norma de las diez mil horas» y «la norma de los diez años» se ha vuelto viral. Nos da una sensación visceral de la escala de la inversión requerida. No se trata de unas cuantas horas, ni de docenas, veintenas o cientos, sino de miles y miles de horas de práctica a lo largo de muchos años.

Aunque el descubrimiento más importante de Ericsson *no* es que los expertos acumulen más horas de práctica, sino que practican *de distinta forma*. A diferencia de la mayoría de la gente, acumulan miles y miles de horas de lo que Ericsson llama «práctica deliberada».

Sospechaba que Ericsson podría responderme por qué la experiencia no siempre lleva a la excelencia, aunque la práctica sea tan importante. Decidí preguntárselo poniéndome a mí misma como el perfecto ejemplo.

«Mire, profesor Ericsson, desde los dieciocho años llevo varios días a la semana saliendo a correr durante una hora. Y, aun así, no he logrado correr un segundo más deprisa en todo ese tiempo. He esta-

---

7. Bryan Lowe William y Noble Harter, «Studies on the Telegraphic Language: The Acquisition of a Hierarchy of Habits», *Psychological Review* 6, 1899, pág. 358. También es importante la sección de John R. Hayes, «Cognitive Processes in Creativity», en *Handbook of Creativity*, ed. John A. Glover, Royce R. Ronning y Cecil R. Reynolds, Springer, Nueva York, 1989, págs. 135-145.

8. Véase K. Anders Ericsson, «The Danger of Delegating Education to Journalists: Why the APS Observer Needs Peer Review When Summarizing New Scientific Developments» (manuscrito inédito), 2012, https://psy.fsu.edu/php/people/people.php?_tr=1_1.

do corriendo miles de horas, pero no parece que ni por asomo pueda participar en las Olimpiadas.»

«¡Qué interesante! —exclamó—. ¿Te puedo hacer unas preguntas?»

«Claro.»

«¿Te has marcado un objetivo cuando corres?»

«¿Estar sana? ¿Poder entrar en los tejanos?»

«¡Ah, de acuerdo! Pero cuando sales a correr, ¿te fijas un objetivo con respecto al ritmo que te gustaría mantener? ¿O la distancia que recorrerás? Es decir, ¿hay algún aspecto de correr que estés intentando mejorar?»

«Mmm… no. Supongo que no.»

Me preguntó en qué pensaba cuando corría.

«¡Oh!, pues escucho la radio. A veces pienso en lo que debo hacer ese día. En lo que cocinaré para cenar.»

A continuación comprobó que yo no seguía mis sesiones de *jogging* de ninguna manera sistemática. No llevaba un diario de mi ritmo, ni de la distancia recorrida, ni de las rutas tomadas, o del ritmo cardíaco que tenía al terminar o con qué frecuencia alternaba los sprints con el *jogging*. ¿Por qué tendría que hacer todo esto? Mi rutina era siempre la misma. Cada sesión era igual que la anterior.

«Supongo que no tienes un entrenador.»

Me eché a reír.

«¡Ah! —exclamó suavemente—. Ya lo entiendo. No progresas porque *no* practicas de manera deliberada.»[9]

Así es como practican los expertos.

En primer lugar se fijan un objetivo de autosuperación, centrándose en un aspecto de su rendimiento general. En lugar de concen-

---

9. K. Anders Ericsson, catedrático de psicología en la Universidad Estatal de Florida, en una conversación con la autora, diciembre,. 2005.

trarse en lo que ya hacen bien, intentan mejorar sus puntos débiles. Se plantean nuevos retos.[10] El nadador Rowdy Gaines, medallista olímpico de oro, por ejemplo, dijo: «En cada entrenamiento intentaba superarme a mí mismo. Si mi entrenador un día me decía que hiciera diez cien metros en un minuto quince segundos cada cien, al día siguiente intentaba hacer lo mismo en un minuto catorce».[11, 12] Roberto Díaz, virtuoso del violín, lo describe como «trabajar para encontrar tu talón de Aquiles: el aspecto de la música que debes resolver».[13]

A base de una atención absoluta y un gran esfuerzo, los expertos intentan alcanzar su objetivo de autosuperación. Curiosamente, muchos deciden hacerlo cuando nadie les ve. El gran baloncestista Kevin Duran dijo en una ocasión: «Probablemente dedico el setenta por ciento de mi tiempo a mí mismo, trabajando mi forma de jugar, intentando perfeccionar cada detalle de mis jugadas».[14] Asimismo, la cantidad de tiempo que los músicos dedican a practicar a solas predice con mucha más precisión la rapidez con la que progresarán que el tiempo dedicado a practicar con otros músicos.

Los expertos procuran expectantes averiguar lo antes posible si han progresado. La mayor parte de lo que descubren es negativo. Significa que están más interesados en lo que han hecho *mal* —para

---

10. Ericsson *et al.*, «The Role of Deliberate Practice».

11. Significa nadar cien metros en un minuto y quince segundos, al día siguiente intentar hacer lo mismo en un minuto y catorce segundos, y así sucesivamente.

12. Gaines, entrevista.

13. Roberto Díaz, presidente y director ejecutivo del Curtis Institute of Music, en una entrevista con la autora, 7 de octubre, 2015.

14. Afirma que un 15 por ciento adicional de su tiempo lo dedica a jugar uno contra uno o tres contra tres para integrar sus microperfeccionamientos en el juego de equipo. Y, por último, el 15 por ciento restante lo dedica a los partidos organizados. «Kevin Durant», *The Film Room Project*.

solucionarlo— que en lo que han hecho *bien*. Procesar activamente esta información es tan esencial como su inmediatez.

Así fue como Ulrik Christensen aprendió esta lección. Christensen es un médico convertido en empresario que ha creado un *software* de aprendizaje adaptativo basado en los principios de la práctica deliberada. Uno de sus primeros proyectos fue un juego de realidad virtual que enseña a los médicos a enfrentarse adecuadamente a problemas cardíacos complejos y urgentes como derrames cerebrales e infartos. Durante una sesión de aprendizaje se encontró con un médico que era incapaz de terminarla con éxito.

«No sabía qué le pasaba —me contó Christensen—. Ese tipo no era tonto, pero después de explicarle en detalle durante horas lo que había hecho mal, seguía sin dar con las respuestas correctas. Todos los demás ya se habían ido a su casa, pero nosotros dos seguíamos todavía allí.»[15] Exasperado, Christensen le interrumpió antes de volver a explicarle lo que había hecho mal. «Se ha acabado el tiempo —le anunció—. ¿Dudas de algo de lo que acabas de hacer al tratar a este paciente? ¿De algo que no estés seguro de haber hecho bien?»

El médico tras reflexionar un momento, citó las decisiones de las que estaba seguro y luego otras pocas de las que no lo estaba tanto. Es decir, *reflexionó* un momento sobre lo que sabía y lo que no sabía.

Christensen asintió, escuchándole, y cuando el médico terminó de hablar le dejó ver la pantalla del ordenador con la misma información que había aparecido antes una docena de veces. Al intentarlo de nuevo, el médico ejecutó el procedimiento correctamente.

Y después de recibir la información, ¿qué hacen?

Pues los expertos lo ejecutan de nuevo una vez, y otra, y otra. Hasta que dominan lo que se han propuesto hacer. Hasta realizar con sol-

---

15. Ulrik Juul Christensen, director ejecutivo de Area9 y colaborador principal de McGraw-Hill Education, en una entrevista con la autora, 15 de julio, 2015.

tura y perfección lo que antes les costaba enormemente. Hasta que la incompetencia consciente se convierte en competencia insconsciente.

En la historia del médico que se tomó por fin un momento para reflexionar sobre lo que hacía, Christensen le hizo practicar hasta ejecutar el procedimiento sin ningún error. Después de repetirlo a la perfección cuatro veces seguidas, Christensen le dijo: «Buen trabajo. Es todo por hoy».

Y... ¿luego qué? ¿Qué hacen después de alcanzar su objetivo de autosuperación?

Los expertos van entonces a por *otro*, empezando de nuevo.

Uno a uno, estos sutiles perfeccionamientos les van llevando a una maestría excepcional.

La práctica deliberada se estudió por primera vez en ajedrecistas,[16] y más tarde en músicos y atletas. Si no eres un ajedrecista, músico o atleta, tal vez te preguntes si estos principios de la práctica deliberada te servirán a ti.

Te puedo contestar sin reservas que la respuesta es SÍ. Incluso la habilidad humana más compleja y creativa se puede descomponer en las habilidades que la forman para poder practicar, practicar y practicar cada una de ellas.

Por ejemplo, práctica deliberada es la descripción de Benjamin Franklin de cómo mejoró su escritura. En su autobiografía Franklin cuenta que guardaba los mejores ensayos en su revista favorita, el *Spectator*. Los leía una y otra vez, tomando notas, y luego escondía los originales en un cajón. Después volvía a escribir los ensayos. «Al comparar los del *Spectator* con los originales, descubría algunos de mis fa-

---

16. Herbert A. Simon y William G. Chase, «Skill in Chess: Experiments with Chess-Playing Tasks and Computer Simulation of Skilled Performance Throw Light on Some Human Perceptual and Memory Processes», *American Scientist* 61, 1973, págs. 394-403. Véase también: Ericsson *et al.*, «The Role of Deliberate Practice».

llos y los corregía.»[17] Como los expertos actuales de los estudios de Ericsson, Franklin se centraba en sus puntos débiles y no paraba hasta superarlos. Por ejemplo, para mejorar su habilidad de razonar con lógica, mezclaba sus notas sobre los ensayos y luego intentaba ordenarlas con sensatez. «Lo hacía para aprender a ordenar mis pensamientos metódicamente.» Asimismo, para mejorar su dominio del lenguaje, los textos escritos en prosa los convertía en poemas y los poemas en prosa.

Cuesta creer que los ingeniosos aforismos de Franklin no le salieran de manera «natural» desde el principio. Pero quizá debería dejar que fuera él quien dijera la última palabra al respecto: *Quien algo quiere, algo le cuesta.*[18]

Pero ¿y si tampoco eres un escritor?

Si eres un empresario, escucha lo que el gurú de la dirección de empresas Peter Drucker dijo después de pasarse toda la vida asesorando a directores ejecutivos. La buena dirección de una empresa «requiere hacer una serie de cosas bastante sencillas. Consiste en una pequeña cantidad de prácticas...»[19]

Si eres un cirujano, ten en cuenta lo que Atul Gawande ha dicho: «La gente suele creer que para ser cirujano debes tener unas manos portentosas, pero no es cierto». Lo más importante, afirmó, es «practicar lo difícil día y noche durante años».[20]

Si quieres batir un récord mundial, como hizo el mago David Blaine al aguantar la respiración bajo el agua durante diecisiete mi-

---

17. *The Autobiography of Benjamin Franklin: With an Introduction and Notes,* MacMillan Company, Nueva York, 1921, pág. 14.

18. Benjamin Franklin, «The Way to Wealth», en *Memoirs of Benjamin Franklin,* Harper & Brothers, Nueva York, 1839, pág. 7. [Edición en castellano: *Cómo hacerse rico: riqueza,* Publicaciones Universidad de León, León, 1999].

19. Peter F. Drucker, *The Effective Executive: The Definitive Guide to Getting the Right Things Done,* HarperCollins, Nueva York, 2006, pág. ix.

20. Atul Gawande, «The Learning Curve: Like Everyone Else, Surgeons Need Practice. That's Where You Come In», *New Yorker,* 28 de enero, 2002.

nutos, mira el vídeo de su charla TED. Al final, el hombre que controla cada aspecto de su fisiología rompe a llorar de emoción: «Como mago, intento mostrar al público cosas que parecen imposibles. Y creo que la magia, tanto si se trata de aguantar la respiración o de barajar un mazo de cartas, es muy sencilla. No es más que práctica, entrenamiento y —añade sollozando— experimentación, mientras sufres lo indecible para ser el mejor mago posible. Y para mí la magia es esto...»[21]

Después de conocernos los dos un poco mejor, Ericsson y yo concebimos un estudio para descubrir cómo triunfaban, exactamente, los jóvenes que tenían pasión y perseverancia en el National Spelling Bee.

Yo ya sabía que los deletreadores con más grit practicaban más y rendían mejor que sus competidores con menos pasión y perseverancia. Pero lo que no sabía era si la práctica deliberada era el motor de los progresos en el deletreo o si era el grit lo que les daba la fuerza para superar al resto de los competidores.

Con la ayuda de los alumnos de Ericsson, empezamos a entrevistar a los deletreadores finalistas para averiguar qué clase de cosas hacían con el fin de prepararse para la competición. Al mismo tiempo, estudiamos minuciosamente los libros publicados[22] sobre el tema, como *How to Spell Like a Champ*, escrito por la propia Paige Kimble, la directora nacional del Spelling Bee.

---

21. David Blaine, «How I Held My Breath for 17 Minutes», vídeo TED, filmado en octubre de 2009, www.ted.com/talks/david_blaine_how_i_held_my_breath_for_17_min. Véase también Roy F. Baumeister y John Tierney, *Willpower: Rediscovering the Greatest Human Strenth*, Penguin, Nueva York, 2011.

22. Barrie Trinkle, Carolyn Andrews y Paige Kimble, *How to Spell Like a Champ: Roots, Lists, Rules, Games, Tricks, and Bee-Winning Tips from the Pros*, Workman Publishing Company, Nueva York, 2006.

Descubrimos que los deletreadores experimentados, sus padres y los instructores, recomiendan básicamente tres clases de actividades: en primer lugar, leer por placer y jugar a juegos de palabras como el Scrabble. En segundo lugar, ser puesto a prueba por otra persona o por un programa informático. En tercer lugar, practicar el deletreo a solas y sin ayuda, memorizando palabras nuevas del diccionario, repasando las palabras anotadas en una libreta y aprendiéndose de memoria los orígenes de palabras latinas, griegas y de otra procedencia. Esta tercera clase de actividad era la única que cumplía los requisitos de la práctica deliberada.

Varios meses antes de la gran final, les mandamos una serie de test a los deletreadores. Aparte de la Escala del Grit, les pedimos que llevaran un registro en el que anotaran las horas semanales que dedicaban a varias actividades de deletreo. También les pedimos que puntuaran cómo se sentían —en términos de disfrute y esfuerzo— mientras las hacían.

Aquel mes de mayo Anders Ericsson y yo vimos por la televisión la final del concurso en la cadena ESPN.

¿Quién se llevó el trofeo a casa? Kerry Close, una niña de trece años. Era el quinto año consecutivo que competía y según el registro que llevó para nuestro estudio, calculo que estuvo practicando el deletreo al menos durante tres mil horas. La última palabra que pronunció triunfante por el micrófono, segura y sonriente, fue: «*Ursprache. U-R-S-P-R-A-C-H-E. Ursprache*» [protolenguaje, en alemán].

«Este año estoy estudiando lo máximo posible…[23] decidida a ganar —le contó al periodista que había estado siguiendo su forma de prepararse—. Estoy intentando aprender palabras poco comunes, las palabras más raras que podrían salir.» El año anterior el mismo periodista observó que Kerry «se dedica a aprender a deletrear palabras

---

23. James Maguire, *American Bee: The National Spelling Bee and the Culture of Word Nerds*, Rodale, Emmaus, Pensilvania, 2006, pág. 360.

por su cuenta estudiando numerosos manuales de deletreo, escribiendo listas de palabras interesantes extraídas de sus lecturas y consultando minuciosamente el diccionario».

Al analizar nuestros datos, vimos la confirmación de lo que habíamos descubierto el año anterior: los deletreadores con más grit practicaban más que los deletreadores con menos pasión y perseverancia. Pero el descubrimiento más importante fue que la *clase* de práctica que hacían importaba muchísimo. *La práctica deliberada preveía*[24] *los que superarían las distintas rondas hasta llegar a la final mucho mejor que cualquier otra clase de preparación.*

Cuando compartí estos hallazgos con los padres y alumnos, me apresuré a añadir que el hecho de que otra persona te pregunte palabras para averiguar si las deletreas bien tiene muchísimos beneficios.[25] Uno de ellos es comprobar que lo que crees, pero *en realidad* aún no dominas, es cierto. De hecho, la ganadora Kerry Close me contó más tarde que ella lo había hecho para descubrir sus puntos débiles: identificar ciertas palabras o clases de palabras que deletreaba mal para dedicarse a aprendérselas. En cierto sentido, este método de ponerte a prueba tal vez sea un preludio necesario para una práctica más específica, eficaz y deliberada.

¿Y qué hay de leer por puro placer? *Nada.* Prácticamente, a todos los jóvenes que participan en el National Spelling Bee les interesa el

---

24. Angela Duckworth *et al.*, «Deliberate Practice Spells Success: Why Grittier Competitors Triumph at the National Spelling Bee», *Social Psychological and Personality Science* 2, 2011, págs. 174-181. Ser puesto a prueba también preveía quiénes se lucirían en la competición, pero al comparar a los jóvenes que habían sido puestos a prueba durante la misma cantidad de tiempo, descubrí que los que se habían dedicado más tiempo a la práctica deliberada, acertaron más palabras que el resto. En cambio, al comparar a los que habían dedicado la misma cantidad de tiempo a la práctica deliberada, descubrí que pasar más tiempo que el resto siendo puestos a prueba no tenía ninguna ventaja.

25. Henry L. Roediger y Jeffrey D. Karpicke, «The Power of Testing Memory: Basic Research and Implications for Educational Practice», *Perspectives on Psychological Science* 1, 2006, págs. 181-210.

lenguaje, pero no encontramos la más *ligera* relación entre leer por puro placer —una actividad que les gustaba a todos— y la destreza deletreando.

Si juzgáramos la práctica guiándonos por el grado en el que la habilidad mejora, en este caso la práctica deliberada es insuperable. Conforme los deletreadores pasaban más tiempo compitiendo parecían tener esta lección cada vez más asumida. Con cada año sucesivo de experiencia, más tiempo pasaban practicando deliberadamente. La misma tendencia era incluso más fuerte el mes previo a la final, cuando los deletreadores dedicaban por término medio diez horas a la semana[26] a la práctica deliberada.

Pero si juzgáramos la práctica por cómo nos hace *sentir*, llegaríamos a otra conclusión.[27] Los deletreadores puntuaban en general la práctica deliberada como mucho *más laboriosa* y *menos agradable* que cualquier otra cosa que hicieran al prepararse para la competición. En cambio, los deletreadores comentaron que leer libros por placer y jugar a juegos de palabras como el Scrabble era una actividad tan relajada y agradable como «tomar su comida preferida».

La coreógrafa y bailarina Martha Graham describe de forma vívida —y en cierto modo melodramática— la sensación de la práctica deliberada: «El ballet parece glamuroso, fácil, delicioso. Pero el camino al paraíso de este arte es tan arduo como cualquier otro. Sien-

---

26. Duckworth *et al.*, «Spells Success», pág. 177.

27. En lo que respecta al esfuerzo que requiere el aprendizaje, véase también Elizabeth L. Bjork y Robert Bjork, «Making Things Hard on Yourself, but in a Good Way: Creating Desirable Difficulties to Enhance Learning», en *Psychology and the Real World: Essays Illustrating Fundamental Contributions to Society*, ed. Morton A. Gernsbacher *et al.*, Worth Publishers, Nueva York, 2011, págs. 56-64. Véase también Sidney K. D'Mello y Arthur C. Graesser, «Confusion» en *International Handbook of Emotions in Education*, ed. Reinhard Pekrun y Lisa Linnenbrink-García, Routledge, Nueva York, 2014, págs. 289-310.

tes un cansancio tan brutal que tu cuerpo grita de dolor incluso mientras duermes. Hay momentos de una frustración absoluta. De pequeñas muertes diarias».[28]

No todo el mundo describiría traspasar la zona de comodidad con unas palabras tan extremas, pero Ericsson ha comprobado que por lo general la práctica deliberada es tremendamente ardua.[29] Como prueba de que intentar llevar nuestra habilidad lo más lejos posible con una concentración total es extenuante, señala que incluso las figuras de primera en la *cúspide* de su carrera aguantan como máximo una hora de práctica deliberada antes de necesitar un descanso, y en total solo pueden dedicarle de tres a cinco horas diarias.

También hay que tener en cuenta que muchos atletas y músicos hacen una siesta después de sus sesiones más intensas. ¿Por qué? Es evidente que el descanso y la recuperación son necesarios en los atletas. Pero los que no son ateltas también afirman necesitarlo después de un gran esfuerzo, lo que sugiere que la actividad mental estresa tanto como la física: por eso la práctica deliberada es tan agotadora. Por ejemplo, el director de cine Judd Apatow describe así la filmación de una película: «Cada día es un experimento. Cada escena puede que no salga bien y te tienes que concentrar: "¿Está saliendo bien?" "¿Debería filmar un diálogo adicional por si elimino alguno?" "¿Qué cambiaría si tuviera que hacerlo?" Si detestara algo dentro de tres meses, "¿por qué sería?". Y tienes que concentrarte tanto que acabas extenuado…[30] Es muy intenso».

Y, por último, las figuras de talla mundial al retirarse suelen dedicar menos tiempo a la práctica deliberada. Pero si disfrutaban con

---

28. Graham, «I Am a Dancer».

29. Ericsson *et al.*, «The Role of Deliberate Practice».

30. Judd Apatow, entrevistada por Charlie Rose, *Charlie Rose*, 31 de julio, 2009, publicado de nuevo en Apatow, *Sick in the Head: Conversations About Life and Comedy*, Random House, Nueva York, 2015, pág. 26.

la práctica —haciéndola por puro placer— lo más probable es que la mantengan.[31]

Un año después de que Ericsson y yo empezáramos a trabajar juntos, Mihaly Csikszentmihalyi pasó el verano en mi universidad como profesor residente. Csikszentmihalyi es un psicólogo tan eminente como Ericsson y ambos han dedicado su carrera al estudio de los expertos. Pero sus relatos sobre la experiencia del más alto nivel no podrían ser más distintos.

Para Csikszentmihalyi, la marca de la experiencia de los expertos es el *fluir,* un estado de concentración absoluta «que produce una sensación de espontaneidad».[32] El fluir es realizar algo al más alto nivel «sin el menor esfuerzo» como «si lo hicieras sin necesidad de pensar en ello».

Por ejemplo, un director de orquesta le comentó a Csikszentmihalyi:

Entras en un estado de éxtasis tan profundo que te sientes casi como si no existieras... Mis manos parecen tener vida propia y todo tiene lugar sin que yo haga nada. Simplemente estoy sumido en un estado de maravilla y asombro. Y la música fluye por sí sola.[33]

---

31. K. Anders Ericsson, «How Experts Attain and Maintain Superior Performance: Implications for the Enhancement of Skilled Performance in Older Individuals», *Journal of Aging and Physical Activity* 8, 2000, págs. 366-372.

32. Karen Stansberry Beard, «Theoretically Speaking: An Interview with Mihaly Csikszentmihalyi on Flow Theory Development and Its Usefulness in Addressing Contemporary Challenges in Education», *Educational Psychology Review* 27, 2015, pág. 358. Csikszentmihalyi ha recalcado que lo que importa para la calidad de nuestras experiencias momentáneas es el nivel *subjetivo* de reto y de habilidad.

33. Mihaly Csikszentmihalyi, «Play and Intrinsic Rewards», *Journal of Humanistic Psychology* 15, 1975, pág. 50.

Y una figura destacada del patinaje artístico dio esta descripción del estado de fluir:

Era como si un clic hubiera puesto en marcha un programa. Me refiero a que todo fue bien, me sentía de maravilla... arrastrada por una corriente de energía en la que podía dejarme llevar durante mucho tiempo, como si no quisiera parar por lo bien que iba todo. Es casi como si no necesites pensar, como si todo funcionara automáticamente sin tener que pensar...[34]

Csikszentmihalyi ha reunido descripciones parecidas en primera persona de cientos de expertos. En cualquier campo estudiado, describen las experiencias óptimas en términos parecidos.

Ericsson se muestra escéptico en cuanto a que la práctica deliberada sea tan placentera como el fluir. En su opinión, «los expertos experimentan a veces un estado sumamente placentero (el «fluir», como lo describe Mihaly Csikszentmihalyi, 1990). Sin embargo, este estado es incompatible con el de la práctica deliberada».[35] ¿Por qué? Porque la práctica deliberada se planea minuciosamente; en cambio, el estado de fluir es espontáneo. La práctica deliberada requiere trabajar en retos que superan las habilidades de uno, mientras que el fluir surge cuando el reto está a la altura de las propias habilidades. Y la razón más importante es porque la práctica deliberada exige un esfuerzo colosal y el fluir, por el contrario, aparece por definición sin el menor esfuerzo.

---

34. Mihaly Csikszentmihalyi, «Flow: The Joy of Reading», in *Applications of Flow in Human Development: The Collected Works of Mihaly Csikszentmihalyi*, Springer, Dordrecht, Países Bajos, 2014, pág. 233.

35. K. Anders Ericsson y PaulWard, «Capturing the Naturally Occurring Superior Performance of Experts in the Laboratory», *Current Directions in Psychological Science* 16, 2007, pág. 349.

Csikszentmihalyi ha manifestado la opinión contraria: «Los investigadores que estudian la adquisición del talento han concluido que aprender bien cualquier habilidad compleja lleva unas 10.000 horas de práctica... Y la práctica puede ser muy aburrida y desagradable. Aunque esto suela ser cierto, las consecuencias no son ni por asomo evidentes».[36] Csikszentmihalyi prosigue compartiendo una historia personal para ilustrar su punto de vista. En Hungría, el país donde creció, sobre el portalón de madera del colegio de primaria de su barrio, colgaba un cartel que rezaba: LAS RAÍCES DEL CONOCIMIENTO SON AMARGAS, PERO LOS FRUTOS SON DULCES.[37] Esta frase siempre le ha parecido una falsedad. «Aunque el aprendizaje cueste, no es amargo cuando ves que vale la pena, que puedes dominarlo, que practicar lo aprendido te permite expresar quién eres y alcanzar lo que deseas.»[38]

¿Quién tenía razón?

Por una de esas casualidades de la vida, el verano que Csikszentmihalyi fue profesor residente en mi universidad, Ericsson también se encontraba en la ciudad. Organicé un encuentro para que debatieran el tema de «la pasión y el rendimiento del más alto nivel»[39] ante una audiencia de unos ochenta docentes.

Al sentarse ante la mesa que había en la sala de conferencias, me di cuenta de que eran como dos gotas de agua. Ambos son altos y robustos. Ambos nacieron en Europa y tienen un ligero acento que les da, si cabe, un aire mayor de eminencia y erudición. Ambos lucen

---

36. Csikszentmihalyi, *Applications of Flow*, pág. xx.

37. Ibíd.

38. Ibíd.

39. Mihaly Csikszentmihalyi y K. Anders Ericsson, «Passion and World-Class Performance» (presentación, Universidad de Pensilvania, Filadelfia, Pensilvania, agosto de 2006).

una barba muy corta, y aunque solo la de Csikszentmihalyi haya encanecido, los dos serían una buena elección si estuvieras buscando a una persona para que hiciera de Papá Noel.

El día de la mesa redonda yo estaba un poco nerviosa. No me gustan los conflictos, ni siquiera cuando no tienen que ver conmigo.

Pero resultó ser que no había nada que temer. Tanto el defensor de la práctica deliberada como el del fluir se comportaron como unos auténticos caballeros. No se lanzaron insultos. Ni siquiera hubo la menor falta de respeto.

En su lugar, Ericsson y Csikszentmihalyi se sentaron codo con codo, tomando cada uno el micrófono cuando le tocaba el turno, resumiendo metódicamente décadas de investigaciones que respaldaban con claridad unos puntos de vista tan dispares. Cuando uno hablaba, el otro parecía escuchar con gran atención. Y luego el micrófono cambiaba de manos. Así fue durante noventa minutos.

«¿Sufren los expertos? —me pregunté—. ¿O están en éxtasis?»

De algún modo, el diálogo que yo esperaba que esclareciera este enigma acabó siendo como dos presentaciones distintas —una sobre la práctica deliberada y la otra sobre el fluir— ofrecidas al mismo tiempo.

Al finalizar el debate, descubrí que estaba un poco decepcionada. Lo que echaba en falta no era el drama, sino la resolución del enigma. Mi pregunta seguía en el aire: ¿la actuación de un experto exigía un arduo esfuerzo un tanto desagradable o podía ser espontánea y gozosa?

Después de aquella cumbre que no resolvió mis dudas, estuve leyendo y pensando en ello durante años. Al final, al no estar dispuesta a rechazar una postura y aceptar la otra, decidí reunir datos. Les pedí a miles de adultos que habían hecho en Internet la Escala del Grit que hicieran otro test para evaluar el estado de fluir. Los participantes de este estudio eran hombres y mujeres de todas las edades y constituían una muestra de las profesiones más diversas:

actores, panaderos, cajeros, peluqueros, dentistas, médicos, poli-
cías, secretarias, profesores, camareros, soldadores... por nombrar
unas cuantas.

Los adultos con más grit de algunas de estas diversas profesiones
experimentaban *más* el estado de fluir. Es decir, el fluir y el grit[40] van
de la mano.

Basándome en la información de estas encuestas, en los hallazgos sobre los finalistas del National Spelling Bee y en el estudio de
diez años de investigaciones relevantes, he llegado a la siguiente
conclusión: *la gente con grit hace más práctica deliberada y entra con*

---

40. En este estudio el fluir se evaluó usando un test de seis afirmaciones en el que se podía
obtener una puntuación de 1 como mínimo y 5 como máximo. Una de las frases era, por ejemplo: «En el trabajo o en los momentos de ocio suelo entrar "en la zona" y no soy consciente de
mí mismo». Véase Katherine R. Von Culin, Eli Tsukayama y Angela L. Duckworth,
«Unpacking Grit: Motivational Correlates of Perseverance and Passion for Long-term Goals»,
Journal of Positive Psychology 9, 2014, págs. 1-7.

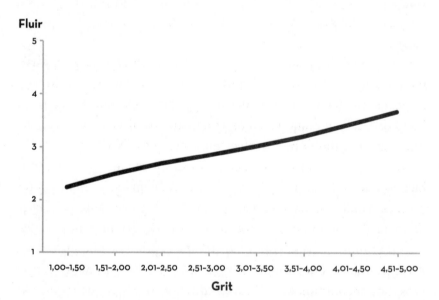

mayor frecuencia en un estado de fluir. Aquí no hay ninguna contradicción por dos razones. La primera, porque la práctica deliberada es una conducta y el fluir, una experiencia. Anders Ericsson se refiere a lo que *hacen* los expertos, y Mihaly Csikszentmihalyi, a cómo se *sienten.* Y en segundo lugar, la práctica deliberada y el fluir no tienen por qué experimentarse al mismo tiempo. En realidad, creo que en el caso de la mayoría de los expertos pocas veces van juntos.

Se tendrían que llevar a cabo más investigaciones para dar la cuestión por zanjada y en los años futuros espero que Ericsson, Csikszentmihalyi y yo podamos colaborar para hacer precisamente esto.

Opino que la motivación principal de una práctica deliberada tan ardua es el perfeccionamiento de una habilidad. Nos concentramos al cien por cien y establecemos deliberadamente el nivel del reto para superar nuestro grado de habilidad. Estamos en el modo de «resolver un problema», analizando todo cuanto hacemos para intentar lo máximo posible ejecutarlo a la perfección, alcanzar la meta que nos hemos fijado al principio de la sesión. Recibimos la información de nuestra actuación, en gran parte sobre lo que estamos haciendo mal, y la usamos para hacer ajustes e intentarlo de nuevo.

Durante el fluir, sin embargo, predomina una motivación totalmente distinta. El estado de fluir es placentero de por sí. No nos importa si estamos mejorando algún aspecto de nuestra serie de habilidades. Y aunque estemos concentrados al cien por cien, no estamos en el modo de «resolver un problema». No estamos analizando lo que hacemos, sino actuando simplemente. Estamos recibiendo información, pero como el nivel del reto está *a la altura* del nivel de habilidad, esa información nos dice que lo estamos haciendo de maravilla. Sentimos que controlamos la situación, porque así es. Nos sentimos como si flotásemos. Perdemos la noción del tiempo. Por más rápido que corramos o por más intensamente que pensemos, nos encontramos en el estado de fluir, *sentimos* que todo tiene lugar sin esfuerzo alguno.

Es decir, la práctica deliberada es para la preparación y el fluir para la actuación.

Volvamos al nadador Rowdy Gaines.

Gaines me contó que en una ocasión llevó un registro de cuánta práctica le exigió adquirir la resistencia, la técnica, la confianza y el critero necesarios para ganar una medalla de oro olímpica. En el espacio de ocho años que culminaría con los Juegos de 1984, se estuvo entrenando a diario, añadiendo 50 metros más cada vez poco a poco, nadando por lo menos 32.000 kilómetros en total. Si además le sumamos los años anteriores y posteriores de entrenamiento, el total de kilómetros nadados ascendería todavía a más.

«Di la vuelta al mundo nadando[41] para una carrera que duró cuarenta y nueve segundos», me comentó riendo.

«¿Disfrutaste nadando todos esos kilómetros? Me refiero a si te gustaba practicar.»

«No voy a mentirte —contestó—. Nunca me gustó practicar y no disfrutaba en absoluto mientras lo hacía. A decir verdad, por unos momentos me decía al encaminarme a la piscina a las cuatro o a las cuatro y media de la madrugada, o a veces al sentir un dolor atroz: "¡Dios mío!, ¿vale esto la pena?"»

«¿Por qué no lo dejaste?»

«Es muy sencillo —respondió Rowdy—. Porque me encanta nadar... Me apasiona competir, los *resultados* del entrenamiento, la sensación de estar en forma, ganar, viajar, reunirme con los amigos. Detesto practicar, pero la pasión por nadar es más fuerte.»

El remero Mads Rasmussen, medallista olímpico de oro, también explica su motivación de manera parecida. «Tienes que trabajar duro.[42] Aunque no te apetezca entrenar, tienes que hacerlo de todos

---

41. Gaines, entrevista.

42. Mads Rasmussen, remero danés y medallista olímpico (oro), en una entrevista con la autora, 28 de junio, 2015.

modos. Porque los resultados son de lo más divertido. Al final disfrutas de tu momento de gloria y eso es lo que te engancha la mayor parte del tiempo.»

La idea de estar practicando arduamente durante años para superar tu nivel de destreza y alcanzar el estado de fluir, momentos en los que tu habilidad está a la altura del reto, explicaría por qué una actuación de élite *parece* tan natural: en un sentido, lo es. Como lo ilustra el ejemplo de Katie Ledecky, una nadadora de dieciocho años que recientemente batió su propio récord mundial de mil quinientos metros estilo libre. Sorprendentemente, hizo historia en la segunda final del Campeonato Mundial de Natación celebrado en Kazán (Rusia). «Si quieres que te diga la verdad, me resultó bastante fácil —afirmó al terminar—. Estaba muy relajada.» Pero Ledecky no atribuye su gran velocidad al fluir: «Romper aquel récord es la prueba de lo mucho que me he entrenado[43] y de la buena forma física en la que estoy ahora».

En realidad, Ledecky lleva nadando desde los seis años. Se ha ganado merecidamente la fama de practicar dándolo todo en cada sesión, a veces entrenando con nadadores masculinos para que el reto sea mayor. Ledecky contó que hace tres años en la competición de ochocientos metros estilo libre en la que ganó la medalla de oro dejó de ser consciente de sí misma unos momentos. «Lo que la gente no sabe de la natación es que todo el esfuerzo que has invertido en los entrenamientos sale a la luz cuando compites.»[44]

Esta es mi historia de las horas de ardua práctica deliberada que me llevaron a momentos de estados de fluir sin mayor esfuerzo. Hace

---

43. Rod Gilmour, «Ledecky Betters Own 1500m Freestyle World Record», Reuters, 3 de agosto, 2015, http://in.reuters.com/article/2015/08/03/swimming-world-1500m-idINKC-N0Q813Y20150803.

44. Ashley Branca, «Katie Ledecky: "I've Just Always Felt Comfortable in the Water from Day One"», *Guardian*, 10 de marzo, 2015.

varios años Juliet Blake me preguntó si estaría interesada en dar una charla TED de seis minutos.

«Claro. ¡Parece una buena idea!», contesté.

«¡Estupendo! Cuando hayas preparado la charla, nos comunicaremos por videoconferencia, así te diremos lo que nos ha parecido. Ya sabes, será como un ensayo.»

Mmmm... ¿Para decirme lo que os ha parecido?

«Claro... me parece bien», repliqué sin tenerlas todas conmigo.

Preparé la charla y el día fijado conecté por videoconferencia con Juliet y Chris Anderson, su jefe, el director de TED. Mirando a la *webcam*, di mi charla en el tiempo estipulado. Y luego esperé a que me felicitaran efusivamente.

Pero si lo hicieron, no lo oí.

Lo que Chris me dijo fue que se había perdido con tanta jerga científica. Tanto palabrerío. Tantas diapositivas. Y no había citado suficientes ejemplos claros y comprensibles. Además, no había expuesto con claridad ni de manera satisfactoria mi trayectoria de profesora a psicóloga: cómo había decidido dedicarme al mundo de la investigación. Juliet estuvo de acuerdo. Añadió que había logrado contar una historia sin el menor suspense. Mi charla había sido como contar un chiste empezando por el final.

¡Uy! ¿Tan mala había sido mi charla? Juliet y Chris son personas muy ocupadas y sabía que no volverían a asesorarme una segunda vez. Me esforcé en prestar atención a sus comentarios. Después me pregunté quién sabía mejor cómo dar una gran charla sobre el grit: ¿ellos o yo?

No me llevó mucho tiempo comprender que eran ellos los expertos en contar historias y que yo era la científica que necesitaba su opinión para mejorar mi charla.

Volví a escribir la charla, la di ante mi familia para practicarla y recibí más opiniones negativas.

«¿Por qué dices "mmm..." todo el rato?», me preguntó Amanda, mi hija mayor.

«Sí, ¿por qué lo haces, mamá? —terció Lucy, mi hija pequeña—. Y además cuando te pones nerviosa te muerdes el labio. No lo hagas. Distraes a los que te miran.»

Me dediqué a practicarla más. A perfeccionarla más.

Y llegó el día decisivo. Di una charla que apenas se parecía a la primera que les había propuesto. Esta era mejor. *Mucho* mejor. Si la miras en Internet verás cómo fluyo. Pero si buscas en YouTube los numerosos ensayos que la precedieron, o si lo prefieres, las imágenes de *cualquier* persona dedicada a una práctica deliberada y repetitiva hasta que le sale a la perfección, sin esfuerzo alguno, lo más probable es que no encuentres nada de nada.

Nadie quiere revelar las horas y horas que ha tardado en conseguirlo. Todo el mundo prefiere mostrar su momento de gloria.

Después de dar la charla, fui a reunirme a toda prisa con mi marido y mi suegra, que estaban entre el público para animarme. En cuanto llegué al alcance de su oído, les grité: «¡Felicitadme efusivamente, por favor!» Y así lo hicieron.

Últimamente, he estado pidiendo a los atletas con grit y a sus entrenadores en diversas modalidades que me cuenten lo que se siente al practicar de manera deliberada. Muchos coinciden con la bailarina Martha Graham al afirmar que intentar hacer lo que aún no puedes hacer es frustrante, desagradable e incluso doloroso.

Sin embargo, algunas personas han sugerido que la experiencia de la práctica deliberada puede ser sumamente positiva no solo a la larga, sino en los momentos que tiene lugar. *Divertida* no es la palabra con la que la describen, pero tampoco la tachan de *amarga*. Y los atletas de élite también señalan que la otra alternativa, la de «practicar los movimientos» sin prestar atención y sin progresar, también te hace sufrir a su propia manera.

Reflexioné sobre estas observaciones durante un tiempo y luego decidí volver a consultar la información diaria que Ericsson y yo habíamos ido reuniendo de los finalistas del National Spelling Bee.

Si bien sabía que los deletreadores puntuaban la práctica deliberada como especialmente ardua y desagradable, también recordé que las puntuaciones habían sido muy variadas. Es decir, no a todos les producía la misma sensación.

Intenté observar la sensación que les causaba a los deletreadores con más pasión y perseverancia. Comparados con los menos apasionados y perseverantes, no solo la practicaban durante más horas, sino que además la puntuaban como *más agradable y ardua* a la vez. Era correcto. Los jóvenes con más grit afirmaron esforzarse en la práctica deliberada más que el resto, y también disfrutar más de ella.[45]

No es fácil extraer una conclusión de este descubrimiento. Una posibilidad es que los jóvenes con más grit dediquen más horas a la práctica deliberada y que, con los años, les acabe gustando trabajar duro al recibir las recompensas de su esfuerzo. Es la historia de «a algunos les acaba gustando sufrir». Otra posibilidad sería que les guste esforzarse más que al resto y que por eso lo hagan. Es la historia de «a algunos les encantan los retos».

No sabría decir cuál de los planteamientos es el acertado, y si tuviera que adivinarlo diría que ambos son válidos. Como veremos en el capítulo once, hay pruebas científicas contundentes sobre que la experiencia subjetiva del esfuerzo —lo que *nos parece* arduo— puede cambiar, y de hecho lo hace, cuando por ejemplo el esfuerzo es recompensado de alguna forma. He visto a mis propias hijas disfrutar esforzándose más de lo habitual y a mí también me ha ocurrido.

Por otro lado, Bruce Gemmell, el entrenador de Katie Ledecky, afirma: «Ella *siempre* disfruta con los grandes retos.

»Los padres de Katie tienen un vídeo de una de las primeras competiciones de natación de su hija —me contó Bruce—. Solo de-

---

45. Duckworth *et al.*, «Spells Success».

bía nadar un largo. Tenía seis años. Da varias brazadas y se agarra de una de las líneas separadoras del carril de natación. Da varias brazadas más y vuelve a agarrarse. Hasta que llega al final de la piscina y sale del agua. Su padre le pregunta mientras la graba: "¿Cómo te ha ido tu primera competición? ¿Te ha costado?" Katie le responde: "¡Me lo he pasado fenomenal!" Y a los pocos segundos añade sonriendo de oreja a oreja: "Pero ¡ha sido duro!" Esto te muestra cómo es ella. Tiene esta actitud[46] con todo lo que hacemos».

En la misma conversación, Bruce me contó que Katie está dispuesta a hacer más práctica deliberada que cualquier otro deportista que él haya conocido. «Si en una sesión de entrenamiento probamos algún ejercicio y le sale fatal —hasta el punto de ser la que peor lo hace del equipo—, la descubro haciéndose un hueco para mejorar practicándolo, y al cabo de un tiempo es a la que mejor le sale. Las otras nadadoras también lo intentan, pero si no les sale a la primera tengo que suplicarles para que lo vuelvan a intentar.»

Si la práctica deliberada puede ser «impresionante», ¿puede llegar a ser como un estado natural de fluir?

Cuando le pregunté a Kerry Close, la ganadora del concurso de deletreo, si alguna vez había entrado en un estado de fluir durante la práctica deliberada, repuso: «No, la única vez que me pasó fue cuando no me enfrentaba a un reto». Al mismo tiempo, la describió como gratificante a su propia manera: «Uno de los momentos de estudio más *gratificantes* fue cuando me obligué a dividir una gran tarea en múltiples partes y a realizarla».[47]

Por ahora carecemos de las investigaciones suficientes para afirmar si la práctica deliberada se puede sentir como un estado de fluir

---

46. Bruce Gemmell, entrenador de natación del equipo nacional estadounidense, en una entrevista con la autora, 24 de agosto, 2015.

47. Kerry Close, ganadora del Scripps National Spelling Bee del 2006, en una entrevista con la autora, 10 de agosto, 2015.

natural. Supongo que puede ser muy gratificante, pero de distinta manera que el fluir. Es decir, hay *distintas clases* de vivencias positivas: la emoción de progresar es una y el éxtasis de rendir al máximo, otra.

Aparte de conseguir un entrenador, mentor o profesor excepcional, ¿cómo puedes dar lo mejor de ti con la práctica deliberada y entrar —al habértelo ganado— en un estado de fluir más a menudo?

En primer lugar, debes conocer la *ciencia de la práctica*.

Los requisitos básicos de la práctica deliberada[48] son muy corrientes.

- Un objetivo de autosuperación claramente definido.
- Una absoluta concentración y esfuerzo.
- Una información inmediata y reveladora.
- Una repetición reflexiva y perfeccionadora.

Pero ¿cuántas horas de práctica dedica la mayoría de la gente a estos cuatro puntos? Supongo que mucha gente va por la vida sin hacer una *sola* hora de práctica deliberada al día.

Incluso los supermotivados que trabajan hasta el agotamiento tal vez no estén realizando una práctica deliberada. Por ejemplo, cuando el equipo de remo japonés invitó a Mads Rasmussen, el medallista olímpico de oro, a visitarlos, le chocó la cantidad de horas que los atletas japoneses practicaban. No se trata de acumular unas agotado-

---

48. K. Anders Ericsson, «The Influence of Experience and Deliberate Practice on the Development of Superior Expert Performance», en *Cambridge Handbook of Expertise and Expert Performance* ed. K. Anders Ericsson *et al.*, Cambridge University Press, Cambridge, Reino Unido, págs. 685-706. Para un estudio fascinante sobre la importancia de practicar «con una estrategia», véase Robert Duke, Amy Simmons y Carla Davis Cash, «It's Not How Much; It's How: Characteristics of Practice Behavior and Retention of Performance Skills», *Journal of Research in Music Education* 56, 2009, págs. 310-321.

ras horas de fuerza bruta,[49] les advirtió, sino de un entrenamiento reflexivo de gran calidad con un objetivo en mente que tan solo puedes practicar como máximo varias horas al día, como la investigación de Ericsson ha revelado.

Noa Kageyama, un psicólogo del rendimiento de la Escuela de Música Juilliard, afirma que lleva tocando el violín desde los dos años de edad, pero que no empezó a practicarlo deliberadamente hasta los veintidós.[50] ¿Por qué no? No fue por falta de motivación, en un momento de su vida el joven Noa estaba recibiendo clases de cuatro profesores y se desplazaba literalmente a tres ciudades distintas para estudiar con ellos. El problema era que no sabía que hubiera otra alternativa mejor. En cuanto descubrió la ciencia de la práctica —un método para mejorar sus habilidades con más eficacia—, tanto la calidad de su práctica como la satisfacción que le producía su progreso mejoraron en gran medida. Ahora se dedica a compartir este conocimiento con otros músicos.

Hace varios años, Lauren Eskreis-Winkler, una alumna mía de posgrado, y yo, decidimos enseñar a los niños la práctica deliberada. Creamos lecciones autodirigidas y las complementamos con viñetas e historias para ilustrar las diferencias principales entre la práctica deliberada y los métodos de estudio menos eficaces. Les explicamos que a pesar de su talento, los grandes triunfadores en cualquier esfera progresaban gracias a la práctica deliberada. Les explicamos que detrás de las actuaciones tan naturales de YouTube había horas y horas de práctica ardua y difícil[51] sin grabar, ejecutada a la perfección. Les dijimos que intentar hacer cosas que aún no podían hacer,

---

49. Rasmussen, entrevista.

50. Noa Kageyama, psicólogo del rendimiento en la Escuela de Música Juilliard, en una entrevista con la autora, 21 de septiembre, 2015.

51. Lauren Eskreis-Winkler *et al.*, «Using Wise Interventions to Motivate Deliberate Practice», *Journal of Personality and Social Psychology*.

fracasar y aprender lo que debían hacer de distinta manera, es *exactamente* cómo practican los expertos. Les ayudamos a entender que los sentimientos de frustración no tienen por qué ser un signo de que vamos por mal camino. Al contrario, les advertimos que desear hacer mejor las cosas es muy corriente durante el aprendizaje. Luego analizamos esta intervención comparándola con otras clases distintas de actividades placebo de control.

Descubrimos que los estudiantes pueden cambiar su forma de ver la práctica y los logros. Por ejemplo, al preguntarles qué consejos les darían a otros alumnos sobre cómo rendir en los estudios, los que aprendieron sobre la práctica deliberada tendían más a aconsejar: «Céntrate en tus puntos débiles» y «concéntrate al cien por cien». Cuando se les ofreció la opción de practicar deliberadamente las matemáticas o de entretenerse con las redes sociales y las webs de videojuegos, eligieron hacer más práctica deliberada. Y, por último, en el caso de aquellos alumnos que habían estado rindiendo en clase por debajo del nivel promedio, al aprender en qué consistía la práctica deliberada sus notas mejoraron.

Esto me lleva a mi *segunda sugerencia* para sacarle todo el jugo a la práctica deliberada: *conviértela en un hábito*.

Me refiero a que averigües cuándo y dónde te sientes más cómodo haciéndola. En cuanto lo sepas, ejecútala a esa hora a diario. ¿Por qué? Porque las rutinas son un don del cielo cuando se trata de llevar a cabo algo difícil. Numerosos estudios de investigación, incluyendo algunos de mi propia cosecha, revelan que cuando te acostumbras a practicar a la misma hora y en el mismo lugar cada día, apenas tienes que pensar en ello. Lo haces sin más.[52]

---

52. Judith A. Ouellette y Wendy Wood, «Habit and Intention in Everyday Life: The Multiple Processes by Which Past Behavior Predicts Future Behavior», *Psychological Bulletin* 124, 1998, pág. 54-74. Véase también, Charles Duhigg, *The Power of Habit: Why We Do What We Do in Life and Business*, Random House, Nueva York, 2012. [Edición en castellano: *El poder de los hábitos: ¿por qué hacemos lo que hacemos en la vida y en la empresa?*, Urano, Barcelona, 2012].

El libro *Rituales cotidianos* de Mason Currey describe un día en la vida de ciento sesenta y un artistas, científicos y otros creadores. Si buscas en él una norma en particular, como *Toma siempre café* o *Nunca tomes café*, o *Trabaja solo en el dormitorio* o *Nunca trabajes en el dormitorio*, no la encontrarás. Pero si te preguntas: «¿Qué es lo que esos creadores tienen en común?» descubrirás la respuesta en el mismo título: rituales cotidianos. A su propia manera, todos los expertos de este libro dedican horas y horas a la práctica deliberada en solitario. Siguen unas rutinas. Son criaturas de costumbres.

Por ejemplo, el viñetista Charles Schulz, que dibujó casi dieciocho mil viñetas de *Peanuts* en su carrera, se levantaba al amanecer,[53] se duchaba, se afeitaba y desayunaba con sus hijos. Después los llevaba al colegio y se iba a su estudio, donde trabajaba mientras almorzaba (un emparedado de jamón dulce y un vaso de leche), hasta que sus hijos regresaban a casa. La rutina de la escritora Maya Angelou era levantarse y tomar café con su marido, y a las siete de la mañana se dirigía a la «minúscula»[54] habitación de un hotel donde, libre de distracciones, escribía hasta las dos de la tarde.

Si sigues practicando a la misma hora y en el mismo lugar, lo que antes tenías que pensar en hacer lo acabarás haciendo sin pensar. «No hay ser humano más desdichado», observó William James que aquel que debe decidir de nuevo cada día «cómo empezará cada pequeña parte de su trabajo».[55]

Yo aprendí esta lección en un abrir y cerrar de ojos. Ahora sé a lo que Joyce Carol Oates se refería cuando comparó terminar de escribir el primer manuscrito de un libro con «empujar un cacahuete con

---

53. Mason Currey, *Daily Rituals: How Artists Work*, Alfred A. Knopf, Nueva York, 2013, págs. 217-218. [Edición en castellano: *Rituales cotidianos: cómo trabajan los artistas*, Turner Publicaciones, S. L., Madrid, 2014].

54. Ibíd., pág. 122.

55. William James, «The Laws of Habits», *The Popular Science Monthly* 30, 1887, pág. 447.

la nariz[56] por el mugriento suelo de la cocina». ¿Qué fue lo que yo hice? Aquí tienes un plan diario sencillo que me ayudó a conseguirlo. *A las ocho de la mañana, cuando estoy ya en el estudio de mi casa, releo lo que he escrito el día anterior.* Esta costumbre no ha hecho que me resulte más fácil escribir de por sí, pero me ha ayudado a ponerme de nuevo manos a la obra.

Mi tercera sugerencia para sacarle el mayor partido a la práctica deliberada es cambiar *el modo de experimentarla.*

En la época en que estaba consultando de nuevo la información del National Spelling Bee, descubrí que la práctica deliberada era mucho más agradable para los competidores con más grit. Llamé a Terry Laughlin, un entrenador de natación. Terry ha entrenado a nadadores de todos los niveles, desde novatos hasta campeones olímpicos, y ha batido él mismo récords en los Masters de natación en mar abierto. Me interesaba en particular su punto de vista, porque lleva mucho tiempo defendiendo lo que él llama «inmersión total», que básicamente es el método de deslizarse por el agua en un estado relajado y de plena conciencia.

«La práctica deliberada puede llegar a ser maravillosa —según Terry—. Al llevarla a cabo aprendes a aceptar los retos en lugar de temerlos. A hacer todo lo que se supone que debes hacer: tener un claro objetivo, observar las respuestas, todo lo que conlleva. Y sentirte al mismo tiempo de maravilla.[57]

»Se trata de ser consciente del momento *sin juzgar* —prosiguió—. De desprenderte de los juicios que te impiden disfrutar del reto.»

Después de conversar con Terry empecé a pensar en el hecho de que los bebés y los niños pequeños se pasan la mayor parte del tiem-

---

56. Robert Compton, «Joyce Carol Oates Keeps Punching», *Dallas Morning News,* 17 de noviembre, 1987.

57. Terry Laughlin, entrenador principal y director ejecutivo optimista (no estoy bromeando, así es como se dirigen a él) de Inmersión Total, en una entrevista con la autora, 24 de julio, 2015.

po intentando hacer lo que aún no saben hacer una y otra vez y, sin embargo, no parecen sentirse abochornados ni ansiosos lo más mínimo. *Quien algo quiere, algo le cuesta* es una norma que por lo visto se aplica en la edad preescolar.

Elena Bodrova y Deborah Leong, las psicólogas que han dedicado sus carreras a estudiar el aprendizaje infantil, coinciden en que a los bebés y los niños pequeños no les importa en absoluto[58] aprender de los errores. Si te fijas en un bebé esforzándose para sentarse o en un niño pequeño aprendiendo a caminar, verás que cometen un error tras otro, un fallo tras otro, es un reto que supera sus habilidades y exige una gran concentración, observar la información recibida y mucho aprendizaje. ¿Y cómo lo llevan emocionalmente? Bueno, son demasiado pequeños para preguntárselo, pero los niños pequeños no parecen sentirse atormentados por intentar hacer lo que aún no saben hacer.

Y de repente… algo cambia. Según Elena y Deborah, en la época en que los niños van a la guardería empiezan a advertir que sus errores despiertan ciertas reacciones en los adultos. ¿Y qué hacemos? Arrugamos el ceño. Nos sonrojamos. Nos apresuramos a acercarnos a nuestros pequeños para indicarles que acaban de hacer algo que *no* está bien. ¿Y qué lección les estamos enseñando? A sentirse abochornados. A tener miedo. Vergüenza. El entrenador Bruce Gemmell señala que esto es exactamente lo que les ocurre a sus nadadores. «De los entrenadores, los padres, los amigos y los medios de comunicación, han aprendido que perder es *malo*, y para protegerse durante una actuación no se lanzan a por ello dando lo mejor de sí mismos.»[59]

---

58. Elena Bodrova y Deborah Leong, creadoras del plan de estudios Herramientas de la Mente para la educación en la temprana infancia, en una entrevista con la autora, 15 de julio, 2015. Véase también Adele Diamond y Kathleen Lee, «Interventions Shown to Aid Executive Function Development in Children 4 to 12 Years Old», *Science* 333, 2011, págs. 959-964. Clancy Blair y C. Cybele Raver, «Closing the Achievement Gap Through Modification of Neurocognitive and Neuroendocrine Function», *PLoS ONE* 9, 2014, págs. 1-13.

59. Gemmell, entrevista.

«Sentir vergüenza no te ayuda a arreglar nada», me dijo Deborah. ¿Qué hay que hacer entonces?

Elena y Deborah les piden a los maestros que *den ejemplo* en lo que se refiere a cometer errores sin sentirse mal. Les enseñan a equivocarse adrede delante de sus alumnos y a exclamar sonriendo: «¡Vaya, creía que había cinco bloques de madera en esta pila! ¡Voy a contarlos otra vez! Uno... dos... tres... cuatro... cinco... ¡seis! ¡Hay seis! ¡Estupendo! He aprendido que tengo que tocar cada bloque mientras los cuento».

No sé si conseguirás que la práctica deliberada te extasíe como el fluir; sin embargo, creo que puedes decirte a ti mismo y a los demás: «¡Ha sido duro! Pero ¡me lo he pasado fenomenal!»

8

Propósito

El interés es una fuente de pasión. Y el propósito —la intención de contribuir al bienestar ajeno— es otra. Las pasiones maduras de las personas con grit dependen de ambas fuentes.

Para algunos, el propósito es lo primero. Es la única forma en que puedo entender un modelo del grit como Alex Scott. Alex estuvo enferma desde que tenía uso de razón. Le diagnosticaron un neuroblastoma cuando solo tenía un año. Poco después de su cuarto cumpleaños, Alex le dijo a su madre: «Cuando salga del hospital quiero tener un tenderete de limonada».[1] Y lo hizo. Abrió su primer puesto de limonada antes de cumplir los cinco años, recogiendo dos mil dólares para que los médicos que la trataban «ayuden a otros niños como me han ayudado a mí». Cuando Alex murió cuatro años más tarde, inspiró a tanta gente a abrir su puesto de limonada que se recaudó en total más de un millón de dólares. La familia de Alex sigue con su legado hasta el día de hoy. La Fundación Lemonade Stand de Alex ha recaudado más de cien millones de dólares para la investigación del cáncer.

Alex era una niña extraordinaria. Pero la mayoría de la gente se siente primero atraída por cosas que le gustan y solo después se plantea cómo estos intereses personales pueden también beneficiar a los demás. Es decir, lo más habitual es empezar sintiendo interés por

---

1. Tenderete de Limonada de Alex, www.alexslemonade.org.

algo por puro placer, aprender a practicarlo con disciplina y, por último, integrarlo en otro propósito.

El psicólogo Benjamin Bloom fue el primero en advertir esta progresión en tres etapas.[2]

Hace treinta años, cuando Bloom se propuso entrevistar a atletas, artistas, matemáticos y científicos de primera clase, sabía que aprendería algo sobre cómo se habían convertido en eminencias en sus respectivos campos. Pero lo que no se imaginó es que descubriría un modelo general de aprendizaje que aplicaría a todos los campos estudiados. Pese a las diferencias superficiales en su educación y formación, todas las personas extraordinarias del estudio de Bloom pasaron mientras progresaban por tres etapas muy definidas. Ya he hablado de la «edad temprana» en el capítulo seis sobre el interés y de la «edad intermedia» en el capítulo siete sobre la práctica. Ahora hemos llegado a la última etapa, la más larga en el modelo de Bloom, la de la «edad posterior» en la que, según sus propias palabras, se hace patente «el propósito y sentido más importante»[3] de nuestro trabajo.

Cuando hablo con modelos del grit y me cuentan que lo que persiguen tiene un *propósito,* se refieren a algo mucho más profundo que una mera intención. No solo se han fijado un objetivo, sino que además la naturaleza de sus metas es especial.

Cuando les sondeo preguntándoles «¿Puedes ser más concreto? ¿A qué te refieres?», a veces balbuceando, intentan expresar apasionadamente lo que sienten. Pero siempre —siempre— citan a continuación a otras personas. Algunas veces es alguien en particular («mis hijos», «mis pacientes», «mis alumnos») y otras, algo abstracto

---

2. Bloom, *Developing Talent.*

3. Bloom, *Developing Talent,* pág. 527.

(«este país», «el deporte», «la ciencia», «la sociedad»). Pero lo expresen como lo expresen, el mensaje es el mismo: las largas mañanas y tardes de duro trabajo, los reveses, las decepciones, las luchas y sacrificios... todo esto ha valido la pena porque al final sus esfuerzos han beneficiado a *otros*.

En esencia, la idea del propósito es la idea sobre que lo que hacemos le importa a alguien más aparte de a nosotros mismos.

Un ser altruista tan precoz como Alex Scott ejemplifica el propósito centrado en los demás.

Al igual que la activista por el arte Jane Golden, el modelo del grit que has conocido en el capítulo seis. El interés en el arte la llevó a ser una muralista en Los Ángeles después de licenciarse. En la antesala de la treintena, le diagnosticaron lupus y le comunicaron que no le quedaba demasiado tiempo de vida. «La noticia me impactó —me contó—. Me dio otra perspectiva de la vida.»[4] Cuando Jane se recuperó de los síntomas más agudos de la enfermedad, se dio cuenta de que superaría las predicciones iniciales de los médicos, aunque sufriría de dolor crónico de por vida.

Tras regresar a Filadelfia, su ciudad natal, dio un pequeño curso en la alcaldía y a lo largo de las tres décadas siguientes se fueron convirtiendo en los cursos de arte público más concurridos del mundo.

Ahora, al borde de la sesentena, Jane sigue trabajando desde primeras horas de la mañana hasta el filo de la noche, seis o siete días a la semana. Un colega compara trabajar con ella con dirigir una campaña electoral en la sede de un partido la noche antes del día de las elecciones, salvo que ese día nunca llega.[5] Para Jane, esas horas se

---

4. Golden, entrevista.

5. Melissa Dribben, «Gracing the City Jane Golden Has Made Mural Arts the Nation's Top Public Arts Program», *Philadelphia Inquirer*, 27 de julio, 2008, http://articles.philly.com/2008-07-27/news/25245217_1_jane-seymour-golden-globes-philadelphia-s-mural-arts-program.

traducen en más murales y cursos, y esto significa más oportunidades para los miembros de la comunidad de crear y experimentar el arte.

Cuando le pregunté a Jane sobre su lupus, admitió con total naturalidad que el dolor la acompaña siempre. En una ocasión declaró a un periodista: «Hay momentos en los que rompo a llorar. Pienso que no puedo seguir empujando más esa roca gigantesca hasta la cima. Pero como autocompadecerme no me sirve de nada, encuentro la manera de recargarme de energía».[6] ¿Por qué? ¿Por qué su trabajo es interesante? Esto solo es una parte de la motivación de Jane. «Todo cuanto hago es para los demás —me dijo—. Es lo que me motiva. Es un imperativo moral.»[7] Expresándolo en pocas palabras, afirmó: «El arte salva vidas».

Otros modelos del grit tienen metas de nivel superior que están centradas en un propósito de una forma menos evidente.

Antonio Galloni, un célebre crítico de vinos, por ejemplo, me dijo: «Me apasiona compartir mi amor por el vino. Cuando entro en un restaurante quiero ver una buena botella de vino en cada mesa».[8]

Antonio afirma que su misión es «ayudar a la gente a entender su propio paladar». Cuando ocurre, dice él, es como si una bombilla se apagara, y quiere «hacer que se apaguen un millón de bombillas».[9]

Aunque el interés de Antonio por el vino se despertó debido a que sus padres regentaban una tienda de ultramarinos y vino mientras él crecía, y «el vino siempre me fascinó, incluso a una edad temprana», afirma, su pasión está avivada por la idea de ayudar a los

---

6. Ibíd.

7. Golden, entrevista.

8. Antonio Galloni, crítico de vinos y fundador de *Vinous*, en una entrevista con la autora, 24 de julio, 2015.

9. «Liv-Ex Interview with Antonio Galloni, Part One», *Liv-Ex Blog*, 13 de diciembre, 2013, www.blog.liv-ex.com/2013/12/liv-ex-interview-with-antonio-galloni-part-one.html.

demás. «No soy un neurocirujano, no estoy curando cánceres. Pero creo que voy a mejorar el mundo a mi pequeña manera. Cada mañana me despierto sintiendo que tengo un propósito en la vida.»[10]

En mi «léxico del grit», *propósito* significa «la intención de contribuir al bienestar ajeno».[11]

Después de estar escuchando repetidamente de los modelos del grit lo conectado que estaba su trabajo con los demás, decidí analizar esta conexión con mayor detenimiento. El propósito es importante, pero ¿hasta *qué punto* lo es comparado con otras prioridades en la vida? ¿Podría ser que centrarnos en una meta del nivel superior fuera más un acto de *egoísmo* que de *altruismo*?

Aristóteles fue el primero en reconocer que hay al menos dos formas de perseguir la felicidad. Llamó a una «eudaimónica» —en armonía con el buen (*eu*) espíritu (*daemon*) interior— y a la otra «hedónica», que busca las experiencias positivas del momento centradas en uno mismo. Aristóteles se decantó claramente por una de las posturas, considerando la vida hedónica primitiva y vulgar, y defendiendo la vida eudaimónica[12] como noble y pura.

Pero, en realidad, estos dos enfoques para alcanzar la felicidad tienen raíces evolutivas muy profundas.

Por un lado, los seres humanos buscamos el placer porque, en general, lo que nos da placer es aquello que aumenta nuestras posi-

---

10. Galloni, entrevista.

11. Distintos expertos usan la palabra *propósito* de una manera un tanto distinta. Se suele recalcar que un objetivo, para tener sentido, tiene que ser significativo para uno y beneficiar al mismo tiempo a los demás. En este caso hago hincapié en el aspecto del propósito que va más allá de uno mismo porque en el capítulo anterior ya he tratado la motivación de un interés centrado en uno mismo.

12. Aristóteles, *The Nicomachean Ethics*, trad. David Ross, Oxford University Press, Oxford, Reino Unido, 2009, pág. 5. [Edición en castellano: Ética nicomáquea, Gredos, Madrid, 2000].

bilidades de sobrevivir. Si nuestros antepasados no hubieran anhelado la comida y el sexo, por ejemplo, no habrían vivido demasiado tiempo o tenido demasiados retoños. Hasta cierto punto todos, como Freud lo expresó, estamos motivados por el «principio del placer».[13]

Por otro lado, los seres humanos hemos evolucionado para darle un sentido[14] y propósito a la vida. Somos seres sociales en el sentido más profundo. ¿Por qué? Porque el impulso de conectar y ayudar a los demás *también* fomenta la supervivencia. ¿Cómo? Las personas que cooperan tienden más a sobrevivir que las solitarias. La sociedad depende de unas relaciones interpersonales estables y en muchos sentidos nos sustenta, nos guarece de los elementos y nos protege de los enemigos. El deseo de conectar es una necesidad humana tan básica como el deseo de placer.

Hasta cierto punto, todos *estamos hechos* para perseguir tanto la felicidad hedónica como la eudaimónica. Pero el valor *relativo* que le adjudicamos a estas dos clases de búsqueda varía. A algunos nos importa mucho más el propósito que el placer[15] y a otros les ocurre lo contrario.

---

13. Sigmund Freud, «Formulations Regarding the Two Principles in Mental Functioning», en *The Standard Edition of the Complete Psychological Works of Sigmund Freud*, vol. 12, trad. James Strachey y Anna Freud, Hogarth Press, Londres, 1958, págs. 218-226.

14. Véase John T. Cacioppo y William Patrick, *Loneliness: Human Nature and the Need for Social Connection*, W. W. Norton & Company, Nueva York, 2008. Véase tambien Roy F. Baumeister y Mark R. Leary, «The Need to Belong: Desire for Interpersonal Attachments as a Fundamental Human Motivation», *Psychological Bulletin* 117, 1995, págs. 497-529. Y, por último, véase Edward L. Deci con Richard Flaste, *Why We Do What We Do: Understanding Self-Motivation*, Penguin, Nueva York, 1995. Ten en cuenta que los últimos estudios sobre primates revelan que la longevidad y la reproducción dependen de la capacidad de establecer vínculos sociales fuertes y duraderos con los demás. El deseo de conectar es una necesidad de los mamíferos, incluso en los humanos, tan básica como la necesidad de placer. Véase Robert M. Seyfarth y Dorothy L. Cheney, «The Evolutionary Origins of Friendship», *Annual Review of Psychology* 63, 2012, págs. 153-177.

15. Richard M. Ryan y Edward L. Deci, «On Happiness and Human Potential: A Review of Research on Hedonic and Eudaimonic Well-Being», *Annual Review of Psychology* 52, 2001, págs. 141-166.

Para demostrar las motivaciones subyacentes en el grit, solicité a dieciséis mil adultos americanos que se sometieran a la Escala del Grit. Como parte de un largo test complementario, los participantes del estudio leyeron frases sobre el *propósito,* como por ejemplo: «Lo que hago es importante para la sociedad», e indicaron hasta qué punto se identificaban con ellas. También hicieron lo mismo con seis frases sobre la importancia del *placer,* como por ejemplo: «Para mí una buena vida es una vida placentera». De estas respuestas obtuvimos una puntuación que iba del 1 al 5, que reflejaban si los participantes tendían a estar motivados por el propósito o por el placer, respectivamente.

Unas líneas más abajo he plasmado gráficamente la información de este estudio a gran escala. Como puedes ver, las personas con más grit no son monjes ni tampoco hedonistas. En lo que se refiere a la búsqueda del placer, son como cualquier otra persona: el placer tiene una cierta importancia en su vida, por más grit que tengan. Pero la diferencia estriba en que están *mucho más* motivadas que el resto para buscar una vida significativa centrada en los demás. La alta puntuación ligada con el propósito está relacionada con la puntuación *más alta* en la Escala del Grit.

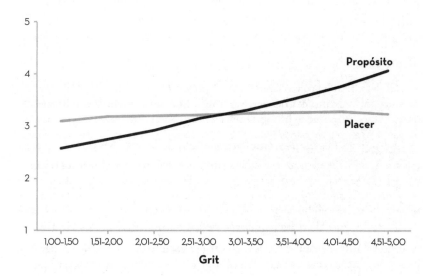

Aunque esto no quiere decir que todos los modelos del grit sean unos santos, sino más bien que las personas más valerosas ven que sus mayores metas están muy conectadas con el mundo más allá de sí mismas.

Yo afirmaría que, para la mayoría de la gente, el propósito es una fuente poderosísima de motivación. Hay excepciones, pero la rareza de estas excepciones demuestra la norma.

¿Se me ha pasado algo por alto?

Bueno, es muy poco probable que mi muestra incluyera muchos terroristas o asesinos en serie. Y es cierto que no he entrevistado a políticos déspotas ni a capos de la mafia. Supongo que se podría sostener que no he tenido en cuenta una población de modelos del grit con unos objetivos puramente egoístas o, peor aún, dirigidos a lastimar a los demás.

Admito que esto es cierto. Pero solo en parte. En teoría, es posible ser un modelo misantrópico del grit con ideas equivocadas. Joseph Stalin y Adolf Hitler, por ejemplo, tenían sin duda grit. También demostraron que la idea del propósito se puede pervertir. ¿Cuántos millones de personas inocentes han perecido en manos de unos demagogos que *afirmaron* tener la intención de contribuir al bienestar de los demás?

Es decir, un propósito positivo y altruista no es un requisito del grit. Y debo admitir que sí, es posible que un malvado sea apasionado y perseverante.

Pero, en su conjunto, interpreto al pie de la letra los datos de la encuesta que he reunido y lo que los modelos del grit me dijeron en persona. De modo que el interés es tan crucial para que una pasión dure a la larga como el deseo de conectar con los demás y de echarles una mano.

Espero que si reflexionas sobre los momentos de tu vida en los que has dado lo mejor de ti —cuando estuviste a la altura de los retos, encontrando la fuerza para hacer lo que parecía imposible—, verás que las metas alcanzadas estaban conectadas en cierto modo, aspecto o forma con *beneficiar a los demás*.

En resumen, tal vez en el mundo haya malvados con grit, pero mi investigación sugiere que los héroes con grit los superan con creces.

Los que tienen una meta del nivel superior tan coherente con el mundo que le da sentido a todo cuanto hacen, por pequeño o tedioso que sea, son muy afortunados. Como lo ilustra la parábola de los albañiles:

«¿Qué estáis haciendo?», les preguntaron a tres albañiles.

«Estoy construyendo una pared de ladrillos», contestó el primero.

«Estoy creando una iglesia», afirmó el segundo.

«Estoy levantando la morada de Dios», respondió el tercelo.

El primer albañil tiene un trabajo. El segundo una carrera. El tercero una vocación.

A muchos les gustaría ser como el tercer albañil, pero se identifican con el primero o el segundo.

Amy Wrzesniewksi, profesora de administración y dirección de empresas de la Universidad de Yale, ha descubierto que la gente no tiene ningún problema a la hora de decirle con cuál de los tres albañiles[16] se identifica. En una medida similar, la gente que trabaja se identifica con tener:

un trabajo («considero mi trabajo una necesidad de la vida, como la de respirar o dormir»),

una carrera («considero mi trabajo ante todo como un escalón para otros trabajos») o

una vocación («mi trabajo es lo más importante de mi vida»).

---

16. Amy Wrzesniewski, Clark McCauley, Paul Rozin y Barry Schwartz, «Jobs, Careers, and Callings: People's Relations to Their Work», *Journal of Research in Personality* 31, 1997, pág. 25.

Según las estimaciones de Amy, yo también he descubierto que solo una pequeña cantidad de trabajadores consideran su trabajo una vocación.[17] No es de extrañar que estos tengan mucho más grit que los que ven su trabajo como una «ocupación» o una «carrera» profesional. Los afortunados que ven su trabajo como una vocación —y no como una ocupación o una carrera profesional— siempre afirman «mi trabajo hace que el mundo sea un lugar mejor». Y son los que parecen estar más satisfechos con su trabajo y su vida en general. En un estudio los empleados para quienes su trabajo era una vocación faltaban tres veces menos al trabajo que los que veían su profesión como una ocupación[18] o una carrera.

Asimismo, una encuesta reciente en la que participaron 982 cuidadores de zoos[19] —una profesión en la que el 80 por ciento de empleados son licenciados y, sin embargo, ganan, por término medio, un sueldo de 25.000 dólares— reveló que los trabajadores que consideraban su trabajo una vocación («Siento que trabajar con animales es mi vocación») también afirmaron encontrarle un mayor sentido a su vida («Mi trabajo ayuda a mejorar el mundo»). Los cuidadores de zoo por vocación estaban más dispuestos a hacer horas extras sin cobrar para cuidar de animales enfermos. Y también dijeron tener un deber moral («Moralmente tengo la obligación de cuidar a los animales lo mejor posible»).

Me gustaría señalar que no hay nada «malo» en ver el trabajo simplemente como un medio de vida honrado. Pero la mayoría de las per-

---

17. Reunimos esta información en el 2015.

18. Wrzesniewski *et al.*, «Jobs, Careers, and Callings», pág. 25.

19. J. Stuart Bunderson y Jeffery A. Thompson, «The Call of the Wild: Zookeepers, Callings, and the Double-Edged Sword of Deeply Meaningful Work», *Administrative Science Quarterly* 54, 2009, págs. 32-57.

sonas anhelan algo mejor. Es la conclusión a la que llegó el periodista Studs Terkel, que en la década de 1970 entrevistó a más de cien trabajadores adultos de todo tipo de profesiones.

Como es lógico, Terkel descubrió que solo una pequeña cantidad de trabajadores consideraban su trabajo una vocación. Pero no era por falta de ganas. Todos, concluyó Terkel, buscamos «darle un sentido al trabajo con el que nos ganamos el pan... para sentirnos llenos en lugar de anulados de lunes a viernes».[20]

La historia de Nora Watson, de veintiocho años, que llevaba mucho tiempo trabajando de redactora en una institución que publicaba información relacionada con la asistencia médica, ilustra con viveza la desesperación de dedicarnos la mayor parte del tiempo a una actividad que no nos llena. «La mayoría queremos dedicarnos a lo que nos gusta en lugar de hacer un trabajo sin sentido —le contó a Terkel—. Nada me gustaría más que hacer un trabajo tan apasionante que me lo llevara a casa.» Y, sin embargo, admitió trabajar de verdad solo dos horas al día y pasar el resto del tiempo fingiendo hacerlo. «Soy la única en todo el edificio con un escritorio que da a una ventana en lugar de a una puerta. Intento no trabajar el mayor tiempo posible.

»No creo tener una vocación[21] —en este momento—, salvo la de ser yo misma —apostilló Norma al final de la entrevista—. Pero como nadie me paga por serlo, sigo en la institución, por el momento...»

A lo largo de su investigación, Terkel se «topó con unos pocos afortunados que disfrutaban con su trabajo cotidiano».[22] Visto desde fuera, los empleados con vocación no siempre desempeñaban traba-

---

20. Studs Terkel, *Working: People Talk About What They Do All Day and How They Feel About What They Do*, Pantheon Books, Nueva York, 1974, pág. xi. Ten en cuenta que los nombres de los trabajadores del libro de Terkel eran seudónimos.

21. Ibíd., págs. 521-524.

22. Ibíd., pág. xi.

jos que tuvieran más sentido que el de Nora. Uno era cantero, otro encuadernador. Roy Schmidt, un basurero de cincuenta y ocho años, le dijo a Terkel que su trabajo era agotador, mugriento y peligroso. Había tenido otras ocupaciones, la última de oficinista, una profesión más atractiva para la mayoría de la gente, pero con todo, matizó: «No menosprecio mi trabajo en ningún sentido... es importante para la sociedad».[23]

Comparemos el comentario final de Nora con el final de la entrevista de Roy: «En una ocasión un médico me contó una historia. Años atrás, en Francia... si no le caías en gracia al rey te adjudicaban el trabajo más bajo de limpiar las calles de París, que en aquellos tiempos debían de estar muy sucias. Un noble se granjeó la enemistad del rey y acabó barriendo las calles. Y lo hizo tan bien que hasta le felicitaron por ello. En el reino de Francia era el peor trabajo posible y, aun así, le elogiaron por su labor. Era la primera historia que oía de un barrendero al que le *llenara* su trabajo».

En la parábola de los albañiles todos se dedican a lo mismo, pero su experiencia subjetiva —cómo ven su trabajo— es de lo más dispar.

Asimismo, la investigación de Amy sugiere que las vocaciones tienen muy poco que ver con la descripción oficial de los trabajos. En realidad, cree que *cualquier* ocupación puede ser un trabajo, una carrera profesional o una vocación. Por ejemplo, cuando estudió a las secretarias,[24] al principio esperaba que fueran muy pocas las que consideraran su trabajo una vocación. Pero la información obtenida le reveló que en este sector había la misma proporción de personas que veían su trabajo como un empleo, una carrera profesional o una vocación que en las muestras de otras profesiones.

23. Ibíd., págs. 103-106.

24. Wrzesniewski *et al.*, «Jobs, Careers, and Callings».

Amy concluyó que en realidad unas determinadas ocupaciones no se ven como trabajos y otras como carreras profesionales o vocaciones, sino que lo que cuenta es si *creemos* que construir paredes de ladrillos es simplemente algo necesario, una carrera con futuro o un trabajo que nos conectará con algo más importante que nosotros mismos.

Yo suscribo su opinión. La forma de *ver* nuestro trabajo es más importante que la definición de la ocupación en sí.

Significa que sin necesidad de cambiar de ocupación, tu trabajo puede acabar convirtiéndose en una carrera profesional y en una vocación para ti.

«¿Qué le dices a la gente cuando te pide consejo?», le pregunté hace poco a Amy.

«Mucha gente cree que debe *encontrar* su vocación —respondió—. Suponer que la vocación es una entidad mágica que está esperando a que la descubramos[25] en el mundo, genera mucha ansiedad.»

«También tienen esta idea equivocada de aquello que les interesa —observé—. No se dan cuenta de que deben jugar un papel activo a la hora de *desarrollarlo y profundizarlo*.»

«Una vocación no es algo totalmente formado con lo que nos encontremos, sino algo mucho más dinámico —les advierte a los que le piden consejo—. Sea cual sea tu profesión, tanto si eres conserje como director ejecutivo, puedes analizar a todas horas lo que haces y preguntarte cómo se vincula con la gente y con el mundo, y si expresa tus valores más profundos.»

En otras palabras, un albañil que un día dice: «Me dedico a construir paredes» puede en un momento de su vida *ser* el albañil que reconoce: «Estoy levantando la morada de Dios».

---

25. Amy Wrzesniewski, profesora de conducta empresarial en la Escuela de Negocios de Yale, en una entrevista con la autora, 27 de enero, 2015.

La observación de Amy sobre que una misma persona con la misma ocupación en diferentes momentos de su vida puede ver su profesión como un trabajo, una carrera profesional o una vocación me trae a la memoria a Joe Leader.

Joe es el vicepresidente ejecutivo de NYC Transit. Básicamente es el ingeniero jefe del metro de la ciudad de Nueva York. Su tarea tiene unas proporciones inimaginables. Anualmente más de 1.700 millones de personas viajan en el metro de la ciudad, por lo que es uno de los medios de transporte subterráneos más usados en Estados Unidos. La red tiene 469 estaciones. Si uniéramos todos los tramos del metro de Nueva York nos llevarían hasta Chicago.[26]

De joven Leader no pensaba en su vocación al buscar trabajo, sino que buscaba uno que le permitiera devolver el préstamo solicitado para los estudios universitarios.

«Al licenciarme mi mayor preocupación era encontrar un trabajo. El que fuera. El NYC Transit, que se ocupaba de la red de transporte subterráneo de la ciudad de Nueva York, vino al campus en busca de ingenieros y me contrataron.»[27]

El primer trabajo que le asignaron a Leader fue trabajar en las vías. Las instalaba, apretaba las traviesas y se ocupaba del sistema de alimentación eléctrica del tercer raíl.

No a todo el mundo le habría atraído este trabajo, pero a Joe le gustó: «Era divertido. Al principio, cuando mis otros amigos se dedicaban a los negocios o a la informática, quedábamos en bares para vernos y al volver a casa, me preguntaban correteando por el andén del metro de arriba abajo: "Joe, ¿qué es esto, qué es esto?" Y yo les

---

26. Metropolitan Transit Authority, «Facts and Figures», consultado el 10 de marzo, 2015, http://web.mta.info/nyct/facts/ffsubway.htm.

27. Joe Leader, vicepresidente senior en el New York City Transit, en una entrevista con la autora, 26 de febrero, 2015.

respondía que era el material aislante del tercer raíl o una juntura protegida con material aislante. Me divertía explicándoselo».

Su interés fue la semilla de su pasión.

Joe acabó encargándose sobre todo de la planificación, un trabajo que también le gustaba. A medida que su interés y su experiencia fueron aumentando, empezó a descollar en el trabajo y a ver la ingeniería de tránsito como una carrera a largo plazo. «En mis días libres iba a la lavandería a lavar la ropa. ¿Has visto las grandes mesas destinadas a doblar la ropa? Las mujeres se reían de mí al verme desplegar los planos y trabajar en ellos. Esta parte de mi oficio me acabó apasionando.»

Al cabo de un año Joe dijo que empezó a ver su trabajo con otros ojos. A veces al examinar un tornillo o un remache se decía que a pesar de que algún compañero lo había instalado décadas atrás seguía con todo en el mismo lugar, permitiendo a los viajeros desplazarse en metro para ir a donde necesitaban ir.

«Empecé a sentirme como si estuviera haciendo una contribución a la sociedad —me contó—. Era el responsable de que la gente pudiera viajar en metro a diario. Y cuando me ascendieron a jefe de proyectos, me alejé de las mastodónticas instalaciones de control, como los cien tableros de control o la señalización semafórica del metro, sabiendo que lo que habíamos hecho iba a durar al menos treinta años. Fue entonces cuando vi que tenía una vocación o una pasión en la vida, como yo lo llamaba.»

Al oír a Joe Leader hablar de su trabajo, tal vez te preguntes si después de haber estado trabajando en un sector sin sentir que es lo tuyo, deberías renunciar a tener una vocación. Amy Wrzesniewski ha descubierto que muchos de sus alumnos de empresariales, al cabo de dos años en sus trabajos, sacan la conclusión de que posiblemente no sea la pasión de su vida.

Tal vez te consuele saber que Michael Baime tardó mucho más en averiguarlo.

Baime es profesor de medicina interna en la Universidad de Pensilvania. Quizá creas que su vocación es curar y enseñar a la gente. Pero esto solo es cierto en parte. La pasión de Michael es encontrar el bienestar a través del mindfulness. Le llevó años integrar su interés personal en el mindfulness con su objetivo de ayudar a la gente a llevar una vida más sana y feliz. Solo fue al combinar su interés con su objetivo cuando sintió estar haciendo lo que había venido a hacer en este mundo.

Le pregunté cómo se había interesado por el mindfulness y me contó una historia de su adolescencia. «Mientras contemplaba el cielo me pasó una cosa muy extraña. Me sentí como si me disolviera en él. Como si me abriera, como si formara parte de algo mucho más grande. Fue la experiencia más maravillosa de mi vida.»[28]

Más tarde descubrió que podía volver a sentir lo mismo al ser consciente de sus pensamientos. «Me obsesioné con ello. No sabía cómo llamarlo, pero no paraba de hacerlo.»

Al cabo de varios años, mientras Michael hojeaba libros en una librería acompañado por su madre, descubrió un libro que describía exactamente aquella experiencia suya. Era de Alan Watts, un filósofo británico que popularizó la meditación en sus libros dirigidos al público occidental mucho antes de que se volviera una moda.

Animado por sus padres, fue a clases de meditación mientras estudiaba en el instituto y más tarde en la universidad. Poco antes de graduarse en el instituto, tuvo que decidir a qué se dedicaría en la vida. Ser *meditador profesional* no era una ocupación a tiempo completo en aquella época. Decidió dedicarse a la medicina.

Tras varios años estudiando en la Facultad de Medicina Michael le confesó a uno de sus maestros de meditación: «En realidad no quiero ser médico. No siento que sea lo mío». La medicina era im-

---

28. Michael Baime, profesor clínico adjunto de medicina en la Facultad de Medicina de Pensilvania y director del Penn Program for Mindfulness, en una entrevista con la autora, 21 de enero, 2015.

portante, pero no coincidía con sus intereses personales más profundos. «No dejes la carrera. Podrás ayudar más a los demás si eres médico», le aconsejó el maestro de meditación.

Michael siguió estudiando medicina.

«Después de terminar los estudios no sabía exactamente a qué me dedicaría a continuación. Para tantear el terreno, decidí hacer las prácticas», explica Michael.

Para su sorpresa, ejercer la medicina le encantó. «Era una buena forma de ayudar a la gente. No era como en la Facultad de Medicina, donde no hacías más que diseccionar cadáveres y memorizar el ciclo de Krebs». Progresó rápidamente de interno a residente, y más tarde fue subdirector de la residencia médica y, por último, jefe de medicina interna general.

Pero con todo, seguía sin ver la medicina como su vocación.

«A medida que trataba a los pacientes me di cuenta de que lo que necesitaban en realidad no era otra receta médica o una radiografía, sino lo que yo había estado haciendo desde niño. Necesitaban detenerse y respirar siendo plenamente conscientes de sus experiencias vitales.»

Este hallazgo le llevó a crear clases de meditación dirigidas a pacientes con enfermedades graves. Fue en 1992. Desde entonces, ha ido ampliando sus cursos de meditación y justo este año ha empezado a dedicarse a tiempo completo a ellos. Hasta la fecha, cerca de quince mil pacientes, enfermeras y médicos han seguido estos cursos.

Recientemente, le pedí que diera una charla sobre mindfulness a un grupo de profesores. El día que la dio, al subir al estrado se quedó observando con intensidad a los asistentes. Uno a uno, fue estableciendo contacto visual con los setenta docentes que habían renunciado a su tarde del domingo para ir a escuchar lo que Michael quería decirles. Fue una larga pausa.

Y de repente, esbozando una sonrisa que solo puedo describir como radiante, empezó diciendo: «Tengo una vocación».

Cuando yo sentí el poder de una meta del nivel superior *con un propósito* solo tenía veintiún años.

En mi tercer año de carrera, fui al centro de orientación profesional por si encontraba algo que hacer aquel verano. Hojeando una carpeta enorme con una etiqueta que ponía OFERTAS DE TRABAJO PARA EL VE-RANO, descubrí un curso llamado Summerbridge. El curso estaba buscando a universitarios dispuestos a crear y dar clases de enriquecimiento a alumnos de secundaria procedentes de un entorno desfavorecido.

«Dar clases a adolescentes en verano parece una buena idea —me dije—. Les puedo enseñar biología y ecología. Les enseñaré a construir un horno solar con papel de aluminio y cartón. Asaremos perritos calientes en él. Será divertido.»

No pensé: «Esta experiencia me va a cambiar la vida».

No pensé: «Ahora te estás preparando para ingresar en la Facultad de Medicina, pero lo acabarás dejando».

No pensé: «Agárrate, estás a punto de descubrir el poder del propósito».

Para ser sincera, apenas me acuerdo de aquel verano. Los detalles se han borrado de mi memoria. Pero sé que cada día me levantaba mucho antes del amanecer, incluso los fines de semana, para preparar las clases. Y que seguía preparándolas hasta altas horas de la noche. Recuerdo a alumnos en especial, determinados momentos. Pero no fue hasta volver a casa y disponer de un hueco para reflexionar cuando descubrí lo que había ocurrido. Vislumbré la posibilidad de que el vínculo entre alumno y profesor pudiera cambiarles la vida a ambos.

Cuando volví a la universidad aquel otoño, busqué a otros estudiantes que hubieran dado clases en los cursos del Summerbridge. Dio la casualidad de que uno de ellos, Philip King, se alojaba en la misma residencia universitaria. Al igual que me había ocurrido a mí, sentía la palpable necesidad de volver a dar clases en Summerbridge. La idea era demasiado atractiva. *Teníamos que intentarlo.*

Pero no teníamos dinero, no teníamos idea de cómo empezar una organización sin ánimo de lucro, carecíamos de contactos y, en mi caso, solo contaba con el escepticismo y la preocupación de unos padres convencidos de que aquello era una forma catastrófica de sacar provecho de mis estudios en la Universidad de Harvard.

Philip y yo no teníamos nada y, sin embargo, teníamos todo cuanto necesitábamos. Teníamos un propósito.

Como puede corroborar cualquier persona que haya fundado una organización sin ánimo de lucro de la nada, hay un millón de tareas importantes y pequeñas que hacer y ningún manual de instrucciones para una sola de ellas. Si Philip y yo no hubiéramos hecho algo que nos interesara tanto, no lo habríamos conseguido. Pero como crear ese curso era en nuestra mente —y en nuestro *corazón*— tan importante para aquellos niños, sentimos una energía y una pasión y perseverancia inusitadas.

Como no estábamos intentando recaudar dinero para fines personales, Philip y yo tuvimos el coraje de llamar a la puerta de cada pequeño negocio y restaurante de Cambridge, pidiendo donaciones. Nos armamos de paciencia mientras aguardábamos en innumerables salas de espera de los que mandan. Esperamos y esperamos, a veces durante horas enteras, hasta que por fin tenían un hueco para atendernos. Y luego fuimos lo bastante testarudos como para seguir pidiendo y pidiendo donaciones, hasta asegurarnos de disponer de la cantidad de dinero requerida.

Y así fuimos resolviendo todas las tareas, porque no lo hacíamos para nuestro provecho personal, sino para una causa mayor.

A las dos semanas de licenciarnos, Philip y yo inauguramos el curso. Aquel verano, siete estudiantes procedentes de institutos y de universidades descubrieron lo que era ser profesor. Treinta niños y niñas de quinto curso descubrieron cómo era pasar las vacaciones de verano aprendiendo, estudiando, trabajando duro y —aunque pareciera una perspectiva imposible— disfrutando al máximo al mismo tiempo.[29]

---

29. Al año siguiente doblamos la cantidad de alumnos y para apoyarlos mejor concebimos un curso extraescolar de enriquecimiento. Al año siguiente, el curso ganó el Premio Better Government otorgado por el estado de Massachusetts. En la misma época, profesores de la Escuela de Gobierno John F. Kennedy de la Universidad de Harvard escribieron la historia del Summerbridge Cambridge para que se enseñara como un caso de estudio en el empresariado social.

Esto sucedió hace más de veinte años. Ahora el curso, llamado Breakthrought Greater Boston, ha crecido a unos niveles que Philip y yo no nos habríamos nunca imaginado, y ofrece de forma gratuita cursos de enriquecimiento todo el año a cientos de alumnos.[30] Hasta la fecha, más de mil jóvenes de ambos sexos han estado impartiéndolos, muchos han acabado dedicándose a tiempo completo a la docencia.

Summerbridge me llevó a la enseñanza. La enseñanza me llevó a sentirme atraída durante mucho tiempo por la idea de ayudar a los niños a hacer con su vida muchas más cosas de las que jamás hubieran soñado...

Y con todo...

La enseñanza no me bastaba. Seguía sin llenarle a la niña que había en mí, amante de las ciencias, fascinada por la naturaleza humana, que a los dieciséis años al tener la oportunidad de hacer un curso de enriquecimiento durante el verano, eligió —de entre todos los del catálogo— el de psicología.

Escribir este libro me ha hecho ver que en la adolescencia empecé a intuir lo que me interesaba, a los veinte vi con una cierta claridad mi propósito en la vida, y a los treinta dispuse por fin de la experiencia y los conocimientos necesarios para afirmar cuál sería, y será hasta el día que me muera, la meta superior que regirá mi vida: *el uso de las ciencias psicológicas para ayudar a los niños a progresar.*

Una de las razones por las que mi padre se disgustó tanto por lo de Summerbridge es porque me quiere. Creía que yo sacrificaría mi bienestar por el de otras personas que, francamente, no amaba tanto como a su hija.

---

30. Para obtener más información sobre el Breakthrough Greater Boston, véase www.breakthroughgreaterboston.org.

Los conceptos del grit y el propósito pueden al principio parecer antitéticos. ¿Cómo es posible vivir con los ojos puestos en una meta superior y tener al mismo tiempo la visión periférica para preocuparse por los demás? Si el grit consiste en una pirámide de metas dirigidas a un objetivo personal, ¿cómo encajan los demás en ello?

«La mayoría de la gente cree que las motivaciones centradas en uno mismo y las centradas en los demás son los dos extremos de un continuo —matiza Adam Grant, colega mío y profesor en la Escuela de Negocios Wharton—. Sin embargo, he estado descubriendo sistemáticamente que son totalmente independientes. Podemos tener ambas motivaciones[31] o ninguna.» Es decir, podemos querer ser una persona influyente y poderosa y, al mismo tiempo, sentir el deseo de ayudar a los demás.

La investigación de Adam demuestra que a los jefes y empleados que tienen en cuenta tanto sus intereses personales *como* sus intereses prosociales, les van mejor las cosas[32] a la larga que a los que tienen una motivación puramente egoísta.

Por ejemplo, Adam le preguntó a un grupo de bomberos municipales: «¿Qué te motiva para hacer tu trabajo?» Después averiguó las horas extras que estuvieron haciendo durante los dos meses siguientes, esperando que los más motivados para ayudar a la gente demostraran tener más grit que el resto. Pero muchos de los motivados para ayudar a la gente hacían *menos* horas extras. ¿Por qué?

Había pasado por alto una segunda motivación: sentirse atraído por el trabajo.[33] Solo cuando disfrutaban con su trabajo el deseo

---

31. Adam Grant, profesor de empresariales de la promoción de 1965 en la Escuela de Negocios Wharton, en una entrevista con la autora, 15 de julio, 2015.

32. Adam Grant, *Give and Take: Why Helping Others Drives Our Success*, Penguin, Nueva York, 2014.

33. Adam Grant, «Does Intrinsic Motivation Fuel the Prosocial Fire? Motivational Synergy in Predicting Persistence, Performance, and Productivity», *Journal of Applied Psychology* 93, 2008, págs. 48-58.

de ayudar a los demás les hacía esforzarse más. En realidad, los bomberos que afirmaron tener una motivación prosocial («Porque quiero ayudar a los demás con mi trabajo») y un interés intrínseco en su trabajo («Porque me gusta») solían hacer más de un 50 por ciento de horas extras adicionales a la semana que el resto.

Cuando Adam les hizo la misma pregunta «¿Qué te motiva para hacer tu trabajo?» a 140 recaudadores de fondos para una universidad pública de un centro de llamadas, descubrió unos resultados idénticos. Los que afirmaron tener una motivación social más poderosa y gustarles su trabajo, hacían más llamadas y recaudaban más dinero[34] para la universidad que el resto.

David Yeager y Matt Bundick, psicólogos del desarrollo, descubrieron la misma pauta de resultados en adolescentes. Por ejemplo, en un estudio David entrevistó a cien adolescentes,[35] pidiéndoles que le contaran, con sus propias palabras, qué querían ser de mayores y por qué.

Algunos le hablaron de su futuro en términos puramente egoístas («Quiero ser diseñador de moda porque es una profesión divertida... Lo importante... es que te guste lo que haces»).

Otros solo mencionaron una motivación altruista («Quiero ser médico. Quiero ayudar a la gente...»)

Y, por último, algunos mencionaron tanto una motivación egoísta *como* una altruista: «Si fuera biólogo marino, haría todo lo posible para conservar la limpieza de los mares. Elegiría un lugar en especial para proteger en él a los peces y todo lo demás. Siempre me han

---

34. Ibíd.

35. David S. Yeager y Matthew J. Bundick, «The Role of Purposeful Work Goals in Promoting Meaning in Life and in Schoolwork During Adolescence», *Journal of Adolescent Research* 24, 2009, págs. 423-452. Asimismo, se ha demostrado que reafirmar nuestros propios valores nos ayuda a rendir más por otras razones, en especial al fomentar la sensación de estar haciendo lo correcto. Geoffrey L. Cohen y David K. Sherman, «The Psychology of Change: Self-Affirmation and Social Psychological Intervention», *Annual Review of Psychology* 65, 2014, págs. 333-371.

gustado las peceras y los peces, porque pueden nadar y me producen una sensación de libertad. Es como volar por debajo del agua».

Al cabo de dos años, los jóvenes que habían mencionado tanto una motivación egoísta *como* una altruista reflejaron en sus puntuaciones que las tareas escolares les llenaban más a nivel personal que a los compañeros que solo habían citado una de las dos motivaciones.

Para muchos de los modelos del grit que he entrevistado, el camino que acabó llevándoles a tener una pasión en la vida interesante y llena de sentido fue imprevisible.

Aurora y Franco Fonte son los propietarios australianos de una compañía de mantenimiento y limpieza con una plantilla de 2.500 empleados que genera unos ingresos de más de 130 millones de dólares al año.

Veintisiete años atrás, Aurora y Franco estaban recién casados y sin dinero. Se les ocurrió la idea de abrir un restaurante, pero como no les llegaba el dinero, optaron por dedicarse a limpiar centros comerciales y pequeños edificios de oficinas no por vocación, sino para pagar las facturas.

Al poco tiempo, empezaron a ver su trabajo como una salida profesional. Les pareció que tenía más futuro que el sector de la restauración y ambos se dedicaron a trabajar duramente, ochenta horas a la semana, a veces llevando a sus bebés atados al pecho con un arnés, fregando con energía las baldosas de los cuartos de baño de sus clientes como si fuera el suyo propio.

A pesar de los altibajos —y hubo muchos en su vida—, Franco me contó: «Seguimos perseverando. Sin rendirnos ante los obstáculos.[36] No estábamos dispuestos a fracasar».

---

36. Aurora y Franco Fonte, matrimonio fundador y directores de Assetlink, en una entrevista con la autora, 13 de marzo, 2015.

Les confesé a Aurora y Franco que me costaba imaginar que limpiar lavabos —o incluso fundar una empresa de millones de dólares dedicada a limpiar lavabos— pudiera considerarse una vocación.

«No es una cuestión de limpiar, sino de crear algo —me aclaró Aurora con la voz agarrotada por la emoción—. De solucionar los problemas de nuestros clientes. Y, sobre todo, de no defraudar a nuestros increíbles empleados, unas personas con un corazón de oro. Sentimos que tenemos la gran responsabilidad de seguir dándoles trabajo.»

Según Bill Damon, psicólogo del desarrollo en la Universidad de Stanford, esta motivación tan altruista puede, y debe, cultivarse. Ahora, en la quinta década de su distinguida carrera, Bill estudia cómo los adolescentes aprenden a llevar una vida gratificante a nivel personal que también sea beneficiosa para una comunidad más amplia. El estudio del propósito, afirma, es su vocación.

Según las palabras de Bill, el propósito es encontrar la respuesta a la pregunta: «¿Por qué? ¿Por qué estoy haciendo esto?»

¿Qué ha aprendido Bill de cómo surge el propósito?

«He comprobado, basándome en una serie de datos tras otra, que se da un patrón —me comentó—. A todos nos atrae algo en la vida. Así es como nace un propósito. Esta atracción surge cuando algo nos interesa.»[37]

A continuación es necesario observar a alguien que tenga un propósito en la vida. El modelo de conducta puede ser un familiar, una figura histórica o un político. Tanto da quién sea, y ni siquiera importa si ese propósito tiene que ver con lo que ese adolescente

---

37. Bill Damon, profesor de psicología en la Escuela de Posgrado de Educación de la Universidad de Stanford, en una entrevista con la autora, 20 de julio, 2015.

acabará siendo en la vida. «Lo esencial es que *alguien* le demuestre que es posible alcanzar una meta por el bien de los demás», me explicó Bill.

En realidad, no recuerda un solo caso en el que la adquisición de un propósito en la vida no se haya dado sin haber observado antes a una figura con un propósito en la vida. «Lo ideal es que el adolescente vea lo difícil que es tener un propósito en la vida —las frustraciones y los obstáculos que conlleva— y, al mismo tiempo, lo gratificante que es a la larga.»

El adolescente tiene luego una revelación, según las palabras de Bill. Descubre un problema en el mundo que es necesario solucionar. Este descubrimiento puede llegar de muchas formas. Algunas veces lo desencadena una pérdida personal o una adversidad.[38] Y otras, al ser testigo de la pérdida o la adversidad de otro.

Pero no basta con ver que alguien necesita ayuda, se apresuró a añadir Bill. El propósito requiere una segunda revelación. «*Yo* puedo cambiar el mundo.» Esta convicción, esta intención de actuar, afirma, es la razón por la que es tan importante haber tenido de joven la referencia de un modelo de conducta con una misión en la vida. «Tienes que creer que tus esfuerzos no serán en vano.»

Kat Cole es una mujer que contó con un modelo del grit que le permitió fijarse una meta en la vida.

Conocí a Kat cuando a los treinta y cinco años era la presidenta de Cinnabon, una cadena de tiendas de repostería en las que también sirven cafés de distintos sabores. Si escuchas su historia por encima, tal vez te digas que no es más que una mujer que ha pasado

---

38. Por ejemplo, los detectives que han sido víctimas de un crimen tienen más grit y se implican más en su trabajo. Véase Lauren Eskreis-Winkler, Elizabeth P. Shulman y Angela L. Duckworth, «Survivor Mission: Do Those Who Survive Have a Drive to Thrive at Work?», *Journal of Positive Psychology* 9, 2014, págs. 209-218.

«de la pobreza a la riqueza», pero si la escuchas con más atención, verás que en realidad es la historia de una mujer que ha pasado «de la pobreza a fijarse una meta en la vida».

Kat se crio en Jacksonville, Florida. Jo, su madre, tuvo el valor de dejar al padre alcohólico de Kat cuando su hija tenía nueve años. Jo se vio obligada a hacer tres trabajos distintos para sacar adelante a Kat y a sus dos hermanas y, aun así, encontraba tiempo para ser generosa. «A una persona le horneaba pan, a otra le hacía recados, aprovechaba la menor oportunidad para ayudar a los demás. Siempre acababa viendo a cualquier persona con la que se topaba, ya fueran compañeros de trabajo o miembros de la comunidad, como uno de los suyos».[39]

Kat imitó tanto el espíritu trabajador de su madre como su profundo deseo de ayudar a los demás.

Antes de analizar la motivación de Kat, me gustaría hablar de su insólito ascenso en el escalafón de la empresa. El currículo de Kat se inicia a los quince años trabajando una temporada de dependienta en una tienda de ropa del centro comercial local. A los dieciocho ya era lo bastante mayor para ser camarera. Le salió un trabajo de camarera en la cadena de restaurantes Hooters. Y un año más tarde le pidieron que les ayudara a abrir el primer restaurante Hooters en Australia. Y luego otro en Ciudad de México, en las Bahamas y en Argentina. A los veintidós años ya era la encargada de un local con diez empleados. A los veintiséis se había convertido en vicepresidenta de la compañía. Como miembro del equipo directivo, Kat ayudó a expandir la franquicia de Hooters a más de cuatrocientos lugares en veintiocho países. Cuando un gran grupo la adquirió, Kat a los treinta y dos tenía una carrera profesional tan impresionante que Cinnabon la eligió como presidenta. Bajo la mirada de Kat, las ventas de Cinnabon aumentaron más rápido de lo que lo habían hecho en más

---

39. Kat Cole, presidenta de Cinnabon, en una entrevista con la autora, 1 de febrero, 2015.

de una década, y a los cuatro años ya habían superado los mil millones de dólares.[40]

Ahora analizaré el secreto del éxito de Kat.

En sus inicios de camarera en Hooters, el cocinero abandonó el restaurante repentinamente. «Fui a ver al encargado y le ayudé a preparar la comida para servir a los clientes», me dijo como si tal cosa.

¿Por qué?

«En primer lugar, porque vivía de las propinas. Era lo que me permitía pagar las facturas. Si a los clientes no les servíamos la comida que habían pedido, no pagarían la cuenta ni tampoco me darían ninguna propina. En segundo lugar, tenía la curiosidad de saber si saldría airosa de la situación. Y en tercer lugar, quise echar una mano.»

Las propinas y la curiosidad son motivaciones egoístas, pero querer echar una mano es, literalmente, una motivación altruista. Este ejemplo ilustra cómo una sola acción —ponerse a los fogones para preparar la comida de los clientes— le benefició tanto a Kat *como* a las personas de su alrededor.

Al cabo de un tiempo, se descubrió formando al personal de la cocina y ayudando a llevar la contabilidad. «Un día, el barman tuvo que irse más temprano y yo le sustituí. Otro día el encargado dejó el trabajo y aprendí a dirigir un cambio de turnos. A los seis meses ya había desempeñado todos los distintos trabajos del local. No solo los desempeñé, sino que además me convertí en la formadora que enseñaba a los empleados a ejecutar esas funciones.»

Reemplazar al cocinero y querer ayudar no fue una táctica calculada para ascender en la compañía. Sin embargo, su iniciativa de querer solucionar los problemas que no tenían que ver con su cargo

---

40. Charlotte Alter, «How to Run a Billion Dollar Brand Before You're 35», *Time*, 2 de diciembre, 2014.

la llevó a que le pidieran que ayudara a la compañía a abrir restaurantes en otros países y más tarde a formar parte del equipo directivo y así sucesivamente.

No es una casualidad que Jo, su madre, habría hecho lo mismo. «Mi pasión es ayudar a los demás[41] —me contó Jo—. Sea en el trabajo o fuera de él, si alguien necesita que le eche una mano en lo que sea, puede contar conmigo. Sé que todo cuanto tengo en la vida lo he conseguido porque me gusta compartir las cosas con los demás. Lo hago sin reservas, tenga lo que tenga estoy dispuesta a dártelo a ti o a quien sea.»

Kat atribuye su filosofía a su madre, que la educó «para trabajar duro y para recompensar a la sociedad». Y sigue teniendo este espíritu trabajador hasta el día de hoy.

«Poco a poco fui cada vez más consciente de que tenía facilidad para desenvolverme en entornos nuevos y para ayudar a la gente a ver que podían rendir más de lo que se imaginaba. Descubrí que esto era lo mío. Y me di cuenta de que si ayudaba a los demás —a nivel personal—, también podía ayudar a los equipos. Que si ayudaba a los equipos, también podía ayudar a las compañías. Que si ayudaba a las compañías, también podía ayudar a las marcas. Que si ayudaba a las marcas, también podía ayudar a las comunidades y a los países.»

No hace mucho, Kat publicó en su blog un artículo titulado «Descubre lo que es posible y ayuda a los demás a hacer lo mismo». «Cuando estoy rodeada de gente, siento en mi corazón y en mi alma la certeza de encontrarme en presencia de la grandeza. Tal vez se trate de una grandeza por revelar o por desarrollar, pero el potencial o la presencia de la grandeza están allí. Nunca sabes quién decidirá hacer el bien, o incluso acometer grandes hazañas, o ser la siguiente persona con mayor influencia en el

---

41. Jo Barsh, en una entrevista con la autora, 31 de julio, 2015.

mundo, por eso debes tratar a todas las personas como si pudieran ser esa persona.»[42]

Tengas la edad que tengas, nunca es demasiado pronto o demasiado tarde para empezar a cultivar una sensación de propósito en la vida. Tengo tres sugerencias, todas tomadas prestadas de uno de los investigadores que estudian el propósito mencionado en este capítulo.

David Yeager aconseja *reflexionar sobre cómo el trabajo al que nos dedicamos puede contribuir positivamente al progreso de la sociedad.*

En diversos experimentos longitudinales, David Yeager y su colega Dave Paunesku preguntaron a estudiantes de institutos: «¿Cómo se podría mejorar el mundo?»,[43] y luego les pidieron que vincularan la respuesta a lo que estaban aprendiendo en el centro de estudios. Un alumno de noveno escribió como respuesta: «Me gustaría trabajar como investigador de genética. Mi trabajo serviría para mejorar el mundo, produciendo con la ingeniería genética cosechas más abundantes...» Otro dijo: «Creo que los estudios nos permiten entender el mundo que nos rodea... para poder ayudar a alguien antes debo acabar el instituto».

Este sencillo ejercicio, que se puede realizar en menos tiempo de lo que dura una clase, estimuló en grado sumo a los estudiantes. Comparado con el ejercicio del grupo de control placebo, reflexionar sobre el propósito motivó a los estudiantes a doblar el tiempo que dedicaban a estudiar para preparar un examen, a esforzarse más con los problemas matemáticos tediosos cuando les daban la opción de

---

42. Kat Cole, «See What's Possible, and Help Others Do the Same», extraído del blog de Kat Cole, *The Difference*, 7 de agosto, 2013, www.katcole.net/2013/08/see-whats-possible-and-help-others-do.html.

43. David S. Yeager *et al.*, «Boring but Important: A Self-Transcendent Purpose for Learning Fosters Academic Self-Regulation», *Attitudes and Social Cognition* 107, 2014, págs. 559-580.

entretenerse mirando vídeos en su lugar, y a sacar mejores notas en las clases de matemáticas y de ciencias.

Amy Wrzesniewski sugiere *pensar en cómo, de pequeñas aunque importantes formas, podemos modificar el trabajo que hacemos para mejorar la relación que tiene con nuestros valores esenciales.*

Amy llama a esta idea «esculpir tu oficio» a la manera de un artesano[44] y es algo que ha estado estudiando con sus colegas, los psicólogos Jane Dutton, Justin Berg y Adam Grant. No se trata de la poco realista idea de que cualquier trabajo puede llevarnos al nirvana, sino de que sea cual sea nuestra profesión, podemos esculpirla hasta cierto punto, añadiendo cosas, delegando tareas y adaptando lo que hacemos para que coincida con nuestros intereses y valores.

Amy y sus colaboradores pusieron a prueba recientemente esta idea en Google. Un grupo aleatorio de empleados cuyas ocupaciones no sugerían a primera vista la palabra *propósito* —como por ejemplo los de los departamentos de ventas, márketing, finanzas, operaciones y contabilidad— participó en un taller sobre cómo optimizar sus respectivos trabajos. En el taller se les ocurrieron ideas para cambiar sus rutinas cotidianas. Y cada empleado creó un «mapa» personalizado de los cambios que haría en su trabajo para que fuera más significativo y agradable. Al cabo de seis semanas, los jefes y compañeros de trabajo clasificaron a los empleados que habían asistido al taller como mucho más felices y más eficaces que el resto.

Por último, Bill Damon sugiere *encontrar la inspiración en un modelo de conducta que tenga un propósito en la vida.* Propone, como ejercicio, responder por escrito a algunas de las preguntas que formula en sus entrevistas de investigación, como por ejemplo: «Imagínate

---

44. Amy Wrzesniewski y Jane E. Dutton, «Crafting a Job: Revisioning Employees as Active Crafters of Their Work», *Academy of Management Review* 26, 2001, págs. 179-201. Véase también www.jobcrafting.org y Grant, *Give and Take*, págs. 262-263. Esta sección asimismo refleja la correspondencia personal entre la autora y Amy Wrzesniewski, profesora de conducta empresarial en la Escuela de Negocios de Yale, 20 de octubre, 2015.

dentro de quince años. ¿Qué crees que será lo más importante para ti?» y «¿Se te ocurre alguien cuya vida te inspire para ser mejor persona?[45] ¿Quién es? ¿Por qué?»

Al hacer el ejercicio de Bill descubrí que la persona que me ha mostrado en mi vida más que nadie la belleza de un propósito altruista es mi madre. Ella es, sin exagerar lo más mínimo, la persona más buena que he conocido.

Mientras crecía no siempre supe apreciar su espíritu generoso. Me molestaban los desconocidos a los que invitaba a comer con nosotros el día de Acción de Gracias, no solo los parientes lejanos que habían emigrado recientemente de China, sino también sus compañeros de piso y los amigos de sus compañeros de piso. Cualquiera sin un lugar adonde ir que se topara con mi madre el mes de noviembre era invitado calurosamente a nuestro hogar.

Un año, mi madre regaló mis regalos de cumpleaños un mes después de haberlos yo desenvuelto y, otro, regaló la colección de animales de peluche de mi hermana. Mi hermana y yo nos agarrábamos unas buenas rabietas, llorábamos y la acusábamos de no querernos. «Pero si esos niños los necesitan más que vosotras —nos decía sorprendida de verdad por nuestra reacción—. Vosotras tenéis muchos juguetes y ellos muy pocos.»

Cuando le dije a mi padre que no pensaba hacer el examen para ingresar en la Facultad de Medicina, porque prefería dedicarme a crear el curso del Summerbridge, casi le da un ataque. «¿Por qué te preocupas por los niños pobres? ¡No son tu familia! ¡Ni siquiera los conoces!» Ahora me doy cuenta por qué lo hice. Toda mi vida he estado viendo lo que una persona —mi madre— hacía para ayudar a muchas otras. He sido testimonio del poder del propósito.

---

45. Los lectores que estén interesados en ello encontrarán una lista más completa de las preguntas que Bill Damon utiliza en su libro, *The Path to Purpose: How Young People Find Their Calling in Life*, Free Press, Nueva York, 2008, págs. 183-186.

9
Esperanza

Un antiguo refrán japonés reza: *Acuéstate a las siete, levántate a las ocho.* Si algún día me hiciera un tatuaje, me tatuaría estas sencillas ocho palabras con tinta indeleble.

¿Qué es la esperanza?

Una clase de esperanza es esperar que mañana sea un día mejor que hoy. Anhelar que haga un tiempo más soleado o que las cosas nos vayan mejor en el futuro. Llega sin el peso de la responsabilidad. La responsabilidad de que las cosas mejoren recae en el universo.

Pero el grit depende de otra clase distinta de esperanza. La que se basa en que de nuestro esfuerzo depende que nuestro futuro mejore. *Tengo la sensación de que mañana será otro día* es distinto de *Estoy decidido a que mañana las cosas me vayan mejor.* La esperanza de las personas con grit no tiene nada que ver con la suerte y sí todo con volver a levantarse del suelo.[1]

En el semestre de primavera de mi primer año en la universidad, me matriculé en neurobiología.

---

1. Para conocer con más profundidad el concepto de la esperanza, véase Kevin L. Rand, Allison D. Martin y Amanda M. Shea, «Hope, but Not Optimism, Predicts Academic Performance of Law Students Beyond Previous Academic Achievement», *Journal of Research in Personality* 45, 2011, págs. 683-686. Véase también Shane J. López, *Making Hope Happen: Create the Future You Want for Yourself and Others*, Atria Books, Nueva York, 2013.

Llegaba a las clases temprano y me sentaba en la primera fila, donde copiaba todas las ecuaciones y esquemas en mi libreta. Además de ir a clase, leía las lecturas que nos asignaban y resolvía las tareas que nos ponían. Al hacer el primer examen vi que estaba un poco verde en algunas áreas, era un curso difícil y el curso de biología que había hecho en el instituto dejaba mucho que desear, pero en general me sentía llena de confianza.

Empecé bien el examen, pero rápidamente se fue volviendo más difícil. Me dejé llevar por el pánico, dándole vueltas y más vueltas al asunto, pensando: «¡No voy a terminar el curso! ¡No tengo idea de lo que estoy haciendo! ¡Me van a suspender!» Estos pensamientos eran como una profecía que acarreaba su propio cumplimiento. Cuanto más se llenaba mi cabeza con esos inquietantes pensamientos, menos me podía concentrar. El tiempo se acabó antes de poder leer siquiera el último problema del examen.

Varios días más tarde el profesor me devolvió el examen. Al contemplar desconsolada mi bajísima nota me dirigí enseguida arrastrando los pies al despacho del tutor asignado.

«Deberías plantearte dejar el curso —me aconsejó—. Estás en el primer año de carrera. Te quedan tres más. Si quieres puedes retomarlo más adelante.»

«En el instituto fui a clases avanzadas de biología», repliqué.

«¿Y cómo te fue?»

«Saqué un sobresaliente, pero el profesor no nos enseñaba tantas cosas como en este, por eso probablemente aprobé el examen.»

Este comentario confirmó su corazonada de que debía dejar el curso.

La misma escena se volvió a repetir con el examen de mitad del trimestre, por más que hubiese estudiado con ahínco. Al conocer los resultados, me descubrí de nuevo en el despacho de mi tutor. Esta vez me lo advirtió en un tono más insistente:

«*No* creo que quieras tener un suspenso en tu expediente académico. Aún estás a tiempo de dejar el curso. Si lo haces tu nota media no se verá afectada.»

Le agradecí el tiempo que me había dedicado y cerré la puerta del despacho tras de mí. En el pasillo me sorprendí al no echarme a llorar. Repasé los hechos de la situación: dos exámeness suspendidos y me quedaba uno más —el final— antes de terminar el semestre. Me di cuenta de que debía haber hecho un curso de un nivel inferior y ahora que estaba a más de la mitad del semestre, saltaba a la vista que por más que estudiara no me iba a salir con la mía. Si seguía haciendo el curso lo más probable era que suspendiera el examen final y acabase con un insuficiente en mi expediente académico. Pero si dejaba el curso, no correría ese riesgo.

Cerrando los puños con fuerza y rechinando los dientes, me fui directa con paso firme a la oficina de matriculación. En ese momento decidí seguir en el curso y elegir neurobiología como *asignatura principal*.[2]

Al ver ahora en retrospectiva aquel día decisivo, me doy cuenta de que me había caído al suelo —o más bien tropezado con mis propios pies— dándome de bruces. Con todo, era un momento en el que me podía haber quedado tendida en el suelo. Me podía haber dicho: «¡No tengo remedio! ¡Todo cuanto hago es mediocre!» Y podría haber dejado las clases.

Pero en su lugar me dije llena de esperanza con actitud desafiante: «¡No dejaré el curso! ¡Ya se me ocurrirá alguna solución!»

Durante el resto del semestre no solo me esforcé más, sino que además probé alternativas que no me había planteado antes. Fui a ver al ayudante de cátedra a todas horas, pedí que me asignaran tareas adicionales, me entrené en resolver los problemas más difíciles

---

2. En la Universidad de Harvard podías elegir, hasta el año 2006, en la primavera del primer año de carrera, la asignatura en la que te «concentrarías» (la terminología de Harvard para referirse a la «asignatura principal»), y planear, al mismo tiempo, todas las clases a las que decidías asistir. Oficialmente, yo me concentré en neurobiología, que pertenecía a la carrera de Biología, ya que esta asignatura no se convertiría en una especialización hasta años más tarde.

en muy poco tiempo, imitando la condición en la que tendría que rendir al máximo. Como sabía que mis nervios me iban a jugar una mala pasada en el examen, decidí alcanzar un nivel de neurobiología en el que nada pudiera sorprenderme. El día del examen final me sentí como si pudiera haberlo escrito yo misma.

Saqué un sobresaliente. Mi nota media en el curso fue un notable, la nota más baja que sacaría en cuatro años, aunque fue la que más orgullo me causó.

Cuando estaba yéndome a pique en mis clases de neurobiología no me podía ni imaginar que estuviera recreando las condiciones de un famoso experimento de psicología.

Retrocedamos al año 1964. Marty Seligman y Steve Maier, dos doctorandos de psicología de primer año, se encuentran en un laboratorio sin ventanas observando a un perro enjaulado recibiendo descargas eléctricas en las patas traseras. Las descargas llegan en el momento más inesperado y sin previo aviso. Si el perro no hace nada, duran cinco segundos, pero si presiona con el hocico un dispositivo que hay frente a la jaula, las descargas cesan antes. En otra jaula hay otro perro recibiendo las mismas descargas en los mismos momentos, pero no dispone de ningún dispositivo que pueda presionar con el hocico. Es decir, ambos reciben la misma dosis de descargas en los mismos momentos, pero solo el primero controla su duración. Después de recibir sesenta y cuatro descargas, los perros son devueltos a sus jaulas y sustituidos por otros nuevos para someterlos al mismo procedimiento.

Al día siguiente, fueron metiendo a los perros, de uno en uno, en una jaula distinta, llamada «lanzadera», dividida en dos por un muro lo bastante bajo como para que pudieran cruzarlo de un salto para ir al otro lado. De pronto, un fuerte timbrazo anunciaba una descarga y al cabo de pocos segundos el perro recibía una descarga proveniente del suelo de la parte donde se encontraba. Casi todos los perros que habían controlado las descargas el día anterior aprendieron a saltar al otro lado cruzando el obstáculo. Al oír el timbrazo, saltaban al otro lado para no recibir la descarga. En cambio, dos terceras partes de los perros que no habían tenido *ningún* control sobre las descargas el día anterior, se quedaron gimoteando pasivamente, esperando a que cesaran los castigos.[3]

Este experimento fundamental demostró por primera vez que no es el sufrimiento lo que lleva a la desesperanza, sino el sufrimiento que creemos no poder controlar.

Muchos años después de decidir elegir como asignatura principal la que estaba suspendiendo, me senté en un pequeño espacio destinado a los doctorandos, a varias puertas del despacho de Marty, para leer sobre el experimento de la indefensión aprendida. Vi enseguida los paralelismos que había con mi experiencia temprana. El primer examen de neurobiología que suspendí me causó un dolor inesperado. Intenté mejorar mi situación, pero al suspender el segundo fue como si hubiera recibido otra descarga. El resto del semestre equivalió a la jaula dividida. ¿Llegaría a la conclusión de mi primera experiencia que no podía hacer nada para cambiar la situación? Después de todo, mi experiencia inmediata sugería que los dos resultados desastrosos irían seguidos de un tercero.

¿O me comportaría como los pocos perros que pese a los recientes recuerdos de un dolor incontrolable, seguían teniendo esperanzas? ¿Consideraría mi primer sufrimiento como el resultado de errores que podría evitar en el futuro? ¿Superaría la experiencia del pasado

---

3. Steven F. Maier y Martin E. Seligman, «Learned Helplessness: Theory and Evidence», *Journal of Experimental Psychology* 105, 1976, págs. 3-46. Los estudios fundamentales sobre la indefensión aprendida en realidad estaban diseñados en una tríada, es decir, había una tercera condición: los perros que no recibían ninguna descarga. Por lo general, esos perros se comportaban como los que podían *controlar* hasta cierto punto la situación estresante. Parte del material de este capítulo se ha extraído de la entrevista entre Seligman y la autora, 20 de julio, 2015. Véase también Martin E. P. Seligman, *Learned Optimism: How to Change Your Mind and Your Life*, Pocket Books, Nueva York, 1990.

recordando las numerosas ocasiones en las que pese a sufrir un fracaso había acabado saliéndome con la mía?

Por lo visto, me comporté como la tercera parte de los perros del estudio de Marty y Steve que perseveraron en su empeño. Me volví a levantar del suelo y seguí luchando.

Una década más tarde del experimento llevado a cabo en 1964, otros experimentos adicionales revelaron que sufrir sin tener control alguno sobre lo que causa el sufrimiento produce síntomas de depresión clínica, como cambios en el apetito y la actividad física, problemas de sueño y falta de concentración.

Cuando Marty y Steve sugirieron por primera vez que los animales y los individuos *aprendían* a sentirse indefensos, otros psicólogos dedicados a la investigación consideraron su teoría de lo más absurda. En aquella época nadie se tomó en serio la posibilidad de que los perros pudieran pensar y, por lo tanto, cambiar de conducta. En realidad, solo unos pocos psicólogos aceptaban la posibilidad de que los *humanos* tuvieran pensamientos que influyeran en su conducta. Se creía que *todos* los animales vivos respondían de manera automática a los castigos y las recompensas.

Después de reunir una cantidad enorme de datos y descartar cualquier otra explicación concebible, la comunidad científica acabó al final aceptándolo.

Tras haber dilucidado las desastrosas consecuencias del estrés incontrolable en el laboratorio, el interés de Marty por lo que se podía hacer para resolverlo creció. Decidió realizar un curso de reciclaje de psicología clínica. Sensatamente, eligió hacerlo bajo la tutela de Aaron Beck, un psiquiatra pionero en entender las causas de la depresión y en la creación de antídotos prácticos para combatirla.[4]

---

4. Para obtener más información sobre Aaron Beck, véase www.beckinstitute.org.

Lo que le siguió fue un intenso estudio del aspecto contrario de la indefensión aprendida, que Marty bautizaría más tarde con el nombre de «optimismo aprendido». El crucial descubrimiento en el que se basaba la nueva investigación de Marty había estado presente desde el inicio. Aunque dos terceras partes de los perros que habían estado recibiendo descargas eléctricas incontrolables hubieran dejado de intentar luchar contra la situación, una tercera parte seguía intentándolo. A pesar de su primer trauma, seguían intentando zafarse del dolor de distintas formas.

Fueron esos perros resilientes los que le llevaron a estudiar la respuesta análoga de los humanos ante la adversidad de *No me voy a rendir*. Las personas optimistas, descubrió al cabo de poco Marty, viven las mismas situaciones negativas que las pesimistas. Pero las interpretan de distinta manera: los optimistas en general intentan descubrir las causas temporales y concretas de su sufrimiento; en cambio, los pesimistas lo achacan a causas permanentes y omnipresentes.

Un ejemplo del test que Marty y sus alumnos crearon para distinguir a los optimistas de los pesimistas es el siguiente:[5] *Imagínate que no puedes hacer todo el trabajo que se espera de ti. Ahora imagínate cuál es la causa principal.* ¿Qué te viene a la cabeza? Después de haber leído esta escena hipotética, la puntuación de tus respuestas dependerá de lo temporales (frente a lo permanentes) y de lo concretas (frente a lo omnipresentes) que sean.

Si eres un pesimista, tal vez te digas *Lo he echado todo a perder*. O *soy un perdedor*. Estas explicaciones son permanentes, no hay demasiado que puedas hacer para cambiarlas. También son omnipresentes, lo más probable es que influyan en muchos otros aspectos

---

5. Christopher Peterson *et al.*, «The Attributional Style Questionnaire», *Cognitive Therapy and Research* 6, 1982, págs. 287-300. Véase también Lyn Y. Abramson, Gerald I. Metalsky y Lauren B. Alloy, «Hopelessness Depression: A Theory-Based Subtype of Depression», *Psychological Review* 96, 1989, págs. 358-372.

de tu vida y no solo en el laboral. Las explicaciones permanentes y omnipresentes para la adversidad transforman las pequeñas complicaciones en grandes catástrofes. Hacen que te parezca lógico rendirte. Pero si eres un optimista, tal vez te digas: «No he organizado bien mi tiempo.» O «No he trabajado bien por las distracciones.» Estas explicaciones son temporales y concretas, al ser «resolubles» te motivan a quitarte estos problemas de encima.

Usando este test, Marty confirmó que los pesimistas, comparados con los optimistas, tienden más a sufrir depresiones y ansiedad.[6] Es más, los optimistas destacan mucho más en los campos que no tienen que ver directamente con la salud mental. Por ejemplo, los estudiantes universitarios optimistas suelen sacar mejores notas y son menos proclives a dejar la carrera.[7] Los jóvenes adultos optimistas están más sanos[8] en la madurez y son más longevos que los pesimistas. Y también están más satisfechos con su matrimonio.[9] Un estudio de campo de un año de duración realizado por la aseguradora MetLife reveló que los agentes de seguros optimistas tienden dos veces más a conservar sus trabajos y venden un 25 por ciento más de

6. Peter Schulman, Camilo Castellón y Martin E. P. Seligman, «Assessing Explanatory Style: The Content Analysis of Verbatim Explanations and the Attributional Style Questionnaire», *Behavioural Research and Therapy* 27, 1989, págs. 505-509.

7. Leslie P. Kamen y Martin E. P. Seligman, «Explanatory Style Predicts College Grade Point Average» (manuscrito inédito, 1985). Christopher Peterson y Lisa C. Barrett, «Explanatory Style and Academic Performance Among University Freshman», *Journal of Personality and Social Psychology* 53, 1987, págs. 603-607.

8. Toshihiko Maruto, Robert C. Colligan, Michael Malinchoc y Kenneth P. Offord, «Optimists vs. Pessimists: Survival Rate Among Medical Patients Over a 30-Year Period», *Mayo Clinic Proceedings* 75, 2000, págs. 140-143. Christopher Peterson, Martin E. P. Seligman, «Pessimistic Explanatory Style Is a Risk Factor for Physical Illness: A Thirty-Five-Year Longitudinal Study», *Journal of Personality and Social Psychology* 55, 1988, págs. 23-27.

9. Karen J. Horneffer y Frank D. Fincham, «Construct of Attributional Style in Depression and Marital Distress», *Journal of Family Psychology* 9, 1995, págs. 186-195. Véase también, Horneffer y Fincham, «Attributional Models of Depression and Distress», *Personality and Social Psychology Bulletin* 22, 1996, págs. 678-689.

pólizas[10] que sus colegas pesimistas. Asimismo, los estudios llevados a cabo sobre vendedores que trabajan en telecomunicaciones, inmobilarias, productos de oficina, ventas de coches, banca y en otros sectores, han revelado que los optimistas rinden de un 20 a un 40 por ciento más que los pesimistas.

Un gran número nadadores de élite, entre ellos muchos que estaban entrenando para formar parte del equipo olímpico de Estados Unidos, participaron en un estudio en el que se sometieron al test sobre el optimismo de Marty. Los entrenadores les pidieron a continuación a cada uno que nadaran dándolo todo como si participaran en una competición[11] y luego les mintieron diciéndoles que habían nadado un poco *más despacio* de lo habitual. Al ofrecerles una segunda oportunidad, los optimistas nadaron al menos con la misma rapidez que en el primer intento; en cambio, los pesimistas lo hicieron con más lentitud.

¿Cómo ven los modelos del grit los reveses? He descubierto que todos los interpretan con optimismo. La periodista Hester Lacey se ha encontrado con el mismo sorprendente patrón al entrevistar a sujetos con una extraordinaria creatividad. «¿Cuál ha sido tu mayor decepción?», les preguntó. Tanto si se trata de artistas, empresarios o activistas comunitarios, sus respuestas son casi idénticas: «No suelo desanimarme. Intento aprender de todo lo que me ocurre. Me digo: "Esta vez no me ha ido demasiado bien, pero seguiré adelante".»[12]

---

10. Sobre el optimismo y las ventas, véase Martin E. P. Seligman y Peter Schulman, «Explanatory Style as a Predictor of Productivity and Quitting Among Life Insurance Sales Agents», *Journal of Personality and Social Psychology* 50, 1986, págs. 832-838. Shulman, «Explanatory Style». Véase también Peter Schulman, «Applying Learned Optimism to Increase Sales Productivity», *Journal of Personal Selling & Sales Management* 19, 1999, págs. 31-37.

11. Martin E. P. Seligman, «Explanatory Style as a Mechanism of Disappointing Athletic Performance», *Psychological Science* 1, 1990, págs. 143-146.

12. Lacey, entrevista.

En la época en que Marty Seligman estuvo dos años sin dedicarse a la investigación de laboratorio, Aaron Beck, su nuevo mentor, se estaba cuestionando su propia formación en psicoanálisis freudiano. Como a la mayoría de los psiquiatras de aquella época, le habían enseñado que cualquier clase de enfermedad mental procedía de conflictos inconscientes de la infancia.

Pero Beck discrepaba. Tuvo la audacia de sugerir que un psiquiatra podía hablar directamente con su paciente de aquello que le preocupaba y que la terapia se podía centrar[13] en los pensamientos de los pacientes: en el diálogo interior. El nuevo método de Beck se basaba sobre todo en el descubrimiento de que el *mismo episodio objetivo* —perder el trabajo, tener un encontronazo con un compañero de trabajo, olvidarse de llamar a un amigo— se podía *interpretar subjetivamente de muy distintas maneras.* Y estas interpretaciones —en lugar del episodio objetivo en sí— era lo que causaban nuestros sentimientos y nuestra conducta.

La terapia cognitiva conductual —que aspira a tratar la depresión y otros trastornos psicológicos ayudando a los pacientes a pensar con más objetividad y a comportarse de forma más sana— ha revelado que sean cuales sean los sufrimientos padecidos en la infancia, en general podemos aprender a observar nuestro diálogo interior negativo y a cambiar nuestra conducta disfuncional. Como ocurre con cualquier otra habilidad, podemos aprender a interpretar lo que nos sucede y a reaccionar como una persona optimista. La terapia cognitiva conductual se está ahora utilizando ampliamente en el tratamiento psicoterapéutico para la depresión y se ha

---

13. Aaron T. Beck, A. John Rush, Brian F. Shaw y Gary Emery, *Cognitive Therapy of Depression*, Guilford Press, Nueva York, 1979. También hay que tener en cuenta que en la misma época Albert Ellis desarrolló un enfoque similar. Por lo que Beck y Ellis se consideran los pioneros de lo que en la actualidad se conoce como terapia cognitiva conductual.

demostrado que sus efectos son más duraderos[14] que los medicamentos antidepresivos.

Varios años más tarde de mi incursión en el mundo de la investigación del grit, Wendy Kopp, la fundadora y directora ejecutiva por aquel entonces de Teach For America, fue a visitar a Marty. En aquella época yo todavía estaba cursando los estudios de posgrado con él y me hacía mucha ilusión asistir a este encuentro por dos razones. La primera, porque Teach For America estaba mandando a cientos de jóvenes recién licenciados a zonas de todas partes del país donde había escuelas con alumnos procedentes de entornos desfavorecidos. Sabía, por haberlo vivido de primera mano, que la enseñanza era una profesión que exigía grit, y que en los centros urbanos y rurales adonde la TFA te mandaba todavía necesitabas más. En segundo lugar, porque Wendy ejemplificaba la pasión y la perseverancia. Era famosa por haber concebido la TFA durante su último año de carrera en la Universidad de Princeton y, a diferencia de muchos idealistas que acabaron renunciando a su sueño, no había parado hasta hacerlo realidad, empezando de la nada y creando una de las organizaciones educativas sin ánimo de lucro más importantes

---

14. Robert J. DeRubeis *et al.*, «Cognitive Therapy vs Medications in the Treatment of Moderate to Severe Depression», *Archives of General Psychiatry* 62, 2005, págs. 409-416. Steven D. Hollon *et al.*, «Prevention of Relapse Following Cognitive Therapy vs Medications in Moderate to Severe Depression», *Archives of General Psychiatry* 62, 2005, págs. 417-422. A algunos pacientes les cuesta el aspecto de la TCC de intentar cambiar sus diálogos interiores negativos. Esta clase de pacientes se justifican con observaciones como: «En mi cabeza sé que no es justo que me llame perdedor. Sé que me estoy poniendo una etiqueta, que estoy siendo demasiado extremista. Pero en mi corazón una parte de mí se sigue sintiendo un perdedor, como si nunca pudiera llegar a ser lo bastante bueno». Existe una nueva clase de TCC, la terapia de aceptación y compromiso (TAC), que tiene en cuenta este problema. La finalidad de la TAC es advertir simplemente cualquier diálogo interior negativo y aceptar que existe, sin dejar que controle nuestros actos.

e influyentes del país. Una «actividad incesante»[15] era tanto el valor esencial de la TFA como la frase con la que los amigos y los compañeros de trabajo de Wendy describían su estilo de liderazgo.

En aquella reunión los tres desarrollamos una hipótesis. Los profesores que afrontaban las adversidades con una actitud optimista tenían más grit que los más pesimistas, y este predecía a su vez una enseñanza de mayor calidad. Por ejemplo, un profesor optimista estará siempre buscando maneras de ayudar a un alumno que no coopera; en cambio, uno pesimista supondrá que no puede hacer nada más por él. Para comprobar si esto era cierto, decidimos evaluar el optimismo y el grit de los profesores antes de que pisaran el aula y, un año más tarde, ver lo competentes que habían sido a la hora de ayudar a los alumnos a progresar en los estudios.

Aquel agosto cuatrocientos profesores de la TFA hicieron la Escala del Grit y el test de Marty para que pudiéramos evaluar su optimismo. Según el grado en que se centraran en las causas temporales y concretas de los episodios negativos, y en las causas permanentes y omnipresentes de los positivos, interpretamos sus respuestas como optimistas. Y según el grado en que hicieran lo contrario, las interpretamos como pesimistas.

En la misma encuesta, evaluamos un elemento más: la felicidad. ¿Por qué? Porque había un pequeño aunque creciente conjunto de evidencias científicas que demostraba que la felicidad no era simplemente la *consecuencia* de hacer bien un trabajo, sino también una *causa* importante de ello. Además, sentíamos curiosidad por saber lo felices que eran los profesores con más grit. ¿Es que la pasión por un objetivo y la perseverancia en él comportaban un precio? ¿O era posible tener grit y ser feliz a la vez?

---

15. En www.teachforamerica.org encontrarás información sobre la misión y la historia de Teach For America.

Un año más tarde, cuando Teach For America había tabulado los índices de competencia de cada profesor basándose en el rendimiento escolar de los alumnos, analizamos nuestros datos. Tal como esperábamos, los profesores optimistas tenían más grit[16] y eran más felices que los pesimistas, y el grit y la felicidad explicaban a su vez por qué sus alumnos rendían más durante el año escolar.

Después de quedarme mirando estos resultados un rato, empecé a recordar mis propias experiencias como docente. Me vinieron a la memoria las numerosas tardes que había vuelto a casa exasperada y exhausta. Recordé las luchas mantenidas con mis catastróficos diálogos interiores sobre mis aptitudes: —«¡Dios mío, no tengo remedio!»— y sobre las de los jóvenes a mi cargo —«¿Lo ha vuelto a entender mal? ¡Ella nunca lo aprenderá!»—. Y me acordé de las mañanas en las que al levantarme decidía que, después de todo, valía la pena probar una táctica más: «A lo mejor, si me llevo a clase una barrita de chocolate y la corto a trozos, comprenderán la idea de las fracciones. Quizá si les pido a todos que limpien su armario los lunes, se acostumbrarán a mantenerlos limpios».

Los datos de este estudio sobre profesores jóvenes, las intuiciones de Wendy Kopp, las entrevistas con los modelos del grit y medio siglo de investigaciones psicológicas apuntan a la misma conclusión llena de sentido común: cuando seguimos intentando encontrar una forma de mejorar nuestra situación, es posible que la encontremos. Pero cuando nos rendimos, suponiendo que no la encontraremos, nos aseguramos de no conseguirlo.

O como se cita a menudo a Henry Ford declarando: «Tanto si piensas que puedes o que no puedes, en ambos casos tienes razón».

---

16. Claire Robertson-Kraft y Angela L. Duckworth, «True Grit: Perseverance and Passion for Long-term Goals Predicts Effectiveness and Retention Among Novice Teachers», *Teachers College Record (1970)* 116, 2014, págs. 1-24.

En la época en que Marty Seligman y Steve Maier estaban investigando los nexos entre la desesperanza con la falta de control percibido, Carol Dweck, una joven estudiante de psicología, progresaba en sus estudios. A Carol siempre le había intrigado que algunas personas perseveraran y otras se rindieran ante las mismas circunstancias. Nada más licenciarse, se matriculó para realizar el doctorado en Psicología y se planteó esta cuestión decidida a esclarecerla.

Las investigaciones de Marty y Steve habían influido mucho en ella. Creía en sus hallazgos, pero le parecían incompletos. Sin duda, atribuir nuestro sufrimiento a causas que no podemos controlar es debilitante, pero ¿de dónde venían esas atribuciones? ¿Por qué, se preguntaba, una persona se volvía optimista y otra, pesimista?

En uno de sus primeros estudios,[17] Carol trabajó con alumnos de secundaria para identificar a los jóvenes de ambos sexos que, según el consenso de los profesores, el director y el psicólogo del colegio, se mostraban especialmente «indefensos» ante el fracaso escolar. Tenía el presentimiento de que esos alumnos lo achacaban a la falta de capacidad intelectual en lugar de al esfuerzo. Es decir, Carol sospechaba que no eran pesimistas *solo* por una larga serie de fracasos, sino más bien por sus ideas sobre el éxito y el aprendizaje.

Para ver si estaba en lo cierto, Carol dividió a los jóvenes en dos grupos. A los de un grupo les asignó un curso donde *solo iban a triunfar*. Durante varias semanas resolvieron problemas de matemáticas y al final de cada sesión, al margen de cuántos hubieran resuelto, les felicitaban efusivamente. Y a los del otro grupo les asignó un curso de *reconversión de atribuciones*. Esos jóvenes también resolvían problemas de matemáticas, pero de vez en cuando en una sesión en particular les advertían que no habían resuelto bastantes y que «debían haberse esforzado más», un detalle de crucial importancia.

---

17. Carol S. Dweck, «The Role of Expectations and Attributions in the Alleviation of Learned Helplessness», *Journal of Personality and Social Psychology* 31, 1975, págs. 674-685.

A continuación les pidieron a todos que resolvieran una combinación de problemas de matemáticas fáciles y difíciles.

Carol pensó que si la causa de la indefensión de los alumnos eran sus anteriores fracasos escolares, el curso en el que *solo iban a triunfar* les motivaría. Pero si el verdadero problema estaba en cómo interpretaban sus fracasos escolares, el curso de la *reconversión de atribuciones* sería el que daría en el clavo.

Carol descubrió que los niños del curso en el que *solo iban a triunfar* se rindieron con la misma facilidad que antes al toparse con problemas de matemáticas difíciles. En cambio, los jóvenes del curso de *reconversión de atribuciones* se esforzaron más ante las dificultades. Por lo visto, habían aprendido a interpretar los fracasos como un estímulo para esforzarse más en lugar de como la confirmación de su falta de capacidad para triunfar en los estudios.

A lo largo de las cuatro décadas siguientes, Carol siguió investigando con más profundidad.

Al poco tiempo, descubrió que independientemente de la edad las personas tienen teorías privadas de cómo funciona el mundo. Estos puntos de vista son conscientes en el sentido de que si Carol nos preguntara al respecto, le responderíamos sin ningún problema. Pero al igual que los pensamientos analizados en la terapia cognitiva conductual, tal vez no seamos conscientes de nuestras teorías privadas hasta que nos pregunten sobre ellas.

Carol utiliza estas cuatro afirmaciones para evaluar la teoría de una persona sobre su capacidad intelectual.[18] Léelas y considera hasta qué punto estás de acuerdo o en desacuerdo con cada una:

---

18. Este test fue creado por Carol Dweck, Sheri Levy, Valanne MacGyvers, C. Y. Chiu y Yingyi Hong. Si te interesa el tema, te recomiendo vivamente el libro de Carol Dweck, *Mindset: The New Psychology of Success*, Ballantine Books, Nueva York, 2008. [Edición en castellano: *Mindset: la actitud del éxito*, Editorial Sirio, Málaga, 2016].

Tu inteligencia es algo muy básico sobre ti que apenas puedes cambiar.

Puedes aprender cosas nuevas, pero no puedes cambiar tu nivel de inteligencia.

Por más inteligente que seas, siempre puedes aumentar tu capacidad intelectual.

Siempre puedes ir aumentando considerablemente tu capacidad intelectual.

Si te descubres asintiendo con la cabeza a las dos primeras afirmaciones, y sacudiéndola al no estar de acuerdo con las dos últimas, en este caso Carol te diría que tienes una mentalidad fija. Y si reaccionas de la forma contraria, te diría que tu mentalidad tiende al crecimiento.

A mí me gusta interpretar una mentalidad de crecimiento de esta forma: algunas personas creen, en el fondo, que *podemos* cambiar. Al tener una mentalidad de crecimiento suponen que es posible, por ejemplo, volvernos más inteligentes *si* disponemos de las oportunidades y el apoyo necesarios, *si* nos esforzamos lo bastante y *si* creemos poder hacerlo. En cambio, otras creen que podemos aprender habilidades, como montar en bicicleta o expresar un buen argumento comercial, pero que nuestra *capacidad* de aprendizaje —nuestro talento— no se puede mejorar. El problema de esta mentalidad fija —y muchas personas que se consideran talentosas la *tienen*— es que no hay un camino sin baches. Al final nos toparemos con uno. En ese momento una mentalidad fija es una desventaja enorme. Es cuando un suspenso, una carta de rechazo, un informe decepcionante sobre el progreso realizado en el trabajo o cualquier otro revés nos hunde. Debido a nuestra mentalidad fija interpretamos esos reveses como la evidencia de que, después de todo, no tenemos «lo que hay que tener», de que no estamos a la altura de las circunstancias. En cambio, una mentalidad de crecimiento nos hace ver que podemos aprender a hacerlo mejor.

Se ha demostrado que las distintas mentalidades influyen en los mismos aspectos de la vida que el optimismo. Por ejemplo, si nuestra mentalidad es de crecimiento, seremos más proclives a rendir en los estudios, a gozar de una mejor vida emocional y física, y a mantener relaciones más sólidas y positivas[19] con los demás.

Hace varios años Carol y yo les pedimos a más de dos mil alumnos de instituto del último curso que hicieran un test relacionado con la mentalidad de crecimiento. Descubrimos que los alumnos con este tipo de mentalidad tenían mucho más grit que los de mentalidad fija. Es más, también sacaban mejores notas, y una vez terminaban el instituto, tendían más a cursar estudios universitarios y a terminarlos.[20] Desde entonces he estado evaluando la mentalidad de crecimiento y el grit tanto en alumnos más jóvenes como en adultos maduros y, en cada muestra, he descubierto siempre que la mentalidad de crecimiento y el grit van de la mano.

Cuando le preguntan de dónde vienen las distintas mentalidades, Carol afirma que están muy ligadas a las historias personales de éxito y fracaso de cada uno y al modo en que las personas de nuestro entorno, en especial las que ocupan una posición de autoridad, reaccionaron a esos resultados.

---

19. Véase Carol S. Dweck, «Mindsets and Human Nature: Promoting Change in the Middle East, the Schoolyard, the Racial Divide, and Willpower», *American Psychologist*, 2012, págs. 614-622.

20. Brian Galla *et al.*, «Intellective, Motivational, and Self-Regulatory Determinants of High School Grades, SAT Scores, and College Persistence» (manuscrito en proceso de revisión, 2015).

Piensa, por ejemplo, lo que te decían de niño cuando te lucías en algo. ¿Te elogiaban por tu talento? ¿O por tu esfuerzo? Sea cual sea la respuesta, lo más probable es que uses hoy el mismo lenguaje al evaluar tus éxitos y fracasos.

En las escuelas KIPP[21] elogiar el esfuerzo y el aprendizaje por encima del «talento natural» es uno de los objetivos en el plan de formación de sus profesores. La sigla se refiere a Knowledge Is Power Program [Plan de Estudios el Conocimiento es Poder] y fue iniciado en 1994 por Mike Feinbergy y Dave Levin, dos jóvenes profesores de Teach For America cargados de grit. En la actualidad las escuelas KIPP ofrecen enseñanza a setenta mil alumnos de primaria, secundaria y bachillerato por todo el país. La gran mayoría de los kippsters, el mote con el que se identifican con orgullo, proceden de familias de bajos recursos. Lo más posible es que casi todos los alumnos terminen el instituto y que más de un 80 por ciento curse estudios universitarios.

Los profesores KIPP reciben un pequeño diccionario de ideas afines durante su formación. Por un lado, los docentes usan palabras de aliento con la mejor de las intenciones. Por el otro, hay un lenguaje que de manera sutil transmite que la vida consiste en ponernos retos y en aprender a hacer lo que todavía no sabemos hacer. A continuación encontrarás ejemplos adecuados dirigidos a personas de todas las edades. Tanto si eres un progenitor, jefe, entrenador como cualquier otro tipo de mentor, te sugiero que durante los dos días siguientes observes el lenguaje que usas para captar las ideas que tus palabras refuerzan en ti y en los demás.

---

21. Para obtener más información sobre este tipo de escuelas, véase www.kipp.org.

Socava la mentalidad de crecimiento y el grit	Fomenta la mentalidad de crecimiento y el grit**
«¡Me encanta tu talento innato!»	«¡Me encanta que te guste tanto aprender!»
«¡Bueno, por lo menos lo has intentado!»	«No ha funcionado. Hablemos del método que has usado y del que te puede ir mejor.»
«¡Buen trabajo! ¡Eres una lumbrera!»	«¡Buen trabajo! ¿Qué crees que podrías haber hecho aún mejor?»
«Es muy difícil. No te sientas mal si no te sale.»	«Es muy difícil. No te sientas mal si todavía no te sale.»
«Tal vez esto no sea tu fuerte. No te preocupes, puedes colaborar en otras cosas.»*	«Soy muy exigente. Pero sé que con mi ayuda lo lograrás.»

* En los deportes se suele decir[22]

** Fomenta la mentalidad de crecimiento y el grit[23]

El lenguaje es una manera de cultivar la esperanza. Pero demostrar tener una mentalidad de crecimiento, reflejando con nuestros *actos* que creemos de verdad que podemos aprender a aprender, es incluso más importante aún.

James Baldwin, escritor afroamericano y activista por los derechos civiles, lo expresó de este modo: «A los niños nunca se les ha

---

22. «Aprovecha tus puntos fuertes y supera los débiles». Yo estoy de acuerdo con la sabiduría de esta expresión, pero también es importante ser conscientes de que nuestras habilidades mejoran a base de práctica.

23. Este diccionario de ideas afines lo elaboró el psicólogo David Yeager, al que le agradezco esta versión dirigida a un público de todas las edades. Para obtener más información sobre las afirmaciones genéricas, véase Daeun Park *et al.*, «How Do Generic Statements Impact Performance? Evidence for Entity Beliefs», *Developmental Science* (en prensa, 2015). Y, por último, para conocer más a fondo la importancia de una «auténtica» mentalidad de crecimiento, véase Carol S. Dweck, «Carol Dweck Revisits the "Growth Mindset"», *Education Week*, 22 de septiembre, 2015.

dado bien escuchar a los adultos, pero son muy buenos a la hora de imitarlos».[24] Es una de las citas favoritas de Dave Levin y le he visto empezar muchos talleres de formación KIPP mencionándola.

Daeun Park, una psicóloga de mi laboratorio, halló recientemente que esto es exactamente lo que ocurre. En un estudio de un año de duración sobre los alumnos del primer y segundo curso, descubrió que los profesores que les permitían gozar de privilegios especiales a los alumnos más brillantes de la clase y enfatizaban lo distintos que eran del resto les estaban inculcando sin darse cuenta una mentalidad fija.[25] A lo largo del curso, los alumnos de los profesores que actuaban de este modo acabaron prefiriendo los juegos y los problemas fáciles «para acertar en muchos». Al final del año escolar tendían más a coincidir en que «la capacidad de los alumnos brillantes siempre será la misma».

Asimismo, Carol y sus colaboradores están descubriendo que los niños tienden más a adquirir una mentalidad fija cuando sus padres reaccionan a los errores[26] como si fueran negativos y problemáticos. Esto es cierto aunque los padres afirmen tener una mentalidad de crecimiento. Nuestros hijos nos están observando a todas horas e imitan lo que hacemos.

La misma dinámica se aplica en el mundo empresarial.[27] Jennifer Chatman, profesora de la Universidad de Berkeley y sus colaboradores, les hicieron hace poco un seguimiento a empleados de las empresas de la lista Fortune 1000 para evaluar su mentalidad, motiva-

24. James Baldwin, *Nobody Knows My Name*, Vintage Books, Nueva York, 1993, págs. 61-62.

25. Daeun Park *et al.*, «Young Children's Motivational Frameworks and Math Achievement: Relation to Teacher-Reported Instructional Practices, but Not Teacher Theory of Intelligence», *Journal of Educational Psychology* (en prensa, 2015).

26. Kyla Haimovitz y Carol S. Dweck, «What Predicts Children's Fixed and Growth Mindsets? Not Their Parent's Views of Intelligence But Their Parents' Views of Failure» (manuscrito en proceso de revisión, 2015).

27. Harvard Business Review Staff, «How Companies Can Profit from a "Growth Mindset"», *Harvard Business Review*, noviembre de 2014.

ción y bienestar. Descubrieron que en cada empresa había un consenso sobre una determinada mentalidad. En las empresas con una mentalidad fija, los empleados coincidían en afirmaciones como: «En lo que se refiere a triunfar, esta empresa cree que cada empleado está dotado de un cierto talento y que no puede hacer nada para mejorarlo». Creían que la empresa solo valoraba a unos pocos empleados brillantes y que no estaba invirtiendo realmente en el desarrollo del resto. También admitieron ser aficionados al secretismo, economizar esfuerzos en el trabajo y hacer trampas para ascender en la empresa. En cambio, en las culturas con una mentalidad de crecimiento, los empleados tendían un 47 por ciento más a afirmar que sus compañeros eran de fiar, un 49 por ciento más a decir que su empresa fomentaba la innovación y un 65 por ciento más a asegurar que su empresa apoyaba la toma de riesgos.

¿Cómo *tratas* a los que rinden de maravilla? ¿Cómo reaccionas cuando alguien te decepciona?

Supongo que por más que te guste la idea de una mentalidad de crecimiento, con frecuencia te sale una fija. Al menos es lo que nos ocurre a Carol, a Marty y a mí. Sabemos cómo nos *gustaría* reaccionar cuando alguien al que supervisamos nos entrega un trabajo que no nos acaba de convencer. Nos gustaría alentarle reaccionando con calma. Deseamos responder a los errores con una actitud de: «Vale, ¿qué lección se puede sacar de esto?»

Pero somos humanos. Por eso nos sentimos frustrados con más frecuencia de la que nos gustaría. Mostramos nuestra impaciencia. Al juzgar las aptitudes de alguien, nos dejamos llevar momentáneamente por las dudas olvidándonos de la importante tarea de lo que hará a continuación para mejorar.

La realidad es que la mayoría de la gente tiene una mentalidad fija pesimista y, al mismo tiempo, una de crecimiento optimista. Advertirlo es importante, porque es fácil cometer el fallo de cambiar lo que decimos *sin* cambiar el lenguaje corporal, las expresiones faciales y la conducta.

¿Qué deberíamos hacer entonces? Una buena forma de empezar es ver la disparidad entre nuestras palabras y nuestros actos. Cuando nos equivocamos en algo —y lo *haremos*—, podemos simplemente reconocer que no es fácil desprendernos de una visión del mundo fija y pesimista. Susan Mackie, una colega de Carol, trabaja con directores ejecutivos y les anima a darle un nombre a los personajes de su mentalidad fija. Hacen observaciones como: «¡Vaya!, supongo que hoy he traído a Claire la Controladora a la reunión. Volveré a intentarlo». O «La Agobiada Olivia está intentando ocuparse de todas las exigencias contradictorias de mi trabajo, ¿puedes ayudarme a solucionarlo?»

Una actitud con más grit implica reconocer que nuestras habilidades pueden mejorar, que en realidad *crecemos*. Al igual que queremos aprender a levantarnos del suelo cuando la vida nos hace caer, también deseamos otorgar a los demás el beneficio de la duda cuando algo no les sale demasiado bien. Siempre pueden intentarlo de nuevo al día siguiente.

Hace poco llamé a Bill McNabb para conocer su punto de vista. Desde el 2008, es director ejecutivo de Vanguard, la mayor gestora de fondos del mundo.

«En Vanguard hemos hecho un seguimiento a las personas que ocupan puestos de alta dirección[28] y nos hemos preguntado por qué algunos han rendido más a largo plazo que otros. Solía usar la palabra *autocomplacencia* para describir a los que no rendían, pero cuanto más cavilo en ello, más me doy cuenta de que esta no es la razón. "Ya no puedo aprender más. Soy así y punto. Esta es mi forma de trabajar" no es más que una creencia.»

---

28. Bill McNabb, director ejecutivo de Vanguard, en una entrevista con la autora, 20 de agosto, 2015.

¿Y qué me dices de los ejecutivos extraordinarios?

«Los que han seguido rindiendo de maravilla no han dejado de hacerlo. Te siguen sorprendiendo por lo mucho que están progresando. Tenemos empleados que llegaron con un currículo que al leerlo ahora piensas: "¡Caramba! ¿Cómo es posible que se haya vuelto tan eficaz?" Y también tenemos a otros que llegaron con unas credenciales increíbles y que, sin embargo, ahora te preguntas: "¿Por qué no han progresado más?"»

Cuando Bill descubrió la investigación sobre la mentalidad de crecimiento y el grit, vio que sus intuiciones no andaban desencaminadas no solo como director ejecutivo, sino también como padre, antiguo profesor de latín de bachillerato, entrenador de remo y atleta. «Creo de verdad que cada uno creamos en nuestra cabeza teorías sobre nosotros mismos y el mundo y que esto determina lo que hacemos.»

Cuando le pregunté cuándo exactamente empezamos a crearlas, Bill repuso: «Aunque parezca mentira, yo al principio tenía una mentalidad más bien fija». Me aclaró que en parte se debía a que sus padres le hicieron participar, mientras estudiaba primaria, en un estudio de investigación de una universidad de los alrededores. Recuerda haber hecho un montón de test de inteligencia y que al final le dijeron: «Lo has hecho muy bien, vas a ser un estudiante brillante».

Durante un tiempo, este diagnóstico de su talento realizado por expertos emparejado con el éxito a una edad temprana fue como una inyección de confianza. «Me enorgullecía enormemente terminar los test mucho antes que el resto. No siempre rendía al cien por cien, pero poco me faltaba, y me gustaba no tener que esforzarme al máximo para ello.»

Bill atribuye la mentalidad de crecimiento que adquirió más tarde a haber formado parte del equipo de remo de la universidad. «Nunca antes había remado, pero descubrí que me gustaba el agua. Estar al aire libre. Hacer ejercicio. Me enamoré de este deporte.»

El remo fue lo primero que quiso hacer bien, aunque esta vez tuvo que esforzarse en serio. «No era un remador nato. Al principio cometía muchos fallos —me contó—. Pero perseveré y al final comencé a mejorar. De pronto, le había encontrado el sentido: "Agacha la cabeza y rema con fuerza. Es muy importante hacerlo con energía".» Al final del primer año de estudios, ya formaba parte del equipo juvenil de remo. A mí me pareció una buena oportunidad, pero Bill me explicó que estadísticamente no tendría la más mínima posibilidad de formar parte del equipo universitario. Aquel verano se quedó en el campus para entrenar durante todo el periodo vacacional.

El intenso entrenamiento dio sus frutos. Bill fue ascendido a «marca» del equipo juvenil, el encargado de marcar el ritmo de los otros siete remeros. Durante aquella temporada uno de los remadores del equipo universitario se lesionó y Bill al sustituirlo demostró todo lo que era capaz de dar de sí. Por lo que él y el capitán del equipo cuentan, lo hizo de maravilla. Pero cuando el remero se recuperó de la lesión, el entrenador volvió a bajar de categoría a Bill.

«Ese entrenador era de ideas fijas, no podía creer que yo hubiera mejorado tanto.»

Hubo más altibajos, pero la mentalidad de crecimiento de Bill hizo que no cesara de mejorar. «Como en varias ocasiones estuve a punto de rendirme y no lo llegué a hacer, aprendí una lección que nunca olvidaré. La lección fue que cuando te enfrentas a altibajos y derrotas, es mejor tomártelos con calma. Debes establecer distancia, analizarlos y aprender de ellos. Sin perder el optimismo.»

¿Cómo le ayudó esta lección más tarde en la vida? «En mi carrera ha habido momentos en los que me he venido abajo. Veía que subían de categoría a otros antes que a mí. Yo quería hacer las cosas de un modo y ellos las hacían de otro. En esos momentos me decía: "Si sigues trabajando duro y aprendiendo, acabarás saliéndote con la tuya".»

«Lo que no me mata me hace más fuerte»,[29] dijo Nietzsche en una ocasión. Kanye West y Kelly Clarkson reflejan el mismo sentimiento[30] y hay una razón por la que no cesamos de repetírnoslo. Muchos recordamos momentos de nuestra vida en los que, como Bill Mc-Nabb, al superar un reto nos sentimos más llenos de confianza[31] que al principio.

Como lo ilustra, por ejemplo, el curso Outward Bound que envía a adolescentes o a adultos a vivir en medio de la naturaleza con instructores experimentados, normalmente durante varias semanas. Desde que se creó hace medio siglo, las premisas del Outward Bound —el nombre hace alusión a una embarcación zarpando rumbo a mar abierto— han sido que las experiencias duras que nos plantea la naturaleza nos ayudan a «seguir una meta con tenacidad»[32] y «un espíritu inquebrantable». En realidad, numerosos estudios han revelado que este curso de montañismo aumenta la independencia, la confianza, la asertividad y la creencia en que la mayoría de las veces podemos controlar lo que nos sucede en la vida. Es más, estos beneficios tienden a aumentar,[33] en lugar de a disminuir, a los seis meses de haber hecho el curso.

---

29. Friedrich Nietzsche, *The Anti-Christ, Ecce Homo, Twilight of the Idols: and Other Writings*, ed. Aaron Ridley, trad. Judith Norman, Cambridge University Press, Cambridge, Reino Unido, 2005, pág. 157.

30. Kanye West, «Stronger», *Graduation*, 2007. Kelly Clarkson canta una versión popularizada de la frase: «Lo que no te mata te hace más fuerte», en «Stronger (What Doesn't Kill You)», *Stronger*, 2011.

31. De hecho, la idea sobre que el sufrimiento nos hace más fuertes existe desde tiempos inmemoriales. En todas las tradiciones religiosas importantes hay una parábola sobre la importancia del sufrimiento para alcanzar la iluminación. «Pasión» viene de *pati*, que en latín significa «sufrir». *OED* Online, Oxford University Press, septiembre de 2015.

32. Para obtener más información sobre el Outward Bound, véase www.outwardbound.org.

33. John A. Hattie, Herbert W. Marsh, James T. Neill y Garry E. Richards, «Adventure Education and Outward Bound: Out-of-Class Experiences That Make a Lasting Difference», *Review of Educational Psychology* 67, 1997, págs. 43-87.

Al mismo tiempo, no se puede negar que lo que no nos mata a veces nos *debilita* más aún. Como lo ilustran, por ejemplo, los perros que recibieron descargas eléctricas sin poder controlarlas. Una tercera parte de los perros superaron esta adversidad, pero no hay ninguna prueba de que los que sufrieron la situación estresante sin poder hacer nada se beneficiaran de la experiencia de algún modo. Al contrario, desde entonces la mayoría se volvieron mucho más vulnerables[34] al sufrimiento.

Por lo visto, unas veces lo que no nos mata nos hace más fuertes y otras, más débiles. Pero la pregunta más apremiante es: ¿cuándo? ¿Cuándo una dificultad lleva a la esperanza y cuándo, a la desesperanza?

Hace algunos años, Steve Maier y sus alumnos[35] concibieron un experimento casi idéntico al que él había llevado a cabo con Marty Seligman cuarenta años atrás: un grupo de ratas de laboratorio recibían descargas eléctricas, pero si giraban una ruedecita con las patas delanteras, detenían las descargas hasta la siguiente prueba. Un segundo grupo recibía la misma cantidad de descargas eléctricas que el primero, pero sin tener ningún control sobre su duración.

Una diferencia fundamental era que, en el nuevo experimento, las ratas solo tenían cinco semanas de vida, es decir, la adolescencia en el ciclo vital de una rata. Una segunda diferencia era que los efectos de esta experiencia se evaluaron al cabo de cinco semanas, cuando las ratas habían alcanzado la adultez. En aquel momento, las ratas de ambos grupos fueron sometidas a descargas eléctricas incontrolables y, al día siguiente, las observaron en un test de exploración social.

Steve descubrió que las ratas adolescentes que vivieron el estresante episodio *sin* poder controlarlo, en la adultez tras recibir descargas

---

34. Maier y Seligman, «Learned Helplessness».

35. Kenneth H. Kubala *et al*., «Short- and Long-Term Consequences of Stressor Controllability in Adolescent Rats», *Behavioural Brain Research* 234, 2012, págs. 278-284.

eléctricas por segunda vez, se comportaron con timidez. Esto no era inusual, habían aprendido a sentirse desvalidas al igual que cualquier otra rata hubiera hecho. En cambio, las ratas adolescentes que vivieron el episodio estresante que *podían* controlar se volvieron más atrevidas al crecer, y lo más sorprendente es que parecían estar inmunizadas contra la indefensión aprendida en la adultez. Y así era, cuando esas «ratas resilientes» crecieron, los procedimientos habituales de las descargas eléctricas incontrolables ya no les hacían sentirse indefensas.

En otras palabras, lo que no mató a las ratas adolescentes al poder *controlar* la situación con sus propios esfuerzos las hizo más fuertes de por vida.

Cuando me enteré del nuevo experimento de Steve Maier, no pude resistir ir a verle. Fui en avión a Colorado.

Steve me llevó a dar una vuelta por su laboratorio y me mostró las jaulas especiales equipadas con ruedecitas que al girar interrumpían la corriente de las descargas eléctricas. Después, el estudiante de posgrado que se ocupaba del experimento de las ratas adolescentes que acabo de describir dio una charla sobre los circuitos del cerebro y los neurotransmisores implicados. Cuando por fin Steve y yo nos sentamos a conversar, le pedí que me explicara, basándose en este experimento y en todo lo que había estado haciendo en su larga y distinguida carrera, la neurobiología de la esperanza.

Steve reflexionó un momento.

«Te lo explicaré en pocas palabras. En el cerebro tenemos muchas zonas que responden a las experiencias desagradables. Como la amígdala. En realidad, hay un montón de áreas límbicas que responden al estrés.»[36]

---

36. Steven F. Maier, profesor de psicología y director del Centro para la Neurociencia de la Universidad de Colorado en Boulder, en una entrevista con la autora, 2 de abril, 2015.

Asentí.

«Estas estructuras límbicas están reguladas por las áreas superiores del cerebro, como la corteza prefrontal. Por lo que si tienes una estimación, un pensamiento, una idea —llámalo como quieras— que te dice: "¡Espera, puedo hacer algo al respecto!", o "¡No es tan malo después de todo!", o algo por el estilo, se activan en la corteza esas estructuras inhibidoras. Te envían un mensaje: "¡Cálmate! No te actives tanto. ¡Hay algo que puedes hacer!"»

Lo capté. Pero seguía sin acabar de entender por qué Steve había decidido experimentar con ratas adolescentes.

«La historia a largo plazo requiere una mayor explicación —prosiguió—. Creemos que se da una plasticidad en ese circuito. Si en la adolescencia vives una desgracia —un episodio muy fuerte— y lo superas por ti mismo, más tarde aprendes a enfrentarte a las adversidades de otra forma. Aunque es importante que el episodio sea muy fuerte, porque esas áreas del cerebro tienen que formar conexiones de algún modo y esto no ocurre cuando te sucede un pequeño contratiempo.»

«¿O sea que es *posible* enseñar a alguien a manejar grandes retos?»

«Exactamente. Pero no basta con enseñárselo. Para que se formen esas conexiones en el cerebro es necesario activar la red vinculada con el control y la de las áreas inhibidoras inferiores al mismo tiempo. Es lo que sucede cuando logras dominar una situación difícil.»

«¿Y qué ocurre si toda la vida te has estado enfrentando a situaciones difíciles *sin* poder controlarlas?»

«Los niños pobres me preocupan mucho —apuntó Steve—. Viven muchas experiencias de indefensión. No viven bastantes en las que consiguen dominar la situación. No están aprendiendo "Puedo hacer esto, triunfaré en aquello". Tengo la teoría de que estas vivencias tempranas tienen efectos muy duraderos. Necesitas aprender que hay una relación entre tus acciones y lo que te ocurre: "Si haces algo, ocurre algo".»

Las investigaciones científicas revelan claramente que vivir un trauma sin poder controlar la situación es debilitante. Pero también me preocupan las personas que van por la vida sin sufrir el menor revés durante mucho tiempo, hasta que de pronto se enfrentan a su primer fracaso. Apenas tienen práctica en caerse al suelo y volver a levantarse. Tienen muchas razones para adquirir una mentalidad fija.

Veo a muchos estudiantes brillantes con una vulnerabilidad que no se aprecia a simple vista perder el equilibrio e intentar levantarse de nuevo. Los llamo los «frágiles perfectos». A veces me los encuentro en mi despacho después de un examen de mitad de trimestre o del examen final. Enseguida se hace patente que estos estudiantes tan brillantes y maravillosos saben triunfar, pero no saben fracasar.

El año pasado estuve en contacto con Kayvon Asemani, un alumno de primer año en la Universidad de Pensilvania. Tiene la clase de currículo que te hace decirte preocupada que es un frágil perfecto: en el instituto lo eligieron para dar el discurso de despedida al final del curso por ser el alumno más brillante, fue el presidente del consejo estudiantil, un atleta excepcional... la lista continúa.

Pero puedo asegurar que Kayvon es la personificación de la mentalidad de crecimiento y del optimismo. Nos conocimos cuando hacía el último curso en la Escuela de Milton Hershey,[37] un internado gratuito fundado por el chocolatero Milton Hershey para chicos huérfanos y, hasta el día de hoy, un refugio para niños de entornos sumamente desfavorecidos. Kayvon y sus hermanos acabaron en Hershey justo antes de que Kayvon hiciera quinto, un año después

---

37. No es una casualidad que Milton Hershey ejemplifique el grit, ya que tras haber montado varias compañías que no funcionaron, acabó elaborando a base de probar y cometer errores, una fórmula para el chocolate con leche que convertiría al cabo de poco a su compañía en la compañía chocolatera más grande del mundo. Él y su mujer al no poder tener hijos fundaron la Escuela Hershey, una institución filantrópica que posee una participación mayoritaria de las acciones de la compañía Hershey. Para obtener más información sobre la Escuela de Milton Hershey y su fundador, entra en www.mhskids.org.

de que su padre estuviera a punto de matar a su madre por estrangulamiento, dejándola en un estado de coma permanente.

Kayvon progresó en Hershey. Descubrió su pasión por la música al tocar el trombón en dos bandas de la escuela. Y también descubrió el liderazgo, dando discursos ante políticos estatales, creando una página web de noticias escolares dirigida por los alumnos, presidiendo comités que recaudaban decenas de miles de dólares para obras benéficas y, en el último año, siendo el encargado de representar a los estudiantes en el consejo.

En enero, Kayvon me envió un correo electrónico comunicándome cómo le había ido en su primer semestre. «He acabado el primer semestre con un 3,5 —me escribió—. Tres sobresalientes y un aprobado. Esta nota no acaba de convencerme. Sé lo que hice bien como para sacar sobresalientes y lo que hice mal como para sacar un aprobado.»

En lo que se refiere a su nota más baja, añadió: «Obtuve un aprobado en economía porque estaba deprimido por mis pensamientos conflictivos sobre este lugar y por si encajaba en él... Estaba clarísimo que podía sacar más de un 3,5, como mínimo un 4,0. Mi mentalidad del primer semestre era que podía aprender mucho de esos chicos. Mi nueva mentalidad de ahora es que tengo muchas cosas para enseñarles».

El semestre de primavera tampoco fue viento en popa. Kayvon sacó unos cuantos sobresalientes, pero no rindió tanto como yo esperaba en sus dos cursos de metodología cuantitativa. Hablamos brevemente sobre la opción de transferirle de Wharton, la sumamente competitiva Escuela de Negocios de la Universidad de Pensilvania, y le señalé que no había nada malo en cambiar de especialidad. Kayvon no tenía ninguna duda al respecto.

En una parte del correo que me envió en junio me decía: «Las cifras y los conceptos cuantitativos siempre me han costado. Pero acepto el reto, sacaré todo el grit que tengo para mejorar y rendir más todavía, aunque signifique graduarme con una nota media más baja de la que hubiera obtenido si me hubiera especializado en algo que no requiere manejar cifras».

No me cabe la menor duda de que Kayvon se seguirá levantando del suelo una y otra vez, aprendiendo y progresando siempre.[38]

Lo que he expuesto se sintetiza así: una mentalidad fija sobre la capacidad propia lleva a formular explicaciones pesimistas de las adversidades, y esto a su vez lleva a renunciar a los retos y a evitarlos. Mientras que una mentalidad de crecimiento lleva a una forma optimista de explicarlas, por lo que fomenta la perseverancia y la búsqueda de nuevos retos que nos harán más fuertes aún.

mentalidad $\rightarrow$ diálogo interior $\rightarrow$ perseverancia
de crecimiento   optimista   ante la adversidad

Mi consejo para aprender a tener esperanza es dar cada paso en el orden de la secuencia anterior, y preguntarse: «¿Qué puedo hacer para fomentar este aspecto?»

Mi primera sugerencia para ello es *que actualices tus creencias sobre la inteligencia y el talento.*

Cuando Carol y sus colaboradores intentan convencer a la gente de que la inteligencia, o cualquier otra capacidad, puede mejorar con el esfuerzo, empieza explicando la arquitectura del cerebro. Por ejemplo, cita un estudio publicado en *Nature,* la revista científica más prestigiosa del mundo, en el que se hizo un seguimiento al desarrollo del cerebro de los adolescentes. En muchos de los adolescentes de este estudio la puntuación del test de inteligencia[39] fue

---

38. Si deseas escuchar la música de Kayvon, entra en www.kayvonmusic.com.

39. Sue Ramsden *et al.,* «Verbal and Non-Verbal Intelligence Changes in the Teenage Brain», *Nature* 479, 2011, págs. 113-116.

aumentando desde los catorce años —la edad a la que empezó el estudio—, hasta los dieciocho —cuando concluyó—. Este hecho —que la puntuación del test de inteligencia no es la misma a lo largo de la vida— nos suele sorprender. Es más, prosigue Carol, los mismos adolescentes revelaron cambios considerables en la estructura cerebral. «Los que mejoraron sus habilidades matemáticas reforzaron las áreas del cerebro relacionadas con esta asignatura, y lo mismo ocurrió con las aptitudes para la lengua inglesa.»

Carol también explica que el cerebro es asombrosamente adaptativo. Como un músculo que se robustece al ejercitarlo, el cerebro cambia cuando intentamos superar un nuevo reto. A decir verdad, no hay una sola etapa de la vida en la que siga siendo el «mismo». A lo largo de toda ella las neuronas pueden crear nuevas conexiones con otras y reforzar las existentes. Además, durante la adultez tenemos la capacidad de producir mielina,[40] una especie de capa aislante que protege las neuronas y agiliza las señales que circulan por ellas.

Mi siguiente sugerencia es que *practiques el diálogo interior optimista.*

El vínculo entre la terapia cognitiva conductual y la indefensión aprendida llevó a la creación del «entrenamiento para adquirir

40. Carol S. Dweck, «The Secret to Raising Smart Kids», *Scientific American* 23, 2015. Lisa S. Blackwell, Kali H. Trzesniewski y Carol S. Dweck, «Implicit Theories of Intelligence Predict Achievement Across an Adolescent Transition: A Longitudinal Study and in Intervention», *Child Development* 78, 2007, págs. 246-263. Joshua Aronson, Carrie B. Fried y Catherine Good, «Reducing the Effects of Stereotype Threat on African American College Students by Shaping Theories of Intelligence», *Journal of Experimental Psychology* 38, 2002, págs. 113-125. David Paunesku *et al.*, «Mind-Set Interventions Are a Scalable Treatment for Academic Underachievement», *Psychological Science*, 2015, págs. 1-10. Allyson P. Mackey, Kirstie J. Whitaker y Silvia A. Bunge, «Experience-Dependent Plasticity in White Matter Microstructure: Reasoning Training Alters Structural Connectivity», *Frontiers in Neuroanatomy* 6, 2012, págs. 1-9. Robert J. Zatorre, R. Douglas Fields y Heidi Johansen-Berg, «Plasticity in Gray and White: Neuroimaging Changes in Brain Structure During Learning», *Nature Neuroscience* 15, 2012, págs. 528-536.

resiliencia».[41] Básicamente, este programa interactivo es una dosis preventiva de terapia cognitiva conductual. En un estudio, los niños que completaron este entrenamiento mostraron niveles más bajos de pesimismo y menos síntomas de depresión a lo largo de los dos años siguientes. En otro estudio similar, los universitarios pesimistas experimentaron menos ansiedad los dos años siguientes y menos depresiones en un periodo de tres años.

Si al leer este capítulo te reconoces como una persona sumamente pesimista, te aconsejo que recurras a un terapeuta cognitivo conductual. Sé lo molesto que puede parecer este consejo. Hace muchos años, en la adolescencia, escribí a Querida Abby (famosa columna de consejos) para contarles un problema que tenía. «Ve a ver a un terapeuta», me contestaron. Recuerdo que hice trizas la carta, furiosa por no haberme propuesto una solución más clara, rápida y directa. Sin embargo, sugerirte que leer veinte páginas sobre la ciencia de la esperanza baste para eliminar una actitud pesimista muy arraigada es una ingenuidad. La terapia cognitiva conductual[42] y el entrenamiento para adquirir resiliencia son demasiado complejos como para resumirlos en pocas palabras.

---

41. El Curso de Resiliencia de la Universidad de Pensilvania fue creado por Jane Gillham, Karen Reivich y Lisa Jaycox. Este curso universitario enseña a los estudiantes habilidades cognitivo-conductuales y socioemocionales sirviéndose de juegos de roles, juegos y actividades interactivas. Véase J. E. Gillham, K. J. Reivich, L. H. Jaycox y M. E. P. Seligman, «Preventing Depressive Symptoms in Schoolchildren: Two Year Follow-up», *Psychological Science* 6, 1995, págs. 343-351. Martin E. P. Seligman, Peter Schulman, Robert J. DeRubeis y Steven D. Hollon, «The Prevention of Depression and Anxiety», *Prevention and Treatment* 2, 1999. Ten en cuenta que un estudio metaanalítico reciente ha confirmado los beneficios del curso a lo largo de los doce meses siguientes a la intervención, comparado con las condiciones del grupo de control que no siguió ningún tratamiento activo de esta índole: Steven M. Brunwasser, Jane E. Gillham y Eric S. Kim, «A Meta-Analytic Review of the Penn Resiliency Program's Effect on Depressive Symptoms», *Journal of Consulting and Clinical Psychology* 77, 2009, págs. 1042-1054.

42. Para obtener más información sobre la terapia cognitiva, véase www.beckinstitute.org.

Lo más importante es que puedes cambiar tu diálogo interior y aprender a no dejar que te impida alcanzar tus objetivos. A base de práctica y ayuda, puedes cambiar tu forma de pensar, sentir y, sobre todo, de actuar cuando las cosas se pongan difíciles.

Y para concluir esta segunda parte del libro, «Desarrolla el grit desde dentro», te sugiero finalmente que aprendas a tener esperanza: *pídele a alguien que te eche una mano.*

Hace varios años conocí a Rhonda Hughes, una matemática jubilada. En su familia nadie había ido nunca a la universidad, pero de niña le gustaban las matemáticas mucho más que la taquigrafía. Rhonda acabó doctorándose en Matemáticas y, después de que setenta y nueve universidades rechazaran sus solicitudes para un puesto de profesora, aceptó un trabajo en la única que se lo ofreció.

Rhonda se puso en contacto conmigo entre otras razones porque no estaba de acuerdo con un elemento de la Escala del Grit. «No estoy de acuerdo con la frase "Los reveses no me desalientan". No tiene sentido. Me refiero a que todos nos desanimamos ante los reveses. A mí me pasa. Creo que tendrías que cambiarla por «Los reveses no me desalientan *por demasiado tiempo, enseguida vuelvo a levantarme*».[43]

Por supuesto, Rhonda tenía razón y cambié textualmente la frase tal como me había sugerido.

Pero lo más importante de la historia de Rhonda es que casi nunca se levantó por sí sola. Se le ocurrió que pedir ayuda era una buena forma de seguir teniendo esperanza.

Esta es una de las historias que me contó: «Tenía un mentor que sabía, incluso antes que yo, que iba a ser una matemática. Todo empezó cuando saqué una nota muy baja en uno de sus exámenes y al ir a verle rompí a llorar desconsoladamente. De pronto, él se levantó de un brinco y sin mediar palabra, salió a toda prisa del despacho. Al

---

43. Rhonda Hughes, Helen Herrmann, profesora emérita de matemáticas en la Universidad de Bryn Mawr y cofundadora del programa EDGE, en una conversación con la autora, 25 de mayo, 2013.

volver, me dijo: "Jovencita, deberías ir a una escuela de posgrado especializada en matemáticas. Estás en los cursos equivocados". Y me comunicó todos los cursos que *debería* estar haciendo y las promesas de otra facultad dispuesta a ayudarme».

Hace unos veinte años Rhonda cocreó el Programa EDGE con Sylvia Bozeman, una colega suya matemática. EDGE es la sigla de Enhancing Diversity in Graduate Education [Por la diversidad en la educación universitaria], y su misión es apoyar a las mujeres y a los estudiantes pertenecientes a minorías a doctorarse en Matemáticas. «La gente cree que las matemáticas requieren un talento especial —apuntó Sylvia—. Un talento innato. Pero Rhonda y yo no cesamos de decirles: la capacidad para las matemáticas se *desarrolla. ¡No te rindas!*»[44]

«En mi carrera ha habido muchos momentos en los que he querido dejarlo, rendirme y hacer algo más fácil —me contó Rhonda—. Pero siempre ha habido alguien que, de una manera u otra, me ha dicho que siguiera adelante. Creo que todo el mundo necesita alguien así. ¿No te parece?»

---

44. Sylvia Bozeman, profesora emérita de matemáticas en la Universidad de Spelman, en un intercambio mantenido por correo electrónico con la autora, 14 de octubre, 2015. Sylvia ha hecho unas observaciones parecidas en Edna Francisco, «Changing the Culture of Math», *Science*, 16 de septiembre, 2005. Ten en cuenta que a veces no tenemos a nadie que nos anime a seguir adelante. En estos casos la psicóloga Kristin Neff sugiere que pensemos en lo que le diríamos a un amigo que se está enfrentando a una situación parecida y nos digamos con ternura y comprensión en nuestro interior unas palabras parecidas.

TERCERA PARTE
Desarrolla el grit desde fuera

10

Infúndeles grit a los tuyos

¿Qué puedo hacer para infundir grit a los míos?
Me hacen esta pregunta al menos una vez al día.

A veces es un entrenador, otras un emprendedor o un director ejecutivo. La semana pasada, fue un profesor de cuarto curso y la anterior, un profesor de matemáticas de una universidad. También me la han formulado generales del ejército y almirantes de la marina, pero con más frecuencia me la plantean madres o padres a quienes les preocupa que su hijo no llegue a desarrollar su potencial en la vida.

Todos los que me la formulan piensan como padres, aunque *no* lo sean. La palabra inglesa *parenting* procede del latín y significa «alumbrar». Si pides consejo sobre cómo ayudar a los tuyos a alumbrar interés, práctica, propósito y esperanza, estás actuando como un padre.

Cuando, cambiando las tornas, les pregunto cómo intuyen que pueden «infundirles grit» a los suyos, escucho distintas respuestas.

Algunos creen que el grit se forja en el crisol de las adversidades. Otros se apresuran a parafrasear a Nietzsche: «Lo que no te mata te hace más fuerte».[1] Esta clase de invocaciones trae a la memoria la ima-

---

1. Cuando oigo esta frase, a veces interrumpo a mi interlocutor para explicarle que en realidad la investigación de Steve Maier revela que encontrar el modo de *dejar de sufrir* es lo que nos hace más fuertes.

gen de madres con el ceño fruncido y de padres gritándoles a sus hijos en el campo de juego que ni se les ocurra perder el partido, o encadenándoles al taburete del piano o al atril del violín, o aleccionándoles por el pecado de haber sacado un nueve en lugar de un diez.

Este punto de vista supone que ofrecer un apoyo cariñoso y ser sumamente exigente son los dos extremos de un continuo, con los padres autoritarios escorados a la derecha del centro.

Si hace un siglo le hubiera preguntado a la gente lo que opinaba al respecto, me habría encontrado con el punto de vista de John Watson, por aquel entonces catedrático de psicología en la Universidad Johns Hopkins.

En *Psychological Care of Infant and Child*, su manual sobre la crianza de los hijos de 1928 que se convirtió en un superventas, Watson habla largo y tendido sobre cómo criar a un niño «que se entrega al trabajo y al juego, aprende rápidamente a superar las pequeñas dificultades de su entorno... y que finalmente llega a la adultez provisto de hábitos emocionales sanos que ninguna adversidad hace mella en él».[2]

Estos son los consejos de Watson: «No les abracéis ni les beséis. No les dejéis que se sienten en vuestro regazo. Si no os queda más remedio, dadles un beso en la frente cuando os den las buenas noches. Recibidlos por la mañana estrechándoles la mano. Dadles una palmadita en la cabeza[3] si se lucen de forma extraordinaria en una tarea difícil». Watson aconseja además dejar que resuelvan sus problemas por sí solos «casi desde que nacen», cambiando de cuidadores de vez en cuando para que no le cojan un cariño enfermizo a ningún adulto, y evitar rodearles de una profusión de mimos que les impediría «conquistar el mundo».

---

2. John B. Watson, *Psychological Care of Infant and Child*, Unwin Brothers, Londres, 1928, pág. 14.

3. Ibíd., pág. 73.

De vez en cuando la gente se decanta por la postura contraria. Está convencida de que la perseverancia y sobre todo la pasión florecen cuando los niños reciben mucho afecto y apoyo incondicional. Estos campeones de una crianza más afectuosa y dulce defienden los grandes abrazos y mimos. Y señalan que los niños son, por naturaleza, criaturas que buscan los retos con un deseo innato de alcanzar un alto nivel de competencia que solo necesita recibir un amor y afecto incondicional para revelarse. Afirman que en cuanto se liberan de las exigencias de unos padres imperiosos, se dejan llevar por sus intereses intrínsecos, mostrando una práctica disciplinada y una gran fortaleza ante los reveses.

En el continuo entre unos padres solidarios y otros exigentes, los partidarios de este enfoque permisivo «centrado en los hijos» se encontrarían a la izquierda del centro.

¿Cuál de estas dos posturas es la acertada? ¿Se forja el grit en el crisol de unas exigencias implacables o se fomenta en el cálido abrazo de un tierno apoyo?

Como científica, me siento tentada a responder que se necesitan llevar a cabo más investigaciones al respecto. Se han realizado muchas sobre la crianza de los hijos, y algunas sobre el grit, pero todavía no existe ninguna sobre la crianza *y* el grit.

Pero como madre de dos hijas adolescentes no tengo tiempo de esperar a disponer de todos los datos. Como los padres que *me* hacen esta pregunta, tengo que tomar decisiones hoy mismo. Mis niñas están creciendo y cada día de su vida mi marido y yo las estamos educando para mejor o para peor. Es más, como profesora y directora de un laboratorio, interactúo con un montón de jóvenes y también me gustaría inculcarles grit.

Para resolver el debate he decidido demostrar las evidencias de cada postura. Como defensor de una crianza estricta y a la antigua he elegido a Steve Young (estrella del fútbol americano y modelo del grit, cuya educación mormona incluía levantarse temprano para repatir periódicos, asistir a clase de religión antes de ir al colegio y la prohibición terminante de soltar palabrotas y beber alcohol). Y como defensora de una postura más liberal he elegido a Francesca Martínez (cómica británica sin pelos en la lengua, hija de padre escritor y de madre ecologista, cuyos progenitores, cuando tenía dieciséis años, le permitieron dejar el instituto y ni se inmutaron cuando tituló su autobiografía *What the **** Is Normal?*).

Empezaré por Steve Young.

El legendario *quarterback* de los 49ers de San Francisco recibió de forma consecutiva el título del Mejor Jugador en la Liga Nacional de Fútbol Americano. Y fue elegido como el Mejor Jugador en la vigesimonovena Super Bowl, en la que batió un récord al realizar seis pases de anotación. Cuando se retiró cubierto de gloria, era el *quarterback* más valorado en la historia de la NFL, la liga profesional estadounidense.

«Mis padres fueron mis cimientos[4] —afirmó Steve en una ocasión—. Ojalá todo el mundo tuviera una buena educación.»

La siguiente historia lo ilustra a la perfección.

Aunque Steve había sido la estrella en el equipo de fútbol americano del instituto y todas las universidades del país querían reclutarlo para su equipo, se matriculó en la Universidad Brigham Young y fue el octavo *quarterback*. Como los otros siete restantes se interponían entre Steve y el tiempo de juego, su entrenador lo relegó al «equipo de las hamburguesas», formado por los jugadores menos valiosos cuyo papel principal era hacer jugadas ofensivas para que la defensa de la UBY pudiera practicar.

«Quería irme a casa —rememoró Steve—. Durante el primer semestre asistía a clases con los petates hechos... recuerdo haber

---

4. Don Amore, «Redemption for a Pure Passer?», *Hartford Courant*, 29 de enero, 1995.

llamado a mi padre para decirle: "Los entrenadores ni siquiera saben cómo me llamo. Para ellos no soy más que un maniquí para que la defensa practique. Papá, es horrible. Me he llevado una buena decepción... y creo que me gustaría volver a casa".»[5]

Su padre, al que Steve describe como un «tipo muy duro», le respondió: «Déjalo si quieres... Pero no vuelvas, porque no pienso vivir con un perdedor. Ya sabes cómo soy, hijo. No te quiero en casa».[6] Steve siguió en el equipo.

Durante toda la temporada deportiva, Steve era el primero en presentarse a entrenar y el último en irse. Cuando el equipo terminaba de entrenar se dedicaba a hacer su entrenamiento privado. «En un extremo del campo de juego colgaba una red enorme. Con el balón en la mano practicaba el juego de pies de tres pasos y lo lanzaba contra la red. Desde principios de enero hasta finales de febrero hice más de 10.000 lanzamientos.[7] El brazo me dolía. Pero quería ser un *quarterback*.»

En el segundo año de carrera Steve fue promovido de octavo a segundo *quarterback*. En el tercero ya se había convertido en un *quarterback* portentoso de la UBY. Y en el último año recibió el premio Davey O'Brien por ser el *quarterback* más destacado del país.

Hubo varias otras ocasiones en su carrera deportiva en las que se desanimó. Cada vez, quiso dejarla. Y cada vez se lo suplicaba a su padre, pero él no se lo permitió.

Uno de sus primeros momentos difíciles fue cuando jugaba a béisbol en secundaria. «Tenía trece años y en toda la temporada no

---

5. *Grit: The True Story of Steve Young*, dirigida por Kevin Doman, Cedar Fort, KSL Television y HomeSports, 2014, DVD.

6. Ibíd.

7. Steve Young con Jeff Benedict, «Ten Thousand Spirals», capítulo del libro de próxima publicación, 2015, www.jeffbenedict.com/index.php/blog/389-ten-thousand-spirals.

había conseguido batear la pelota una sola vez, la situación era cada vez más bochornosa.[8] Partido tras partido era lo mismo.» Al terminar la temporada, Steve se lo contó a su padre. «Mi padre, mirándome a los ojos, me dijo: "No lo dejes.[9] Estás hecho para el béisbol, así que vuelve y practica".» Steve y su padre volvieron al campo. «Recuerdo que llovía, caía aguanieve, nevaba… estaba helado y me sentía fatal, y él me lanzaba la pelota para que yo la bateara.»[10] En el último año del instituto, Steve era el capitán del equipo de béisbol. Su promedio de bateo era excelente.

Una de las lecciones en que Steve se apoyó durante los cuatro años que estuvo en el banquillo con los 49ers de San Francisco fue que la persistencia acaba dando sus frutos. En vez de pedir que lo traspasaran a otro equipo, decidió aprender con Joe Montana, el asombroso *quarterback* que como capitán hizo que su equipo ganara cuatro Super Bowl. «Si quería descubrir lo bueno que podía llegar a ser, tenía que quedarme en San Francisco y aprender, aunque fuera durísimo… y muchas veces pensé en dejarlo… oía abucheos durante las noches que no podía dormir, pero me daba miedo llamar a mi padre. Sabía que me diría: "Aguanta hasta el final, Steve".»[11]

En este punto de mi relato del improbable ascenso de Steve Young, tal vez concluyas que los padres de los niños con pasión y perseverancia son autoritarios. Que son tan exigentes que apenas ven las necesidades de sus hijos.

---

8. Doman, *Grit: The True Story.*

9. Christopher W. Hunt, «Forever Young, Part II: Resolve in the Face of Failure», *Greenwich Time*, 2 de febrero, 2013.

10. Doman, *Grit: The True Story.*

11. The Pro Football Hall of Fame, «Steve Young's Enshrinement Speech Transcript», 7 de agosto, 2005.

Pero antes de que saques tus conclusiones quiero que conozcas a los padres de Steve, Sherry y LeGrande Young. Ten en cuenta que LeGrande prefiere conservar el apodo de su infancia que ilustra de maravilla su forma de encarar la vida: «Grit» (pasión y perseverancia). «Es una persona tenaz que no se queja por nada —dijo en una ocasión Mike, el hermano de Steve, sobre su padre, que es abogado—. El apodo le va como anillo al dedo.»[12]

Cuando trabajaba, Grit Young rara vez faltó un día al trabajo. Hace unos veinticinco años, mientras hacía ejercicio en un gimnasio de su barrio, un compañero le retó a una competición de abdominales. Un año más tarde, ambos eran capaces de hacer mil cada uno. Su compañero dio el reto por terminado, pero Grit decidió competir consigo mismo. Siguió practicando durante años hasta ser capaz de hacer diez mil abdominales de un tirón.[13]

Cuando llamé a los padres de Steve para hablar de su famoso hijo y de su forma de criarlo, esperaba que me recibieran con una actitud severa y formal. Pero lo primero que me dijo Sherry fue: «¡Nos alegramos mucho de hablar contigo! ¡Steve es un gran chico!»[14] Grit terció bromeando que dado mi campo de estudio, no entendía cómo había tardado tanto en dar con ellos.

Me puse cómoda y me recliné en la silla mientras me contaban cómo habían aprendido a trabajar duro desde la infancia. «Nuestros padres eran granjeros —me contó Sherry—. Todas sus esperanzas estaban puestas en nosotros.» A los diez años Sherry recogía cerezas. Y Grit también, y además para poder comprarse guantes y equipamiento de béisbol, cortaba céspedes, repartía periódicos en bicicleta y trabajaba en cualquier faena agrícola que le saliera.

---

12. Doman, *Grit: The True Story*.

13. Kevin Doman, «Grit: The True Story of Steve Young», *Deseret News*, 4 de abril, 2014.

14. Sherry y Grit Young, los padres de Steve Young, en una entrevista con la autora, 23 de agosto, 2015.

Cuando llegó la hora de criar a sus hijos, tanto Sherry como Grit decidieron no ponerles las cosas fáciles. «Mi meta era enseñarles a ser disciplinados —dijo Grit—.Y a ganárselo todo a base de esfuerzo como yo había hecho. Estas cosas tienes que aprenderlas. No te salen por sí solas. Para mí era importante enseñarles a terminar lo que habían empezado.»

Muy claramente les hicieron saber a sus hijos que *tenían* que llevar a cabo hasta el final lo que empezaban. «Les dijimos que tenían que acabar todo lo que empezaban. Que no podían decir: "¡Oh!, estoy cansado". Que cuando uno se compromete con algo lo termina, cueste lo que cueste. Que habrá momentos en los que quisiéramos arrojar la toalla, pero que tenemos que llegar hasta el final.»

Parecen estrictos, ¿no? Lo eran. Pero si les escuchas atentamente, descubrirás que los Young también eran padres que apoyaban a sus hijos de una manera impresionante.

Steve cuenta que en una ocasión, mientras jugaba a los nueve años en el equipo de fútbol americano de Pop Warner —una organización juvenil—, un rival lo derribó con un placaje ilegal. Al alzar la vista tumbado en el suelo, vio a su madre pasar por su lado como una flecha aún con el bolso en la mano, para agarrar por las hombreras al chico del equipo contrario y advertirle que *no* volviera a placar ilegalmente a Steve. A medida que Steve y sus hermanos crecían, su casa se convirtió en un punto de encuentro favorito. «El sótano de nuestra casa siempre estaba repleto de chicos», comenta Sherry.

Como abogado corporativo, Grit viajaba a menudo. «La mayoría de los compañeros de trabajo se quedaban el fin de semana, dondequiera que estuviéramos, porque el viernes no habían acabado sus tareas y teníamos que volver a empezar el lunes. Pero yo no. Siempre, *siempre,* hacía todo lo posible por volver a casa los fines de semana.» Los viajes de fin de semana a casa eran también demostraciones del carácter que le había hecho ganarse el apodo de Grit. «En una ocasión estaba negociando en Montana con una fábrica de aluminio.

El viernes por la noche tomé un taxi al aeropuerto, pero estaba cubierto de niebla. Los vuelos se habían cancelado.»

Consideré lo que yo haría en la misma situación y me sonrojé ligeramente al escuchar el resto de la historia. Grit alquiló un coche, condujo hasta Spokane, allí cogió un vuelo a Seattle y luego otro a San Francisco y, por último, otro más, un vuelo nocturno que llegaba a la mañana siguiente de madrugada al aeropuerto JFK. Alquiló otro coche y condujo hasta Greenwich, en Connecticut. «No me estoy poniendo una medalla. Simplemente creía que era importante estar con los chicos para apoyarles, tanto si era en sus actividades deportivas como en cualquier otra cosa», me aclaró Grit.

Sherry y Grit también sabían captar las necesidades emocionales de sus hijos. Steve, por ejemplo, era un chico especialmente ansioso. «Advertimos que había cosas que no quería hacer —puntualizó Grit—. En el segundo curso se negó a ir al colegio. A los doce años no quiso ir de acampada con los boy scout. Nunca se quedaba a dormir en la casa de algún otro chico. No le gustaba.»

Me costó conciliar la imagen de Steve Young, el legendario y valiente *quarterback* con el chico tímido que Sherry y Grit me estaban describiendo. Sus padres tampoco tenían idea de cómo interpretar los miedos de su hijo mayor. En una ocasión, me contó Grit, fue a recoger a Steve al colegio para llevarlo a casa de sus tíos para que acabara de pasar el día y Steve no paró de sollozar. Le aterraba la idea de estar en otra casa que no fuera la suya. Grit se quedó atónito. Yo quería oír cómo él y Sherry reaccionaron. ¿Le dijeron a su hijo que se comportara como un hombre? ¿Le quitaron algunos de sus privilegios?

No y no. La descripción de Grit de la charla que mantuvo con Steve cuando se negó a ir al colegio deja claro que Grit se dedicaba mucho más a hacerle preguntas y escucharle que a echarle rapapolvos y criticarle. «Le pregunté a mi hijo: "¿Alguien se está metiendo contigo?" "No", me respondió. "¿Te gusta tu profesor?" "Me encanta", repuso. "¿Por qué no quieres entonces ir al colegio?" "No lo sé, simplemente no quiero ir", me contestó.»

Sherry acabó sentándose a su lado durante semanas en el segundo curso, hasta que Steve se sintió al fin lo bastante cómodo para asistir solo a clase.

«Sufría ansiedad por separación —me aclaró Sherry—. En aquella época no sabíamos cómo llamarlo. Pero notábamos que Steve estaba muy tenso y sabíamos que necesitaba trabajar con las emociones.»

Más tarde, cuando le pedí a Steve que me hablara un poco más de su agitado primer semestre en la Universidad Brigham Young, le señalé que si alguien oía solo esa anécdota y nada más, concluiría que Grit, su padre, era un tirano. ¿Qué clase de padre le niega a su implorante hijo volver a casa?

«De acuerdo —repuso Steve—. Todo depende del contexto,[15] ¿no?»

Le escuché.

«No hay que olvidar que mi padre me *conocía*. Sabía que lo único que quería hacer era volver cuanto antes a casa y que si me lo permitía estaría dejando que mis miedos me coartaran.

»Fue un acto de amor —concluyó Steve—. Fue duro, pero lo hizo por mi bien.»

Sin embargo, hay una frontera muy fina entre amar con dureza y la intimidación, ¿no? ¿Dónde está la diferencia?

«Sabía que la decisión dependía de mí —matizó Steve—. Y también sabía que mi padre no quería que fuera como él. En primer lugar, un progenitor tiene que demostrarle a su hijo con su actitud: "No estoy intentando imponerte mi voluntad, controlarte, forzarte a ser como yo, obligarte a actuar como hice en el pasado, ni pedirte que hagas aquello en lo que fallé". Mi padre me demostró desde que yo era pequeño que no era así por querer tener siempre la razón y salirse con la suya. En realidad me transmitía: "Te estoy dando todo cuanto he conseguido en la vida".

---

15. Steve Young, antiguo *quarterback* de los 49ers de San Francisco, en una entrevista con la autora, 18 de agosto, 2015.

»En la dureza de su amor no había un ápice de egoísmo —prosiguió Steve—. Creo que esto es fundamental. Si tu padre te trata con dureza para controlarte, tú te lo hueles. Pero yo sabía que mis padres me estaban diciendo en todos los sentidos: "Estamos intentando que *triunfes* en la vida. No lo hacemos por nosotros, sino por ti".»

Si conocer a los Young te ayuda a ver que un «amor duro» no tiene por qué ser una contradicción, sigue leyendo y conoce también a Francesca Martínez y a sus padres, Tina y Alex.

Francesca, descrita por el *Observer* como una de las cómicas más graciosas de Gran Bretaña,[16] actúa en todas partes del mundo vendiendo en un abrir y cerrar de ojos todas las entradas para sus funciones. Rompe sistemáticamente la norma de la familia Young de no soltar palabrotas y después de la función, se asegura también de romper la de no beber alcohol. Como sus padres, Francesca lleva siendo vegetariana toda la vida, no profesa ninguna religión y políticamente se podría decir que es una progresista de izquierdas.

A Francesca le diagnosticaron una parálisis cerebral a los dos años de edad, aunque ella prefiere llamarla una «flojera». Los médicos le dijeron a sus padres que debido a la lesión cerebral, su hija «nunca llevaría una vida normal». Tina y Álex decidieron enseguida que ningún médico les diría quién llegaría a ser su hija. Ser una estrella de la comedia exige pasión y perseverancia seas quién seas, y todavía exige más cuando es todo un reto para ti pronunciar las consonantes o subirte al escenario. Como tantos otros aspirantes a humoristas, Francesca ha hecho en coche trayectos de cuatro horas de ida y cuatro de vuelta para una función gratuita de diez minutos e innumerables llamadas a productores de televisión impasibles y ocu-

---

16. *Observer*, «The A-Z of Laughter (Segunda parte)», *Guardian*, 7 de diciembre, 2003.

pados. Pero a diferencia de la mayoría de sus compañeros, antes de cada actuación tiene que hacer ejercicios vocales y de respiración.

«Mi empeño y mi pasión no son míos, creo que estas cualidades me vienen de mis padres,[17] que siempre fueron muy cariñosos y estables. Ha sido gracias a su increíble apoyo y positividad que he llegado a donde estoy», me contó.

No es de extrañar que los orientadores del colegio de Francesca dudaran de que una chica que apenas podía andar y hablar con normalidad pese a sus esfuerzos, pudiera dedicarse al mundo del espectáculo. Y aun la observaron con más preocupación si cabe cuando decidió dejar el instituto para ser comediante. «Francesca, piensa en algo más sensato, como la informática», le advirtieron suspirando. La idea de trabajar en una oficina le pareció un destino horrendo. Les preguntó a sus padres qué debía hacer.

«Ve y haz realidad tus sueños. Y si no lo consigues, siempre estás a tiempo de cambiar de opinión»,[18] le aconsejó Álex a su hija.

«Mi madre también me dio alas —me contó Francesca—. Se alegraron de que dejara los estudios[19] a los dieciséis para actuar en la televisión —añadió con una sonrisa—. Me dejaban pasar los fines de semana yendo a discotecas con las amigas, rodeada de hombres astutos y en las que servían cócteles con nombres explícitamente sexuales.»

Le pedí a Álex que me hablara de su consejo de «haz realidad tus sueños». Antes de explicármelo, me recordó que también le habían permitido a Raoul, el hermano de Francesca, dejar los estudios de secundaria para ser el aprendiz de un reconocido pintor retratista. «Nunca les presionamos a ninguno de nuestros hijos para que fueran médicos, abogados o alguna otra profesión por el estilo. Creía de verdad que cuando haces algo que quieres hacer, se acaba convirtiendo en una vocación.

---

17. Francesca Martínez, cómica, en una entrevista con la autora, 4 de agosto, 2015.

18. Francesca Martínez, *What the **** Is Normal?!*, Virgin Books, Londres, 2014, pág. 185.

19. Martínez, entrevista. En su libro Francesca cuenta una historia parecida.

Francesca y su hermano le ponen mucho empeño a las cosas, y como sienten tanta pasión por su trabajo, les sale de manera natural.»

Tina coincide con su marido. «Siempre he intuido que las aptitudes de nuestros hijos, su propio destino, los siembra la vida, la naturaleza y la evolución. Como una planta que si la alimentas y riegas se vuelve hermosa y vigorosa. No es más que una cuestión de crear el ambiente propicio: un suelo sustentador, que escucha sus necesidades y responde a ellas. Los hijos llevan consigo las semillas de su futuro. Si confiamos en ellos, sus intereses surgirán por sí solos.»

Francesca cree no haber perdido la esperanza, incluso cuando todo parecía perdido, gracias al apoyo incondicional de sus «alucinantes» padres. «Cuando crees en lo que haces, no te das por vencida. Eres consciente de tu propia valía. Y esta seguridad te viene de cómo los demás te hacen sentir en la vida.»

Por ahora, Álex y Tina parecen ser la personificación de unos padres permisivos. Les pregunté si creían serlo.

«En realidad, creo que soy alérgico a los niños malcriados —apostilló Álex—. A los hijos hay que amarlos y aceptarlos, pero también necesitan que les enseñes a comportarse, sin complicaciones. "No, no puedes pegar a tu hermana en la cabeza con ese palo. Sí, debes compartir las cosas con ella. No, no puedes tener todo lo que quieras cuando quieras". No puedes dejar que hagan lo que se les antoje.»

Como ejemplo, Álex obligó a Francesca a hacer los ejercicios de fisioterapia prescritos por los médicos. Ella los detestaba. Durante años estuvieron discutiendo por este tema. Francesca no entendía por qué ella no podía aceptar sus limitaciones y punto y Álex creía que debía mantenerse firme por el bien de su hija. Como Francesca dice en su libro: «Aunque era feliz en muchos sentidos, los años siguientes estuvieron salpicados de intensas rachas llenas de portazos, lágrimas y objetos volando por el aire».[20]

---

20. Martínez, *What the **** Is Normal?!*, pág. 48.

Queda por saber si esas escaramuzas se podían haber manejado con más maña, Álex cree que podía haberlo hecho mejor en cuanto a explicarle a su hija *por qué* él era tan insistente. Tal vez sea sí, pero lo que me choca de este aspecto de la niñez de Francesca es la idea de que un padre que te dice afectuosamente que te dejes llevar por tus sueños pueda sentirse obligado a poner límites cuando toca hacerlo. De pronto, la visión unidimensional de Álex y Tina de padres hippies chiflados me pareció incompleta.

Por ejemplo, fue muy revelador oír hablar a Álex, que es escritor, del espíritu de trabajo que les inculcó a sus hijos con el ejemplo. «Para acabar lo que empiezas, tienes que esforzarte. Cuando era más joven conocí a mucha gente que escribía cosas. Me decían: "¡Ah, sí, soy escritor, pero nunca he acabado de escribir nada". Pues en este caso no eres escritor, solo alguien que se sienta a garabatear unas palabras en una hoja de papel. Si tienes algo que decir, adelante, dilo y escribe el libro de una vez.»

Tina coincide en que los niños necesitan libertad y al mismo tiempo que les pongas ciertos límites. Es tutora además de ecologista, y ha visto a muchos padres intentar entablar con sus hijos negociaciones llenas de ruegos y súplicas, como ella las llama. «Les enseñamos a nuestros hijos a vivir según principios muy claros y valores morales —afirmó—. Les explicábamos nuestros razonamientos, pero siempre sabían dónde estaban los límites.

Y además no veían la tele —añadió—. Creíamos que tenía un efecto muy hipnótico y no queríamos que en lugar de relacionarse con los demás se pasaran el tiempo pegados a la pantalla. Decidimos simplemente no tener un televisor. Si querían ver algo especial tendrían que ir a casa de sus abuelos.»

¿Qué podemos aprender de las historias de Steve Young y Francesca Martínez? ¿Y qué podemos deducir de cómo otros modelos del grit describen a sus padres?

A decir verdad, he advertido una pauta. Para los que queremos infundirles grit a nuestros hijos, la pauta es un modelo muy práctico, una guía para tomar las numerosas decisiones que nos veremos obligados a tomar mientras desempeñamos nuestro papel de padres.

Antes de proseguir, quiero advertir que como científica me gustaría poder reunir mucha más información antes de sacar conclusiones sólidas. Dentro de una década sabré muchas más cosas que ahora en lo que se refiere a fomentar el grit en nuestros hijos. Pero como en el *parenting* no hay un botón de «pausa», te diré lo que intuyo. En gran parte me siento motivada a hacerlo porque la pauta que he observado coincide con docenas de estudios minuciosos de investigación sobre la crianza de los hijos (aunque no traten del grit). La pauta también tiene sentido por lo que hemos aprendido de la motivación humana desde que John Watson nos aconsejó que *no les acariciáramos*. Y además también encaja con las entrevistas a atletas, artistas y especialistas de primera clase realizadas por el psicólogo Benjamin Bloom y su equipo hace treinta años. Si bien el estudio de Bloom no se centra en el *parenting* explícitamente —se incluyó a los padres como «observadores para verificar» detalles biográficos—, la importancia de la crianza de los hijos fue una de las conclusiones más importantes a las que llegó.

Esto es lo que creo.

Ante todo, no significa que los padres solidarios no puedan ser exigentes o que los padres exigentes no puedan ser solidarios, ni tampoco hace falta sacrificar una postura por la otra. Es un error muy corriente ver el «amor duro» como el justo equilibrio entre el afecto y el respeto por un lado, y unas grandes expectativas por el otro. En realidad, no hay ninguna razón para no decantarse por ambas posturas. Salta a la vista que es justamente lo que los padres de Steve Young y de Francesca Martínez hicieron. Los Young eran duros, pero también afectuosos. Los Martínez eran afectuosos, pero también duros. Ambas familias estaban «centradas en sus hijos» en el sentido de que sus intereses eran lo primero, pero ni la una ni la otra creían que sus hijos supieran siempre más que ellos lo que debían hacer, el empeño que debían poner en algo y cuándo era mejor dejarlo correr.

El esquema que presento a continuación representa cómo muchos psicólogos catalogan en la actualidad los distintos estilos de *parenting*. En lugar de un continuo, hay dos. En la parte superior derecha del esquema se encuentran tanto los padres exigentes como los solidarios. El término técnico es «padres autoritativos»,[21] que por desgracia se confunde fácilmente con «padres autoritarios». Para evitar esta clase de confusión, me referiré a los padres autoritativos como *padres sensatos*, porque en esta parte de la figura los padres saben calibrar con buen ojo las necesidades psicológicas de sus hijos. Captan que estos necesitan amor, la fijación de límites y una cierta libertad para desarrollar todo su potencial. Su autoridad se basa en el conocimiento y la sabiduría y no en el poder.

21. Wendy S. Grolnick y Richard M. Ryan, «Parent Styles Associated with Children's Self-Regulation and Competence in School», *Journal of Educational Psychology* 81, 1989, págs. 143-154. Earl S. Schaefer, «A Configurational Analysis of Children's Reports of Parent Behavior», *Journal of Consulting Psychology* 29, 1965, págs. 552-557. Diana Baumrind, «Authoritative Parenting Revisited: History and Current Status», in *Authoritative Parenting: Synthesizing Nurturance and Discipline for Optimal Child Development*, ed. Robert E. Larzelere, Amanda Sheffield Morris y Amanda W. Harrist, American Psychological Association, Washington, D. C., 2013, págs. 11-34.

En los otros cuadrantes se encuentran otros tres estilos de *parenting*, como la actitud poco exigente e insolidaria ejemplificada por unos padres negligentes. Esta clase de padres genera un ambiente emocional especialmente tóxico, pero no diré gran cosa más de ellos porque ni siquiera son competidores plausibles en lo que se refiere a cómo los padres con grit crían a sus hijos.

Los padres autoritarios son exigentes y poco solidarios, exactamente la actitud que John Watson defendía para fortalecer el carácter de los hijos. Los padres permisivos, en cambio, son solidarios y poco exigentes.

Cuando el psicólogo Larry Steinberg dio su discurso presidencial en el 2001 en la Sociedad para la Investigación sobre la Adolescencia, propuso una moratoria para poder llevar a cabo más investigaciones[22] sobre los distintos estilos de *parenting* al comprobar las numerosas evidencias de los beneficios de unos padres solidarios y exigentes en los que los científicos se podían basar para investigar cuestiones más espinosas. De hecho, en los últimos cuarenta años, un estudio tras otro meticulosamente diseñado revela que a los niños de padres psicológicamente sensatos les van mucho mejor las cosas que a los niños de cualquier otro tipo de hogar.

En uno de los estudios de Larry, por ejemplo, diez mil adolescentes estadounidenses rellenaron cuestionarios sobre la conducta de sus padres. Al margen del género, la etnia, la clase social o el estado civil de los progenitores, los adolescentes con padres afectuosos, respetuosos y exigentes[23] sacaban mejores notas en el instituto, eran más independientes, sufrían menos ansiedad y depresión, y tendían

---

22. Laurence Steinberg, «Presidential Address: We Know Some Things: Parent-Adolescent Relationships in Retrospect and Prospect», *Journal of Research on Adolescence* 11, 2001, págs. 1-19.

23. Laurence Steinberg, Nina S. Mounts, Susie D. Lamborn y Sanford M. Dornbusch, «Authoritative Parenting and Adolescent Adjustment Across Varied Ecological Niches», *Journal of Research on Adolescence* 1, 1991, págs. 19-36.

mucho menos a conductas delictivas. Se dio el mismo patrón en prácticamente cada país estudiado y en cada etapa del desarrollo infantil. Las investigaciones longitudinales indican que los beneficios son visibles a lo largo de una década o de más tiempo.[24]

Uno de los mayores descubrimientos de las investigaciones sobre el *parenting* es que los mensajes que los hijos reciben[25] son más importantes que los mensajes que los padres quieren transmitir.

Lo que a simple vista *parece* un caso clásico de padres autoritarios —por ejemplo, la prohibición de ver la televisión o de decir palabrotas— puede ser o no coercitivo. Y lo que *parece* permisivo a simple vista —como, por ejemplo, permitirle a un hijo dejar el instituto— puede reflejar simplemente diferencias en las normas que los padres consideran importantes. Es decir, no juzgues a los padres que riñen a sus hijos en el pasillo de los cereales del supermercado. En la mayoría de los casos, no disponemos de todo el contexto para entender cómo el niño interpreta el intercambio y, al final del día, lo que cuenta es su experiencia.

¿Eres una madre o un padre psicológicamente sensato? Sométete al test de *parenting*[26] que encontrarás a continuación, creado por la psicóloga Nancy Darling, especializada en la crianza de los hijos, para averiguarlo. ¿Con cuántas afirmaciones tu hijo estaría de acuerdo sin vacilar?

---

24. Koen Luyckx *et al.*, «Parenting and Trajectories of Children's Maladaptive Behaviors: A 12-year Prospective Community Study», *Journal of Clinical Child & Adolescent Psychology* 40, 2011, págs. 468-478.

25. Earl S. Schaefer, «Children's Reports of Parental Behavior: An Inventory», *Child Development* 36, 1965, págs. 413-424. Nancy Darling y Laurence Steinberg, «Parenting Style as Context: An Integrative Model», *Psychological Bulletin* 113, 1993, págs. 487-496.

26. Adaptado con la autorización de Nancy Darling y Teru Toyokawa, «Construction and Validation of the Parenting Style Inventory II (PSI-II)», (manuscrito inédito, 1997).

Descubrirás que algunas de las afirmaciones están en cursiva. Son las que se refieren a lo contrario, significa que si tu hijo está de acuerdo con ellas es posible que seas menos sensato psicológicamente de lo que creías.

Solidario: afectuoso

Cuando tengo un problema puedo contar con la ayuda de mis padres.

Mis padres dedican un rato a charlar conmigo.

Mis padres y yo hacemos juntos actividades divertidas.

A mis padres no les gusta que les cuente mis problemas.

Mis padres a duras penas elogian lo que hago bien.

Solidario: respetuoso

Mis padres creen que tengo derecho a tener mi punto de vista.

Mis padres me dicen que sus ideas son las correctas y que no debo ponerlas en duda.

Mis padres respetan mi privacidad.

Mis padres me dan mucha libertad.

Mis padres son los que deciden lo que puedo hacer la mayor parte de las veces.

Exigente

Mis padres esperan que siga las normas familiares.

Mis padres me dejan salirme con la mía.

Mis padres me indican cómo puedo actuar mejor.

Cuando hago algo que está mal, mis padres no me castigan.

Mis padres esperan que dé lo mejor de mí aunque me cueste.

Crecer rodeado de apoyo, respeto y altas expectativas tiene muchos beneficios, y uno de ellos es muy importante para el grit, es decir, los padres sensatos animan a sus hijos a *emularlos.*

Hasta cierto punto, los niños pequeños *imitan* a sus padres. Cuando no tienen ninguna otra persona por la que guiarse, no les queda más remedio que imitar el acento, los hábitos y las actitudes de sus progenitores. Hablan como ellos. Comen como ellos. Adquieren sus mismos gustos y aversiones.

Un niño pequeño tiene muy desarrollado el instinto de copiar a los adultos. Por ejemplo, en un experimento clásico de psicología realizado hace más de cincuenta años en la Universidad de Stanford, unos niños de edad preescolar contemplaron a adultos jugando con una variedad de juguetes y a continuación pudieron jugar con los mismos juguetes. La mitad de los niños y niñas contemplaron a un adulto que jugaba silenciosamente con los Tinkertoys —bloques de construcción— e ignoraba la muñeca inflable del tamaño de un niño que había en la habitación. La otra mitad de los niños contemplaron a un adulto que jugaba con los bloques de construcción y que, de pronto, empezó a atacar brutalmente a la muñeca hinchable. Le dio puñetazos, la golpeó con un mazo, la arrojó por el aire y la pateó por la habitación mientras gritaba y chillaba agresivamente.

Cuando les dieron la oportunidad de jugar con los mismos juguetes, los niños que habían visto al adulto jugar en silencio con los bloques de construcción, le imitaron. Pero los que habían visto al adulto golpeando la muñeca hinchable actuaron con la misma agresividad, imitándolo en muchos casos tan bien que los investigadores describieron su conducta como «calcada».[27]

Y, sin embargo, hay una diferencia abismal entre la *imitación* y la *emulación.*

---

27. Albert Bandura, Dorothea Ross y Sheila Ross, «Imitation of Film-Mediated Aggressive Models», *Journal of Abnormal and Social Psychology* 66, 1963, págs. 3-11.

A medida que crecemos, adquirimos la capacidad de reflexionar sobre nuestros actos y de juzgar lo que admiramos y detestamos de los demás. Cuando nuestros padres son afectuosos, respetuosos y exigentes, no solo seguimos su ejemplo, sino que además lo veneramos. No solo hacemos lo que nos piden, sino que además comprendemos por qué nos lo piden. Nos atraen de manera natural las mismas cosas; por ejemplo, no es una casualidad que el padre de Steve Young fuera un destacado jugador de fúbol americano en la Universidad Brigham Young, o que a Francesca Martínez le gustara, como a su padre, escribir desde pequeña.

Benjamin Bloom y su equipo descubrieron la misma pauta en sus estudios sobre los grandes triunfadores de primera clase. Casi sin excepción, los padres solidarios y exigentes del estudio de Bloom eran «un modelo de conducta en el sentido de ser considerados trabajadores tenaces que se esforzaban al máximo en todo lo que se proponían, anteponiendo el esfuerzo a la diversión y dando una gran importancia a alcanzar metas a largo plazo[28] en la vida». Además, «a la mayoría de los padres les pareció natural animar a sus hijos a hacer sus actividades preferidas». De hecho, una de las conclusiones resumidas por Bloom es que los «padres transmitían de algún modo sus propios intereses[29] a los hijos… Descubrimos repetidamente que los padres de los pianistas matricularían a su hijo en clases de tenis pero acababan apuntándole a clases de piano. Y en los hogares de tenistas descubrimos que se daba la pauta contraria».

Es asombroso ver cómo muchos modelos del grit me han contado, con orgullo y admiración, que sus padres son sus modelos de conducta más admirados e influyentes. Y también es muy revelador comprobar que tantos se hayan, de una forma u otra, acabado inte-

---

28. Bloom, *Developing Talent*, pág. 510.

29. Ronald S. Brandt, «On Talent Development: A Conversation with Benjamin Bloom», *Educational Leadership* 43, 1985, pág. 34.

resando por las mismas cosas que sus padres. Salta a la vista que estos modelos del grit no solo crecieron imitando a sus padres, sino tamién emulándolos.

Este razonamiento lógico lleva a la conclusión especulativa de que no *todos* los niños con padres sensatos psicológicamente desarrollarán pasión y perseverancia en la vida, porque no todos los padres de este tipo lo *ejemplifican*. Aunque sean solidarios y exigentes al mismo tiempo, los padres de la parte superior derecha del esquema pueden o no mostrar pasión y perseverancia en sus metas a largo plazo.

Si quieres infundirles grit a tus hijos, pregúntate ante todo cuánta pasión y perseverancia pones en tus objetivos y si tu forma de educarles les anima a emularte. Si la respuesta a la primera pregunta es «mucha» y a la segunda «es muy probable», significa que ya les estás infundiendo grit.

Pero los padres no son los únicos que les infunden grit a sus hijos.

También hay un ecosistema más amplio de adultos que va más allá de la familia nuclear. Todos somos «padres» de otros jóvenes que no son nuestros hijos en el sentido de que, colectivamente, somos responsables de «dar a luz» a la siguiente generación.[30] En este rol de mentores solidarios, aunque exigentes, de los hijos de otros podemos ejercer un impacto enorme.

El modelo del grit Tobi Lütke, un emprendedor tecnológico, tuvo la suerte de tener un mentor excepcional en su vida. Tobi dejó el instituto alemán a los dieciséis años sin haber vivido ninguna experiencia educativa positiva. Cuando era aprendiz en una compañía de ingeniería de su ciudad natal, conoció a Jürgen, un programador

---

30. Center for Promise, *Don't Quit on Me: What Young People Who Left School Say About the Power of Relationships*, America's Promise Alliance, Washington, D. C., 2015, www.gradnation. org/report/dont-quit-me.

que trabajaba en un cuartito del sótano. Tobi describe cariñosamente a Jürgen como «un roquero melenudo entrecano de cincuenta y pico años[31] que se habría sentido a sus anchas en cualquier pandilla de moteros de los Ángeles del Infierno». Bajo su tutela Tobi descubrió que los problemas de aprendizaje que le habían diagnosticado cuando era un estudiante con un bajo rendimiento escolar no le impedían progresar como programador informático.

«Jürgen era un maestro excepcional —dijo Tobi—. Creaba un ambiente en el que no solo era posible, sino además fácil, aprender cada año los conocimientos de diez años de carrera.»

Cada mañana al llegar al trabajo, Tobi se encontraba con una copia impresa del código del programa informático que había escrito el día anterior, cubierto de comentarios, sugerencias y correcciones hechas en rotulador rojo. Jürgen no tenía el menor reparo en indicarle de forma concreta cómo podía mejorar lo que había hecho. «Esas correciones me enseñaron a no mezclar mi ego con el código que escribía —puntualizó Tobi—. Siempre puedes mejorar y las observaciones de Jürgen eran un auténtico regalo para mí.»

Un día Jürgen le pidió que se ocupara de una tarea de programación para General Motors. Para la presentación e instalación del programa la empresa le compró a Tobi su primer traje. Tobi esperaba que Jürgen diera la presentación, pero el día antes de la instalación le dijo como si tal cosa que tenía otros asuntos de los que ocuparse. Tobi tendría que asistir solo. Lleno de inquietud, fue a General Motors. La instalación del programa acabó siendo todo un éxito.

«Esta pauta se fue repitiendo —me contó Tobi—. Jürgen sabía cuál era mi zona de confort y preparaba situaciones que me exigían traspasarla un poco. Las fui superando a base de probar y cometer errores y al final… triunfé.»

---

31. Tobi Lütke, «The Apprentice Programmer», blog de Tobi Lütke, 3 de marzo, 2013, http://tobi.lutke.com/blogs/news%20/11280301-the-apprentice-programmer.

Tobi acabó fundando Shopify, una empresa de *software* que suministra programas informáticos a decenas de miles de tiendas de Internet y recientemente ha superado los cien millones de dólares de ingresos.

En realidad, las últimas investigaciones sobre la enseñanza[32] sugieren asombrosos paralelismos con la crianza de los hijos. Por lo visto, los profesores psicológicamente sensatos marcan una gran diferencia en la vida de sus alumnos.

Ron Ferguson es un economista de Harvard que ha reunido más información que cualquier otra persona que conozco en cuanto a comparar los profesores competentes con los incompetentes. La Fundación Gates financió un estudio reciente de Ron para estudiar a los alumnos y los profesores en 1.892 aulas.[33] Descubrió que los profesores exigentes, descritos por sus alumnos como «Mi profesor me exige que dé lo mejor de mí» y «En esta clase los alumnos se comportan como mi profesor quiere», consiguen que el nivel de estudios de sus alumnos aumente de forma medible año tras año. Los profesores solidarios y respetuosos, descritos por sus alumnos como «Mi profesor sabe cuándo estoy preocupado por algo» y «Mi profesor quiere que comparta mis pensamientos con él», fomentan en sus alumnos la felicidad, el esfuerzo voluntario en clase y el deseo de estudiar una carrera.

---

32. Kathryn R. Wentzel, «Are Effective Teachers Like Good Parents? Teaching Styles and Student Adjustment in Early Adolescence», *Child Development* 73, 2002, págs. 287-301. Douglas A. Bernstein, «Parenting and Teaching: What's the Connection in Our Classrooms?», *Psychology Teacher Network*, septiembre de 2013, http://www.apa.org/ed/precollege/ptn/2013/09/parenting-teaching.aspx.

33. Ronald F. Ferguson y Charlotte Danielson, «How Framework for Teaching and Tripod 7Cs Evidence Distinguish Key Components of Effective Teaching», en *Designing Teacher Evaluation Systems: New Guidance from the Measures of Effective Teaching Project*, ed. Thomas J. Kane, Kerri A. Kerr, y Robert C. Pianta, Jossey-Bass, San Francisco, 2014, págs. 98-133.

Es posible, afirma Ron, ser un profesor psicológicamente sensato, al igual que es posible ser un profesor permisivo, autoritario o negligente. Y los profesores sensatos son los que por lo visto fomentan un alto nivel de competencia además del bienestar, la implicación y unas grandes esperanzas para el futuro.

Recientemente, los psicólogos David Yeager y Geoff Cohen[34] realizaron un experimento para ver qué efecto producía en los alumnos el mensaje de altas expectativas conjugadas con apoyo constante. Les pidieron a profesores de séptimo curso que anotaran en los trabajos de sus alumnos qué les habían parecido, como por ejemplo sugerencias para mejorar y cualquier palabra de aliento que solieran decirles. Los profesores llenaron de comentarios los márgenes de los trabajos de los alumnos.

Los profesores entregaron a continuación los trabajos llenos de anotaciones a los investigadores, quienes los dividieron al azar en dos pilas. Los investigadores pegaron en los trabajos de una de las pilas una nota adhesiva en la que ponía: Espero que estos comentarios te sirvan para el trabajo que has presentado. Este grupo era el grupo de control placebo.

En la otra pila, los investigadores pegaron una nota adhesiva en el que se leía: He escrito estos comentarios porque tengo expectativas muy altas sobre ti[35] y sé que no me defraudarás. Este grupo era el que recibía la influencia de un profesor sensato psicológicamente.

Los profesores no sabían cuál de las dos notas les tocaría a sus alumnos y estos tampoco sabían que algunos de sus compañeros ha-

---

34. David Scott Yeager *et al.*, «Breaking the Cycle of Mistrust: Wise Interventions to Provide Critical Feedback Across the Racial Divide», *Journal of Experimental Psychology* 143, 2013, págs. 804-824. Para obtener más información sobre la investigación acerca de los tutores excepcionales en la que se inspiró esta intervención, véase Mark R. Lepper y Maria Woolverton, «The Wisdom of Practice: Lessons Learned from the Study of Highly Effective Tutors», en *Improving Academic Achievement: Impact of Psychological Factors on Education*, ed. Joshua Aronson, Academic Press, Nueva York, 2002, págs. 135-158.

35. Yeager *et al.*, «Breaking the Cycle».

bían recibido una nota distinta a la suya, ya que los investigadores habían devuelto los trabajos a los profesores dentro de una carpeta para que se los entregaran a los alumnos durante la clase.

A la semana siguiente les dieron la opción de corregir sus trabajos.

Al recoger los trabajos, David descubrió que un 40 por ciento de los alumnos que habían recibido la nota adhesiva del grupo de control placebo decidieron entregar el ensayo revisado, comparado con el *doble* —el 80 por ciento de los estudiantes— que recibieron la nota adhesiva comunicándoles el mensaje sensato.

En un estudio idéntico con una muestra distinta, los alumnos que recibieron la nota adhesiva con el mensaje sensato: «Te he escrito estos comentarios porque tengo unas expectativas muy altas sobre ti y sé que no me defraudarás», corrigieron dos veces más el ensayo que sus compañeros del grupo de control placebo.

Sin duda, los mensajes en las notas adhesivas no pueden reemplazar los gestos, comentarios y actos diarios que comunican afecto, respeto y unas altas expectativas. Pero estos experimentos esclarecen el poderoso efecto motivador de un simple mensaje.

No todos los modelos del grit se beneficiaron de tener padres sensatos, pero cada uno de los que he entrevistado citó a *alguien* en su vida que, en el momento adecuado y de la forma adecuada, le animó a tener grandes aspiraciones en la vida y le dio la seguridad y el apoyo que tanto necesitaba.

Como le ocurrió a Cody Coleman.[36]

Hace un par de años, Cody me envió un correo electrónico. Había visto mi charla TED sobre el grit y quería saber si podíamos hablar. Creía que conocer su historia personal tal vez me fuera útil. Estaba

---

36. Cody Coleman, candidato al doctorado en Ciencias Informáticas en la Universidad de Stanford, en una conversación con la autora, 24 de mayo, 2013.

estudiando Ingeniería Eléctrica y Ciencias de la Computación en el MIT y le faltaba poco para graduarse con una nota media casi perfecta. Desde su punto de vista, el talento y las oportunidades habían tenido muy poco que ver con ello. En realidad su éxito académico se debía a la pasión y perseverancia que había manifestado durante años y años.

«¡Claro, cómo no!», le respondí. Esto fue lo que me contó.

Cody nació a cincuenta kilómetros de Trenton, en Nueva Jersey, en el Correccional Femenino del Condado de Monmouth. El FBI declaró a su madre enferma mental y cuando Cody llegó al mundo la encarcelaron por amenazar con matar al hijo de un senador. Cody nunca conoció a su padre. Su abuela fue la que aceptó la custodia legal de Cody y sus hermanos, y probablemente les salvó la vida con ello. Pero no era la típica madre sensata. Tal vez *quisiera* ser afectuosa y estricta, pero tanto su mente como su cuerpo se estaban deteriorando. Tal como Cody lo describe, al poco tiempo era él y no su abuela quien más se ocupaba de cuidar a todos y de cocinar y limpiar la casa.

«Éramos pobres —relató Cody—. Cuando el colegio al que iba repartía comida, se la entregaba a mi familia por ser los más necesitados del barrio. Y nuestro vecindario también dejaba mucho que desear. La zona de mi colegio siempre estaba por debajo de la media en cualquier categoría imaginable.

»Para empeorar las cosas, yo no era atlético ni inteligente —prosiguió Cody—. Empecé a ir a clases de recuperación de inglés. Mis notas de matemáticas eran del montón, como mucho.»

¿Y entonces qué ocurrió?

«Un día mi hermano mayor —me llevaba dieciocho años— vino a casa. Fue el verano siguiente de empezar yo a ir al instituto. Llegó en coche de Virginia a recogerme para que pasara dos semanas con él y mientras regresábamos a su casa, se giró frente al volante para preguntarme: "¿A qué universidad quieres ir?"

»"No lo sé... quiero ir a una de las mejores —le respondió Cody—. Quizá a Princeton. Pero en Princeton no me aceptarán ni locos"», añadió retractándose de lo que acababa de decir.

«"¿Por qué no te iban a aceptar? —le preguntó su hermano—. En el instituto lo estás haciendo muy bien. Si estudias con más tesón, si sigues esforzándote, alcanzarás el nivel que piden. No pierdes nada con intentarlo."

»Fue entonces cuando cambié de chip —me contó Cody—. Pasé de "¡Qué más da!" a decirme "¿Por qué no?" Sabía que tal vez no iría a una universidad de las mejores, pero me dije que quizá lo conseguiría. Pero si no lo intentaba, no tendría ninguna posibilidad.»

Al año siguiente Cody se volcó en los estudios. En el penúltimo año ya sacó solo sobresalientes. Y en el último, decidió buscar la mejor universidad del país para estudiar Ingeniería Eléctrica y Ciencias de la Computación. Cambió la Universidad de Princeton con la que soñaba por el MIT. Durante su etapa de transformación conoció a Chantel Smith,[37] una profesora de matemáticas excepcionalmente sensata que lo adoptó.

Fue Chantel quien le pagó las clases de conducir. Y también la que recogió «fondos para la residencia universitaria», así Cody podría pagar su manuntención cuando empezara los estudios. Fue también Chantel quien le enviaba por correo jerséis, gorros, guantes y calcetines de lana para que se protegiera de los fríos inviernos de Boston, la que se preocupaba por él cada día, la que lo recibía en su casa con los brazos abiertos cada fiesta, la que estuvo a su lado en el funeral de su abuela. Fue en la casa de Chantel donde él descubrió regalos con su nombre escrito al levantarse por la mañana el día de Navidad, donde decoró huevos de Pascua por primera vez y donde a los veinticuatro años celebró su primera fiesta de cumpleaños familiar.

En el MIT no siempre fue todo un camino de rosas, pero los nuevos retos le llegaron con un «ecosistema de apoyo», como Cody

37. Chantel Smith, profesora de matemáticas en el instituto de Winslow Township, en una conversación con la autora, 15 de marzo, 2015.

lo llama. Decanos, profesores, estudiantes veteranos de su fraterni-
dad, compañeros de habitación y amigos, comparado con su infancia, el MIT fue un paraíso de atenciones.

Después de graduarse con la máxima calificación, Cody hizo el
curso de posgrado en Ingeniera Eléctrica y Ciencias de la Computación, obteniendo una nota media perfecta y, al mismo tiempo, se
planteó las ofertas de los cursos de doctorado y de empleo en Sili-
con Valley.

Al decidir si se decantaba por una carrera profesional lucrativa de
la que se beneficiaría en el acto o por un doctorado, Cody tras reflexionar a fondo sobre cómo había llegado tan lejos, decidió empezar en otoño el doctorado en Ciencias de la Computación en la
Universidad de Stanford. Su escrito para solicitar una plaza empezaba con esta frase: «Mi misión es usar mi pasión por las ciencias de la
computación y por el aprendizaje de la tecnología mecanizada para
beneficiar a la sociedad y ser al mismo tiempo un modelo del éxito
que influirá en el futuro de nuestra sociedad».

Cody Coleman no tuvo una madre, un padre o una abuela psicológicamente sensatos. Ojalá los hubiera tenido. Pero *tenía* un hermano que le dijo lo correcto en el momento correcto, una profesora
de matemáticas de bachillerato excepcional de una sensatez extraordinaria, y un ecosistema de profesores, mentores y compañeros de
estudios que le mostraron colectivamente lo que era posible y le ayu-
daron a llegar a donde llegó.

Chantel se niega a atribuirse el éxito de Cody. «Lo cierto es que
Cody ha sido para mí mucho más importante de lo que yo lo he
sido para él. Me ha enseñado que nada es imposible y que no hay
meta que no podamos alcanzar. Es uno de los seres humanos más
buenos que he conocido y me siento muy orgullosa cuando me
llama "mamá".»

Una emisora de radio local entrevistó recientemente a Cody.
Hacia el final de la conversación, el locutor le preguntó qué les quería decir a los oyentes que estaban intentando superar circunstancias

parecidas a las suyas. «Sed positivos[38] —les aconsejó Cody—. Haced lo posible y lo imposible por dejar atrás las ideas negativas e intentad alcanzar vuestro sueño.»

Cody concluyó la entrevista diciendo: «Para cambiarle la vida a alguien no hace falta tener hijos. Si te preocupas por los demás y sabes la situación por la que están pasando, puedes ayudarles mucho. Intentad averiguar las dificultades que atraviesan y ayudadles a superarlas. Yo lo viví de primera mano. Y me ha cambiado la vida».

---

38. Cody Coleman, entrevista realizada por Stephanie Renée, 900AMWURD, 31 de octubre, 2014.

11

El campo de juego del grit

Un día a los cuatro años, mi hija Lucy intentó abrir una cajita de pasas sentada a la mesa de la cocina. Tenía hambre. Quería comer pasas. Pero la tapa de la caja se resistía a sus intentos. Al cabo de un minuto más o menos dejó la caja lanzando un suspiro y se fue. Yo la contemplaba desde otra habitación y casi exclamé dando un grito ahogado: «¡Dios mío, mi hija se ha rendido ante una cajita de pasas! Si sigue con esta actitud, es posible que no tenga grit cuando crezca».

Me acerqué sin pérdida de tiempo y la animé a volver a intentarlo. Hice lo posible por ser una madre solidaria y exigente. Pero mi hija se negó en redondo.

Al poco tiempo, descubrí una academia de ballet al lado de casa y la inscribí a las clases.

Como muchos padres, yo tenía la fuerte corazonada de que el grit se fomenta con actividades como el ballet... o el piano... o el fútbol... o cualquier otra actividad extraescolar estructurada. Estas actividades poseen dos características importantes que no son fáciles de reproducir en cualquier otro escenario. En primer lugar, las dirige un adulto —a ser posible, una persona solidaria y exigente— que *no* sea el progenitor del niño. En segundo lugar, estas actividades están *concebidas* para fomentar el interés, la práctica, el propósito y la esperanza. La academia de ballet, la sala de conciertos, el dojo, la cancha de baloncesto, el campo de fútbol... todos estos escenarios son el terreno de juego del grit.

Las evidencias sobre las actividades extraescolares son incompletas. No puedo citar un solo estudio donde a los niños se les haya asignado al azar practicar un deporte o tocar un instrumento musical, competir en el equipo de debates, realizar un trabajo al salir del instituto o colaborar en el periódico del centro escolar. Si reflexionas sobre ello un momento, verás por qué es así. Ningún padre quiere que sus hijos participen (o no participen) en actividades adjudicadas a cara o cruz y los científicos tampoco están dispuestos, por razones éticas, a obligar a los niños a participar (o a no participar) en esta clase de experimentos.

No obstante, como madre y científica social, te aconsejo que en cuanto tu hijo tenga la edad suficiente, lo inscribas en alguna actividad *extraescolar* que le guste. Si pudiera agitar una varita mágica, haría que todos los niños del mundo hicieran su actividad extraescolar preferida, y que los jóvenes que van al instituto la siguieran haciendo durante más de un año.

¿Pienso que los niños no deben tener un solo momento libre en todo el día? No, en absoluto. Pero creo que los niños progresan cuando dedican al menos una parte de la semana a esforzarse en actividades que les gustan.

Como ya he dicho, me he atrevido a dar este consejo sin disponer de las suficientes pruebas científicas. Pero las investigaciones *llevadas a cabo* son, en mi opinión, muy reveladoras. Si las analizas, verás hasta qué punto los niños aprenden la pasión y la perseverancia cuando practican con una profesora de ballet, un entrenador de fútbol o un profesor de violín.

Para empezar, en diversas investigaciones realizadas con menores se les ha equipado con *walkie-talkies* para que vayan describiendo a lo largo del día lo que hacen y cómo se sienten en ese momento. Cuando están en clase, afirman tener que esforzarse, aunque se sienten poco motivados. Y cuando están con los amigos, no se tienen que esforzar pero se lo pasan en grande. ¿Y qué hay de las actividades extraescolares? Cuando practican un deporte, tocan un instrumento o ensayan la obra de teatro que representarán en el colegio, se tienen que esforzar y *al mismo tiempo* se divierten.[1] En la vida de un niño no hay ninguna otra experiencia que le ofrezca un reto combinado con una motivación intrínseca.

---

1. Reed W. Larson y Douglas Kleiber, «Daily Experience of Adolescents», en *Handbook of Clinical Research and Practice with Adolescents*, ed. Patrick H. Tolan y Bertram J. Cohler, John Wiley & Sons, Oxford, Reino Unido, 1993, págs. 125-145. Reed W. Larson, «Positive Development in a Disorderly World», *Journal of Research on Adolescence* 21, 2011, págs. 317-334. La información se ha extraído de Reed W. Larson, Giovanni Moneta, Maryse H. Richards y Suzanne Wilson, «Continuity, Stability, and Change in Daily Emotional Experience Across Adolescence», *Child Development* 73, 2002, págs. 1151-1165.

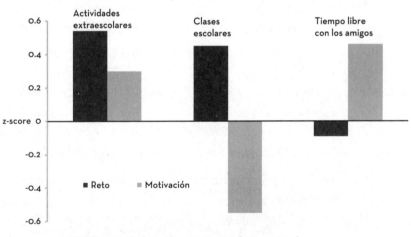

Gráfico adaptado con la autorización de Young et al.

Véase también David J. Shernoff, Mihaly Csikszentmihalyi, Barbara Schneider y Elisa Steele Shernoff, «Student Engagement in High School Classrooms from the Perspective of Flow Theory», *School Psychology Quarterly* 18, 2003, págs. 158-176. David J. Shernoff y Deborah Lowe Vandell, «Engagement in After-School Program Activities: Quality of Experience from the Perspective of Participants», *Journal of Youth and Adolescence* 36, 2007, págs. 891-903. Kiyoshi Asakawa y Mihaly Csikszentmihalyi, «The Quality of Experience of Asian American Adolescents in Academic Activities: An Exploration of Educational Achievement», *Journal of Research on Adolescence* 8, 1998, págs. 241-262.

Lo esencial de esta investigación es que el colegio exige esfuerzo, pero a muchos niños no les atrae. Enviar mensajes de texto es interesante, pero no requiere esfuerzo. Pero ¿y el ballet? El ballet cuesta y es interesante al mismo tiempo.

La experiencia momentánea es positiva, pero ¿trae beneficios a largo plazo? ¿Las actividades extraescolares merecen la pena de alguna manera perceptible?

Innumerables estudios de investigación revelan que los niños que más tiempo dedican a actividades extraescolares[2] rinden más en cualquier sentido: sacan mejores notas, tienen una mayor autoestima y se meten menos en problemas, por no citar otros muchos efectos positivos. Un pequeño número de estos estudios son longitudinales, lo que significa que los investigadores esperaron a ver cómo les iba a esos niños más tarde en la vida. Estos estudios a largo plazo llegaron a la misma conclusión: una mayor participación en actividades predice mejores resultados.[3]

La misma investigación indica claramente que una *sobredosis* de actividades extraescolares es muy poco común. En la actualidad los adolescentes estadounidenses afirman pasar más de tres horas al día mirando la televisión y jugando a videojuegos.[4] El tiempo libre que les queda se les va consultando las redes sociales, enviando a los ami-

---

2. Reed W. Larson, «Toward a Psychology of Positive Youth Development», *American Psychologist* 55, 2000, págs. 170-183. Véase también Robert D. Putnam, *Our Kids: The American Dream in Crisis*, Simon & Schuster, Nueva York, 2015, págs. 174-182.

3. Véase, por ejemplo, Jennifer Fredricks y Jacquelynne S. Eccles, «Extracurricular Participation Associated with Beneficial Outcomes? Concurrent and Longitudinal Relations», *Developmental Psychology* 42, 2006, págs. 698-713.

4. Bureau of Labor Statistics, «American Time Use Survey», Average Hours Spent Per Day in Leisure and Sports Activities, by Youngest and Oldest Populations Graph, 2013, www.bls.gov/TUS/CHARTS/LEISURE.HTM. Véase también Vanessa R. Wight, Joseph Price, Suzanne M. Bianchi y Bijou R. Hunt, «The Time Use of Teenagers», *Social Science Research* 38, 2009, págs. 792-809.

gos enlaces de vídeos y siguiendo a las hermanas Kardashian mientras esta peculiar familia decide la ropa que se pondrá, por lo que no es fácil sostener que no les queda tiempo para el club de ajedrez, la obra de teatro del colegio o cualquier otra actividad estructurada dirigida por un adulto que requiera una cierta habilidad.

Pero ¿qué hay del grit? ¿De alcanzar algo que exige años, en lugar de meses, de trabajo? Si el grit consiste en perseverar en una meta a largo plazo y si las actividades extraescolares son una forma de practicar el grit, es lógico que sean especialmente beneficiosas cuando se realizan *durante más de un* año.

En mis entrevistas con los modelos del grit siempre salen a relucir las lecciones aprendidas mientras intentaban mejorar de una temporada deportiva a otra.

Como lo ilustra la siguiente historia. Steve Young, estrella del Salón de la Fama de Fútbol Americano, tras dejar atrás una temporada mediocre como jugador el tercer año del instituto, construyó en el taller de carpintería una pelota de madera de fútbol americano. En un extremo atornilló una armella que servía para enganchar el balón a una máquina de pesas en el gimnasio del instituto. Agarrando la pelota, la movía de un lado a otro como si fueran pases para fortalecer la musculatura de antebrazos y hombros con la resistencia del peso añadido. Al año siguiente dobló las yardas de sus pases.

Una prueba más convincente aún de los beneficios de las actividades extraescolares a largo plazo procede de un estudio dirigido por la psicóloga Margo Gardner. Margo y sus colaboradores de la Universidad de Columbia hicieron un seguimiento a once mil adolescentes americanos hasta los veintiséis años para ver qué efecto produciría, en caso de causar alguno, participar en las actividades extraescolares del instituto durante dos años, en lugar de uno, en el éxito alcanzado en la vida adulta.[5]

---

5. Margo Gardner, Jodie Roth y Jeanne Brooks-Gunn, «Adolescents' Participation in Organized Activities and Developmental Success 2 and 8 Years After High School: Do Sponsorship, Duration, and Intensity Matter?», *Developmental Psychology* 44, 2008, págs. 814-830.

Margo descubrió que los chicos que realizaban durante más de un año actividades extraescolares tendían mucho más a terminar los estudios universitarios y a colaborar cuando eran jóvenes adultos como voluntarios en sus comunidades. Las horas semanales que dedicaban a las actividades extraescolares también predecían tener un trabajo (frente a estar desempleado como joven adulto) y ganar más dinero, pero *solo* en el caso de los que participaban en actividades durante dos años en lugar de uno.

Uno de los primeros científicos que estudió la importancia de realizar actividades extraescolares —en vez de pasar el rato sin hacer nada en especial— fue Warren Willingham.

En 1978 Willingham era el director[6] del Personal Qualities Project. Incluso hoy día este estudio continúa siendo hasta la fecha el intento más ambicioso para identificar los determinantes del éxito de los jóvenes adultos.

El proyecto fue creado por el Educational Testing Service. El ETS, como suele llamarse, ocupa un campus que no cesa de crecer en Princeton, Nueva Jersey, y emplea a más de mil estadísticos, psicólogos y otros científicos, todos ellos dedicados a la creación de test que predicen el éxito académico y laboral. El examen del SAT —la prueba de aptitud para entrar en la universidad— es un test del ETS. Al igual que el GRE, el TOEFL, el Praxis y cualquier otro de las tres docenas de exámenes avanzados. Básicamente, el ETS es con relación a los test estandarizados lo que los Kleenex

---

6. Warren H. Willingham, *Success in College: The Role of Personal Qualities and Academic Ability*, College Entrance Examination Board, Nueva York, 1985. Cuando Warren Willingham estaba llevando a cabo este estudio, Dan, su hijo adolescente, fue a la universidad a estudiar psicología. Dan es en la actualidad profesor de psicología en la Universidad de Virginia y, siguiendo el espíritu del legado de su padre, se dedica a ayudar a los jóvenes a beneficiarse de los progresos realizados en psicología cognitiva. Mi libro favorito de Warren Willingham es *Why Don't Students Like School*, Jossey-Bass, San Francisco, 2009.

son con relación a los pañuelos de papel. Sin duda hay otras empresas que elaboran test estandarizados, pero la mayoría de las personas apenas las conocen.

¿Qué motivó al ETS a ir más allá de los test estandarizados?[7] Willingham y los otros científicos del ETS sabían mejor que nadie que las notas del instituto y las del SAT predecían medianamente el éxito alcanzado más tarde en la vida. Ocurre a menudo que dos jóvenes con las mismas notas y la misma puntuación del SAT acaban rindiendo a niveles muy distintos en el futuro. La sencilla pregunta que Willingham se propuso responder era: ¿qué otras cualidades personales son importantes?

Para averiguarlo, el equipo de Willingham hizo un seguimiento a varios miles de estudiantes durante cinco años, empezando por el último curso del instituto.

Al principio del estudio, reunieron las solicitudes para entrar en la universidad, los cuestionarios, las redacciones, las entrevistas y el expediente escolar de cada estudiante. Esta información se usó para puntuar numéricamente *más de cien* distintas características personales, incluyendo las distintas variables del entorno familiar, como la ocupación de los padres, el estado socioeconómico y también los intereses profesionales declarados por el alumno, la motivación para obtener un título universitario, los objetivos académicos y muchas otras.

---

7. La validez predictiva de los test estandarizados sobre el éxito académico y profesional se ha documentado ampliamente. Véase en especial la investigación de los psicólogos Paul Sackett y Nathan Kuncel. No me refiero a que los test sobre el éxito no sean válidos de por sí, sino más bien a que son un sistema de evaluación incompleto e imperfecto sobre lo que los estudiantes saben y pueden hacer. Véase Angela L. Duckworth, Patrick D. Quinn y Eli Tsukayama, «What *No Child Left Behind* Leaves Behind: The Roles of IQ and Self-Control in Predicting Standardized Achievement Test Scores and Report Card Grades», *Journal of Educational Psychology* 104, 2012, págs. 439-651. Véase también James J. Heckman, John Eric Humphries y Tim Kautz, ed., *The Myth of Achievement Tests: The GED and the Role of Character in American Life*, University of Chicago Press, Chicago, 2014.

Mientras los estudiantes estudiaban en la universidad, el equipo de Willingham dividió las medidas objetivas del éxito en tres amplias categorías. La primera era: «¿Sobresalía el estudiante académicamente?» La segunda: «¿Demostraba como joven adulto tener dotes para el liderazgo?» Y la tercera: «¿Hasta qué punto esos jóvenes de ambos sexos destacarían en ciencias, tecnología, artes, deporte, escritura, oratoria, el mundo empresarial o en el servicio a la comunidad?»

En cierto sentido, el Personal Qualities Project era un caballo de carreras. Cada una de las más de cien medidas del inicio del estudio podía acabar siendo el factor predictor más importante para triunfar en la vida. Al leer el primer informe, realizado varios años antes de reunir los últimos datos, es evidente que Willingham se tomaba el tema con una imparcialidad absoluta. Se dedicó metódicamente a describir cada variable, a explicar por qué se había incluido, cómo se había medido, etcétera.

Pero en cuanto dispuso de todos los datos, se mostró categórico y rotundo sobre lo que había averiguado. Uno de los caballos había ganado la carrera, y por un buen margen: la *constancia*.

Así fue como Willingham y su equipo le pusieron un nombre: «la puntuación de la constancia se basaba en la evidencia de un compromiso continuo y resuelto[8] con ciertos tipos de actividades (en el instituto) en contraposición a esfuerzos esporádicos en diversas áreas».

Los estudiantes con la puntuación más alta en constancia habían participado en dos distintas actividades extraescolares en el instituto durante varios años y en ambas habían progresado notablemente en algún sentido (por ejemplo, dirigieron el periódico estudiantil, fueron elegidos como el mejor jugador del equipo de voleibol, o ganaron un premio en trabajos artísticos). Para ilustrarlo, Willingham

---

8. Willingham, *Success in College*, pág. 213.

describió a un estudiante que durante tres años había pertenecido a la redacción del periódico estudiantil, del que fue nombrado director, y además había sido miembro del equipo de atletismo, y había ganado una importante competición».[9]

En cambio, los estudiantes que no habían participado en una sola actividad durante más de un año obtuvieron la puntuación más baja posible en constancia. Algunos de los que entraban en esta categoría no habían participado en ninguna actividad en el instituto. Pero muchos otros eran simplemente itinerantes: habían sido miembros de un club o de un equipo durante un año, y al siguiente habían llevado a cabo otra actividad totalmente distinta.

El poder predictivo de la constancia era asombroso. Después de las notas del instituto y la SAT, la constancia en las actividades extraescolares del instituto predecía más que ninguna otra variable quiénes se graduarían con la máxima calificación en una universidad. Asimismo, la constancia era el único mejor predictor en cuanto a ocupar una posición de líder por nombramiento o elección como joven adulto. Y, por último, la constancia preveía mejor que cualquier otra de las más de cien características personales evaluadas por Willingham, llegar a alcanzar un éxito notable como joven adulto en cualquier campo, desde las artes y la escritura hasta el mundo empresarial y el servicio a la comunidad.

Lo más curioso es que no importaban las actividades *en especial* a las que se hubieran dedicado en el instituto, ya fuera tenis, el consejo estudiantil o el equipo de debate. El secreto estaba en que se habían apuntado *a algo,* y al año siguiente lo habían *hecho de nuevo,* y durante ese tiempo habían realizado algún tipo de *progreso.*

---

9. Michael Wines, «Extracurricular Work Spurs Success in College», *Los Angeles Times,* 17 de octubre, 1985.

Me enteré de la existencia del Personal Qualities Project pocos años después de empezar a estudiar el grit. Cuando tuve el estudio original en mis manos, lo leí de cabo a rabo, lo dejé durante unos momentos, y lo volví a leer desde la primera página.

Aquella noche no pude dormir. Me quedé despierta en la cama pensando: «¡Madre mía! ¡Lo que Willingham llama constancia se parece mucho al grit!»

En el acto quise —desesperadamente— ver si podía reproducir sus hallazgos.

Uno de los motivos era práctico.

Como cualquier test personal, la Escala del Grit se puede falsear de manera ridículamente fácil. En los estudios de investigación los participantes no tienen ningún motivo real para mentir, pero cuesta imaginar el uso de la Escala del Grit en un escenario donde hay mucho en juego y donde uno gana algo fingiendo «Acabo todo lo que empiezo». Pero medir el grit como Willingham lo hacía era una estrategia de medición que no se podía falsear fácilmente. O al menos sin mentir como un bellaco. En palabras de Willingham: «Buscar los claros signos de una productividad constante[10] es una buena forma de determinar el historial del estudiante».

Pero lo más importante era comprobar si la constancia prevería el mismo empeño por alcanzar los resultados que caracterizan al grit en lugar de darse por vencido.

Para que me apoyaran en un nuevo estudio longitudinal, recurrí a la entidad filantrópica más importante en el ámbito de la educación, la Fundación Bill y Melinda Gates.

Pronto descubrí que la Fundación está especialmente interesada en entender por qué en Estados Unidos hay una tasa tan alta

---

10. Willingham, *Success in College*, pág. 193. Para un análisis sobre las ventajas y desventajas de los diversos métodos para evaluar cualidades como el grit, véase Duckworth y Yeager, «Measurement Matters».

de universitarios que no terminan los estudios. En la actualidad, la tasa estadounidense de abandono de carreras de dos y cuatro años es una de las más altas del mundo. El precio cada vez más elevado de las matrículas y el enrevesado laberinto de ayudas económicas en este país son dos de los factores que lo fomentan. Una preparación académica inadecuada es otro. Sin embargo, la tasa de abandono[11] no parece estar relacionada con las circunstancias económicas ni con la nota del SAT de los estudiantes. Prever quién perseverará en la universidad y obtendrá su titulación y quién no lo hará es uno de los problemas más difíciles en las ciencias sociales. Nadie ha dado con una respuesta satisfactoria.

En una reunión con Bill y Melinda Gates, tuve la oportunidad de explicarles mi punto de vista en persona. Aprender a ser constante en algo difícil en el instituto, observé, parecía la mejor preparación posible para hacer lo mismo más tarde en la vida.

En aquella conversación me enteré de que Bill lleva mucho tiempo pensando en la importancia de otras habilidades que no tienen que ver con el talento. Por ejemplo, en la época en que desempeñaba en Microsoft un papel más directo en la contratación de programadores, me contó que les daba a los candidatos una tarea de programación que les obligaba a intentar resolver tediosos problemas durante horas y horas. No se trataba de un test de inteligencia ni de un test de aptitudes como programador, sino más bien de una prueba para ver si el candidato tenía el suficiente espíritu de lucha como para llegar a la línea de meta. Bill solo contrataba a los programadores que acababan lo que habían empezado.

---

11. Brian M. Galla *et al.*, «Cognitive and Noncognitive Determinants of High School Grades, SAT Scores, and College Persistence», *Journal of Educational Psychology* (en proceso de revisión, 2015).

Gracias al generoso apoyo de la Fundación Gates, encuesté a 1.200 alumnos del último curso del instituto y, como Willingham había hecho, les pedí que me citaran sus actividades extraescolares (si *hacían* alguna), cuándo habían participado en una y si sobresalían en ellas. En el laboratorio, mientras llevábamos a cabo este estudio, empezamos a llamar a este sistema de medición por lo que su aspecto sugiere: la Plantilla del Grit.[12]

Instrucciones: cita las actividades a las que dedicas una cantidad de tiempo importante fuera del horario escolar. Puede ser cualquier cosa que te guste, como deportes, actividades extraescolares, actividades de voluntariado, actividades de investigación o académicas, trabajos remunerados o aficiones. Si no haces una segunda o tercera actividad, deja las casillas en blanco.

Actividad	Nivel de participación 9 - 10 - 11 - 12	Logros, premios, cargos de liderazgo, en el caso de tener alguno
	□—□—□—□	
	□—□—□—□	
	□—□—□—□	

Siguiendo el ejemplo de Willingham, mi equipo de investigación calculó las puntuaciones de la Plantilla del Grit cuantificando el compromiso durante varios años y los progresos realizados como máximo en dos actividades.

---

12. Alyssa J. Matteucci *et al.*, «Quantifying Grit from Extracurricular Activities: A Biodata Measure of Passion and Perseverance for Long-Term Goals» (manuscrito en preparación, 2015).

En concreto, cada actividad que los estudiantes hacían durante dos o más años aportaba un punto relacionado con el grit; las que hacían durante solo un año no aportaban ningún punto y ya no se seguían puntuando. Y las realizadas durante *varios* años en las que se podía ver un cierto progreso (por ejemplo, haber pasado de ser miembro del consejo estudiantil un año a ser tesorero al otro) aportaban otro punto cada una. Y, por último, cuando el progreso realizado se podía considerar «alto» en lugar de «moderado» (presidente del consejo estudiantil, «mejor jugador» del equipo de baloncesto, empleado del mes), aportaba otro punto más relacionado con el grit.

Con la Plantilla del Grit los estudiantes podían obtener desde cero puntos (si no habían participado durante varios años en una actividad) hasta seis (si habían participado en dos actividades diferentes durante varios años y en ambas habían tenido un gran éxito).

Como era de esperar, descubrimos que los estudiantes con la puntuación más alta en la Plantilla del Grit obtuvieron una puntuación elevada vinculada con la pasión y la perseverancia, al igual que sus profesores.

A continuación, nos dedicamos a esperar.

Después de terminar el instituto, los estudiantes de nuestra muestra se matricularon en docenas de universidades de todo el país. Al cabo de dos años, solo el 34 por ciento de los 1.200 estudiantes de nuestro estudio seguían cursando una carrera de dos o cuatro años. Como esperábamos, las posibilidades de perseverar en los estudios dependían en gran medida de la puntuación en la Plantilla del Grit: el 69 por ciento de los estudiantes que obtuvieron seis puntos de seis en la Plantilla del Grit no habían abandonado los estudios. En cambio, solo un 16 por ciento de los que obtuvieron cero puntos de seis seguían estudiando en la universidad para obtener su titulación.

En otro estudio, aplicamos el mismo sistema de puntuación de la Plantilla del Grit en las actividades extraescolares de los profesores universitarios noveles.[13] Los resultados fueron asombrosamente similares. Los profesores universitarios que habían demostrado ser constantes en varias actividades extraescolares tendían más a seguir ejercitando su profesión y, además, eran más competentes a la hora de hacer que los estudiantes rindieran más en los estudios. En cambio, la persistencia y la eficacia en la enseñanza no tenía ninguna relación medible con la nota de la prueba de acceso a la universidad del profesor, con la nota media de su expediente académico ni con la puntuación que le había puesto el entrevistador relacionada con su potencial como líder.

En conjunto, las evidencias que he presentado hasta el momento se pueden interpretar de dos maneras distintas. He estado sosteniendo que las actividades extraescolares son para los jóvenes una forma de practicar y de desarrollar la pasión y la perseverancia para objetivos a largo plazo. Pero también es posible que solo las personas con grit muestren constancia en las actividades extraescolares. Estas explicaciones no son contradictorias, es totalmente posible que se den *ambos* factores: el cultivo y la selección.

Supongo que ser constante en los compromisos adquiridos en la adolescencia *requiere* grit y al mismo tiempo lo *fomenta*.

Entre otras razones porque, en general, las situaciones por las que nos sentimos atraídos tienden a fomentar aquellas características que nos atrajeron. Esta teoría del desarrollo de la personalidad ha sido denominada como el *principio de correspondencia*[14] por Brent Ro-

---

13. Robertson-Kraft y Duckworth, «True Grit».

14. Brent W. Roberts y Avshalom Caspi, «The Cumulative Continuity Model of Personality Development: Striking a Balance Between Continuity and Change in Personality Traits Across the Life Course», en *Understanding Human Development: Dialogues with Lifespan Psychology*, ed. Ursula M. Staudinger y Ulman Lindenberger, Kluwer Academic Publishers, Norwell, Massachusetts, 2003, págs. 183-214.

berts, la mayor autoridad sobre lo que produce cambios duraderos en cómo pensamos, sentimos y actuamos en *distintas* situaciones.

Cuando Brent Roberts hacía el doctorado de Psicología en Berkeley, la idea imperante era que después de la infancia la personalidad «se quedaba fija como el yeso».[15] Brent y otros investigadores de la personalidad han reunido desde entonces suficientes datos de estudios longitudinales —en los que se ha seguido literalmente a *miles* de individuos a lo largo de años y décadas— para demostrar que la personalidad sigue cambiando después de la infancia.[16]

Brent y otros investigadores de la personalidad han descubierto que el proceso fundamental en el desarrollo de la personalidad conlleva situaciones y rasgos de personalidad que se «atraen» recíprocamente. El principio de correspondencia sugiere que aquellos rasgos que hacen que nos sintamos atraídos por determinadas situaciones en la vida son los mismos que estas situaciones fomentan, refuerzan y desarrollan. En esta relación se pueden dar tanto círculos virtuosos como viciosos.

Por ejemplo, en un estudio Brent y sus colaboradores hicieron un seguimiento a miles de estudiantes en Nueva Zelanda mientras entraban en la vida adulta y encontraban trabajo. A lo largo de los años, los adolescentes hostiles acabaron realizando trabajos de menor prestigio y afirmaron tener problemas económicos. Estas condiciones, a su vez, *aumentaron* sus niveles de hostilidad, con lo

---

15. William James afirmó en 1890 que a los treinta la personalidad se «quedaba fija como el yeso». Citado en Brent W. Roberts y Wendy F. DelVecchio, «The Rank-Order Consistency of Personality Traits from Childhood to Old Age: A Quantitative Review of Longitudinal Studies», *Psychological Bulletin* 126, 2000, pág. 6.

16. Ibíd, Avshalom Caspi, Brent W. Roberts y Rebecca L. Shiner, «Personality Development: Stability and Change», *Annual Review of Psychology* 56, 2005, págs. 453-484. Brent W. Roberts, Kate E. Walton y Wolfgang Viechtbauer, «Patterns of Mean-Level Change in Personality Traits Across the Life Course: A Meta-Analysis of Longitudinal Studies», *Psychological Bulletin* 132, 2006, págs. 1-25.

que sus perspectivas de encontrar trabajo se redujeron más aún. En cambio, los adolescentes más agradables entraron en un círculo virtuoso de desarrollo psicológico. Esos «adolescentes agradables» consiguieron trabajos más prestigiosos que les ofrecían una mayor seguridad económica, lo que *fomentaba* su tendencia a la sociabilidad.[17]

Por el momento, no se ha llevado a cabo un estudio sobre el grit basado en el principio de correspondencia.

De todos modos, voy a especular al respecto. Si se la deja a su aire, una niña que diga «¡Es demasiado difícil! ¡Me rindo!» cuando no consigue abrir una cajita de pasas podría entrar en un círculo vicioso que refuerza su tendencia a rendirse. Tal vez aprenda a darse siempre por vencida, perdiendo cada vez la oportunidad de entrar en un círculo virtuoso de espíritu de lucha que la lleve a progresar, a sentirse más segura de sí misma, animándola a intentar algo incluso más difícil.

Pero ¿y si la madre de esta niña la lleva a una academia de ballet aunque a su hija le cueste? Aunque no le *apetezca* ponerse las mallas en un momento dado porque está un poco cansada. Aunque en la última clase la profesora la haya reñido por la postura de los brazos, que por cierto dejaba mucho que desear. ¿Y si la madre empuja a su hija a seguir intentándolo una y otra vez, y en una clase de ballet la niña descubre encantada lo mucho que ha progresado? ¿Esta victoria la animaría a practicar *otras* cosas difíciles en la vida? ¿A sentirse cómoda ante los retos?

Al año de que Warren Willingham publicara el Personal Qualities Project, Bill Fitzsimmons fue nombrado decano de admisiones de la Universidad de Harvard.

---

17. Brent W. Roberts, Avshalom Caspi y Terrie E. Moffitt, «Work Experiences and Personality Development in Young Adulthood», *Journal of Personality and Social Psychology* 84, 2003, págs. 582-593.

Dos años más tarde, cuando solicité matricularme en Harvard, fue Bill quien leyó mi solicitud. Lo sé porque mientras estudiaba en esta universidad, participé como voluntaria con Bill en un proyecto para la comunidad. «¡Oh, pero si tengo ante mí a Doña Espíritu Escolar!», exclamó cuando nos presentaron. Y luego me recordó, con una exactitud portentosa, las diversas actividades que yo había hecho en el instituto.

Hace poco le llamé por teléfono para preguntarle qué pensaba sobre la constancia en las actividades extraescolares. Como era de esperar, conocía al dedillo la investigación de Willingham.

«La tengo en alguna parte. Siempre la tengo a mano»,[18] comentó buscándola en la estantería.

¿Coincidió con las conclusiones de Willingham? ¿Es que al departamento de admisiones de Harvard le importaba algo más que no fueran las notas del instituto y las de la prueba de acceso a la universidad de los candidatos?

Quería saberlo porque según la opinión de Willingham, en la época en que publicó sus hallazgos, los departamentos de admisiones de las universidades no le daban tanta importancia a la constancia en las actividades extraescolares como su investigación sugería que tenía.

Cada año, Bill Fitzsimmons explica a varios centenares de estudiantes admitidos en Harvard el mérito de unas credenciales académicas destacadas. Los logros académicos tempranos de los estudiantes indican que en algún momento de su vida se convertirán en profesionales de primera clase.

Pero Harvard admite por lo menos la misma cantidad de alumnos que, según palabras de Bill «se han comprometido a alcanzar algo que aman y valoran, y en lo que creen, y además lo han hecho

---

18. William R. Fitzsimmons, jefe del departamento de admisiones, encargado de gestionar las ayudas económicas de la Universidad de Harvard, en una entrevista con la autora, 17 de febrero, 2015.

a la antigua usanza a base de energía, disciplina y un esfuerzo colosal».[19]

En el departamento de admisiones nadie quiere o necesita que estos estudiantes realicen la misma actividad en el campus. «Pongamos por ejemplo el atletismo —señaló Bill—. Hemos descubierto que cuando un alumno se lesiona, decide dejar el deporte o no encaja en el equipo, todo el grit[20] que ha desarrollado con el atletismo lo transfiere a alguna otra actividad.»

Bill me aseguró que en realidad Harvard se fija mucho en la constancia. Después de describirle nuestras investigaciones más recientes sobre los hallazgos de Willingham, me contó que en el decanato están usando una escala de puntuación muy parecida: «Le pedimos al equipo que se ocupa de las admisiones que haga exactamente lo que por lo visto tú estás haciendo con la Plantilla del Grit».

Esto me ayudó a entender por qué recordaba tan bien, al cabo de más de un año de haber leído mi solicitud, mis actividades extraescolares en el instituto. Fue tanto en mis *actividades* como en cualquier otra información de mi historial académico donde él encontró la prueba de que yo estaba preparada para los rigores —y las oportunidades— de la facultad.

«Después de cuarenta años en el departamento de admisiones —concluyó Bill—, mi impresión es que la mayoría de las personas nacen con un potencial enorme. La cuestión es si las han animado a desarrollar la pasión y perseverancia a la que tú te refieres. Al final, estos son los estudiantes que parecen tener más éxito en la vida.»

Le señalé que la constancia en las actividades extraescolares tal vez fuera un simple signo del grit en lugar de algo que hubieran de-

19. William R. Fitzsimmons, «Guidance Office: Answers from Harvard's Dean, Part 3», *New York Times*, 14 de septiembre, 2009, http://thechoice.blogs.nytimes.com/tag/harvarddean.

20. Fitzsimmons, entrevista.

sarrollado. Bill estuvo de acuerdo, pero ratificó su opinión sobre que las actividades no eran *simplemente* un signo. Tenía la impresión de que la constancia en actividades que requerían esfuerzo les enseñaba a los jóvenes lecciones poderosas y transferibles. «Aprendes de los demás, la experiencia te permite descubrir cuáles son sus prioridades, desarrollas tu carácter.

»En algunos casos —prosiguió Bill—, los estudiantes se involucran en una actividad quizá a instancias de los padres o de un orientador. Pero a menudo esas experiencias son *transformadoras* y los estudiantes acaban aprendiendo algo muy importante. Y entonces se vuelcan en la actividad de una forma que sus padres y su orientador nunca se hubieran imaginado.»

Lo que más me sorprendió de mi conversación con Bill fue lo mucho que le preocupaban los jóvenes que no habían tenido la oportunidad de desarrollar el grit en las actividades extraescolares.

«Cada vez más institutos reducen o eliminan asignaturas relacionadas con la expresión artística o la música y otras actividades», dijo Bill, y luego me aclaró que por supuesto los que más lo hacían eran los centros donde estudiaban alumnos pobres. «Se han alcanzado los niveles más bajos posible.»

Las investigaciones realizadas por Robert Putnam, un experto en ciencias políticas de Harvard, y sus colaboradores, revelan el alto índice de participación, durante las últimas décadas, en actividades extraescolares de los estudiantes de instituto procedentes de familias estadounidenses ricas. En cambio, el índice de participación de los estudiantes de familias pobres ha caído a un ritmo vertiginoso.[21]

---

21. Kaisa Snellman, Jennifer M. Silva, Carl B. Frederick y Robert D. Putnam, «The Engagement Gap: Social Mobility and Extracurricular Participation Among American Youth», *The Annals of the American Academy of Political and Social Science* 657, 2015, págs. 194-207.

La creciente disparidad en la participación en actividades extraescolares entre los alumnos pobres y los ricos ha sido favorecida en parte por varios factores, comenta Putnam. Las actividades deportivas en las que hay que pagar para participar, por ejemplo, como los equipos de fútbol que se desplazan a los campos de juego de distintos lugares, son un obstáculo para los alumnos que no pueden permitirse este lujo. Incluso cuando la actividad es «gratuita» no todos los padres pueden adquirir el equipo deportivo. Ni tampoco todos disponen de los medios o las ganas para llevar a sus hijos en coche a los entrenamientos y partidos. En cuanto a la música, el precio de las clases particulares y de los instrumentos puede llegar a ser prohibitivo.

Tal como Putnam había pronosticado, existe una inquietante relación entre los ingresos familiares y la puntuación en la Plantilla del Grit. En general, los alumnos del último curso de bachillerato de nuestra muestra que por su situación económica podían optar a las becas de comedor escolar federales obtenían un punto menos en la Plantilla del Grit que los alumnos más privilegiados.

Geoffrey Canada, al igual que Robert Putnam, es un experto en ciencias sociales licenciado en Harvard.

El grit de Geoff es tan grande como el que les infunde a sus alumnos. Su pasión es hacer que los jóvenes de familias pobres desarrollen todo su potencial. Se ha hecho famoso hace poco. Pero durante décadas ha estado trabajando duramente en una relativa oscuridad como director de la Zona Infantil de Harlem (Harlem Children's Zone),[22] un programa educativo radicalmente intensivo en la ciudad de Nueva York. Los primeros jóvenes que lo comple-

---

22. Para obtener más información sobre Geoffrey Canada y la Zona Infantil de Harlem, visita la web www.hcz.org.

taron estudian ahora en la universidad y el enfoque tan inusualmente completo de este plan unido a los resultados excepcionales que está dando ha atraído la atención de toda la nación.

Hace varios años Geoff vino a la Universidad de Pensilvania a pronunciar el discurso inaugural. Me las ingenié para que hiciera un hueco en su apretada agenda y pudiéramos entrevistarnos en privado. Como ambos íbamos escasos de tiempo, fui directa al grano.

«Sé que eres un científico experto en ciencias sociales —le dije— y que en el campo de la educación hay algunas cosas de las que tenemos un montón de pruebas y, sin embargo, no las aplicamos. Y otras de las que no tenemos ninguna y, no obstante, no paramos de aplicarlas. Pero lo que quiero saber, de todo lo que has visto y hecho, es cómo crees *realmente* que se podría sacar a esos jóvenes de la pobreza.»

Geoff, inclinándose hacia mí en la silla, unió las manos como si se dispusiera a rezar.

«Te lo diré sin rodeos. Tengo cuatro hijos. He visto crecer a muchos, muchísimos jóvenes. Aunque no disponga de los estudios aleatorios de doble ciego para demostrarlo, te aseguro que sé qué necesitan los chicos pobres. Necesitan todo lo que tú y yo les damos a nuestros hijos. Los chicos pobres necesitan muchas cosas. Pero en pocas palabras lo que necesitan es gozar de una infancia satisfactoria.»[23]

Un año más tarde aproximadamente, Geoff dio una charla TED y tuve la suerte de encontrarme entre el público. La mayor parte de la labor hecha por la Zona Infantil de Harlem, explicó, se basaba en evidencias científicas contundentes: como la educación preescolar, por ejemplo, y las actividades de ocio educativo de verano. Pero ha-

---

23. Geoffrey Canada, creador y director de la Zona Infantil de Harlem, en una conversación con la autora, 14 de mayo, 2012.

bía una cosa que su programa de estudios ofrecía sin disponer de las suficientes pruebas científicas como para justificar el coste: las actividades extraescolares.

«¿Sabéis por qué lo hago? —preguntó al público—. Porque resulta que me gustan los niños.»[24]

El público se rio.

«Sí, me gustan mucho», repitió.

«Seguro que nunca habréis leído un estudio del MIT que afirme que si tu hija toma clases de ballet, más tarde eso le ayudará a resolver problemas de álgebra —reconoció—. Pero habrá aprendido a bailar y os entusiasmará que quiera hacerlo, y además os alegrará el día.»

Geoffrey Canada tiene razón. Ninguna de las investigaciones de las que hablo en este capítulo demuestra nada. Ignoro si un día los científicos aportarán pruebas de que asignar al azar un año de clases de ballet a los niños también les ayuda a aprender con más facilidad el álgebra.

Pero, de hecho, los científicos *han llevado* a cabo experimentos a corto plazo para comprobar si las tareas difíciles nos enseñan a hacer otras cosas difíciles.

El psicólogo Robert Eisenberger[25] de la Universidad de Houston es uno de los mayores expertos en la materia. Ha dirigido docenas de estudios en los que se les ha asignado a ratas de laboratorio una tarea difícil —como presionar una palanca veinte veces para

---

24. Geoffrey Canada, «Our Failing Schools. Enough Is Enough!», vídeo de una charla TED sobre la educación, filmado en mayo del 2013, www.ted.com/talks/geoffrey_canada_our_failing_schools_enough_is_enough?language=en.

25. Para un resumen sobre esta investigación, véase Robert Eisenberger, «Learned Industriousness», *Psychological Review* 99, 1992, págs. 248-267, y también el libro de Eisenberger *Blue Monday: The Loss of the Work Ethic in America*, Paragon House, Nueva York, 1989.

obtener una bolita de pienso— o algo fácil, como presionarla dos veces para obtener la misma recompensa. Después Bob asigna a *todas* las ratas otra tarea difícil. Experimento tras experimento, ha descubierto los mismos resultados. Las ratas que tuvieron que esforzarse más para ganarse una recompensa, comparadas con las de la «condición fácil», demostraron hacer la segunda tarea con más energía y resistencia.

Mi experimento favorito de Bob es uno de los más inteligentes que ha hecho. Advirtió que las ratas de laboratorio se alimentan en general de dos formas. Algunos investigadores usan un dispensador de comida recubierto con malla metálica para que las ratas se alimenten a través de los pequeños orificios de la malla, y otros simplemente arrojan bolitas de pienso en el suelo de la jaula. Bob se imaginó que ganarse la cena, por así decirlo, les enseñaría a las ratas a esforzarse más en una tarea de aprendizaje que requería esfuerzo. En realidad, eso fue precisamente lo que descubrió. Empezó el experimento entrenando a ratas jóvenes a cruzar una estrecha pasarela para obtener una recompensa. A continuación dividió las ratas en dos grupos. Un grupo vivía en jaulas con un dispensador de comida recubierto con malla metálica y el otro, en jaulas en las que les arrojaban simplemente el pienso por el suelo. Después de un mes de esforzarse para obtener la comida del dispensador, las ratas rindieron más en la tarea de cruzar la pasarela que las que simplemente ingerían la comida desparramada por el suelo cuando tenían hambre.

Como su mujer era maestra, Bob tuvo la oportunidad de probar versiones a corto plazo de los mismos experimentos con niños. Por ejemplo, en un estudio recompensó a escolares de segundo y tercer grado con dinero por contar objetos, memorizar imágenes y emparejar figuras. A unos niños les fue poniendo enseguida tareas más difíciles a medida que mejoraba su aptitud. Mientras que a otros siempre les daba las mismas tareas.

Todos los niños eran recompensados con dinero y elogios.

Más tarde, les pidió a ambos grupos de niños que hicieran una tarea tediosa que no tenía nada que ver con las anteriores: copiar una lista de palabras en una hoja de papel. Los hallazgos de Bob fueron exactamente los mismos que los que había obtenido con las ratas: los niños que aprendieron a realizar tareas cada vez más difíciles (en lugar de tareas fáciles) se esforzaron más al copiar la lista.

¿La conclusión de Bob? A base de práctica aprendemos a ser diligentes.

En homenaje a la investigación de Seligman y Maier sobre la indefensión aprendida, en la que la incapacidad de poder huir del castigo impulsaba a los animales a rendirse en una segunda situación estresante, Bob llamó a este fenómeno *laboriosidad aprendida*. Su conclusión más importante fue simplemente que la relación entre un gran esfuerzo y la recompensa se puede aprender. Bob llegó más lejos aún afirmando que *si* los animales *no* experimentan de forma directa la relación entre esfuerzo y recompensa, ya sean ratas o personas, se dejan llevar por la pereza. Después de todo, la evolución ha hecho que nuestro cuerpo procure evitar, siempre que sea posible, el esfuerzo del consumo de calorías.

Mi hija Lucy era todavía un bebé cuando leí por primera vez el estudio de Bob sobre la laboriosidad aprendida, y Amanda, su hermana, era aún pequeña. Al poco tiempo descubrí que no estaba preparada para jugar con mis dos hijas el papel de Bob en sus experimentos. Me costaba crear los retos necesarios para el aprendizaje, es decir, un entorno que reflejara la regla de «Si te esfuerzas mucho, serás recompensada. Pero si no lo haces, no recibirás nada».

En su lugar, intentaba ofrecerles el *feedback* que sabía que mis hijas necesitaban. Me descubrí alabándolas con entusiasmo hicieran lo que hiciesen. Y esta es una de las razones por las que las actividades extraescolares ofrecen un campo de juego para el grit[26] mucho más adecuado, ya que a los entrenadores e instructores se les pide que fomenten el grit en niños que no son sus propios hijos.

En la academia de ballet donde las llevaba cada semana, había una profesora fantástica esperándolas. Su pasión por el ballet era contagiosa. Ella les daba tanto apoyo como yo y además era, francamente, mucho más exigente. Cuando una alumna llegaba tarde a clase, le echaba un duro rapapolvo sobre la importancia de respetar el tiempo de los demás. Si una alumna se dejaba las mallas o las zapatillas en casa, la obligaba a quedarse sentada mirando a los otros niños sin dejarle participar durante el resto de la clase. Cuando una alumna ejecutaba mal un movimiento, se lo corregía y se lo hacía repetir una y otra vez, hasta alcanzar el alto nivel que le exigía. A veces, estas lecciones iban acompañadas de breves explicaciones sobre la historia del ballet y de cómo cada bailarina es responsable de transmitir esta tradición.

¿Era dura? No creo. ¿Era muy exigente? Desde luego.

Fue en las clases de ballet más que en casa donde Lucy y Amanda tuvieron la oportunidad de sentirse atraídas por una actividad, practicando diligentemente movimientos que todavía no les salían,

---

26. Incluso los que hemos dejado atrás la época del instituto y de la universidad podemos hacer muchas actividades que constituyen un reto y un apoyo a la vez. Por ejemplo, he aprendido mucho sobre el grit gracias a Joe De Sena, el creador de la Carrera Espartana. En una entrevista me contó la siguiente historia: «Vivimos en Vermont. Y en invierno hace mucho frío. Mi hijo forma parte del equipo de esquí. Un día llegó una hora antes del almuerzo. Me contó que había vuelto antes porque tenía frío». Por lo visto el resto del equipo seguía entrenando. «Vale —le dijo Joe a su hijo—, entiendo que tengas frío. Pero tu equipo está esquiando, así que ahora estás en el mío, y mi equipo no usa el telesilla.» Y le obligó a salir para subir juntos la montaña a pie. Su hijo se estuvo quejando todo el tiempo. Y después bajaron la montaña esquiando. Se terminó la lección. «Parece una tortura», le dije medio en broma. «No lo hice para torturarlo, sino para mostrarle que podía haber sido mucho peor —repuso Joe—. Nunca volvimos a tener este problema porque ahora tenía un marco de referencia que le decía: "Vale, la situación es incómoda, pero podía haber sido mucho peor". —Joe hizo una pausa—. En el pasado me rendí en una carrera y aprendí que esto era mucho peor que aguantar el sufrimiento que me esperaba. Es una lección que necesitas aprender. No naces sabiéndola.»

valorando el objetivo de sus esfuerzos para mejorarlos, y cuando los días malos se trocaban en buenos, sintiendo la esperanza de volver a intentarlo otra vez.

En nuestra familia nos regimos por la norma del esfuerzo. Esta tiene tres partes. La primera es que cualquier miembro de la familia —incluyendo mamá y papá— debe hacer una actividad difícil. Algo que nos exija una práctica deliberada diaria. Les conté a mis hijas que para mí la investigación psicológica es la actividad más difícil que desempeño, aunque también practico yoga. Papá intenta ser cada día un promotor inmobiliario más competente y también un mejor corredor. Amanda, mi hija mayor, ha elegido tocar el piano como su actividad difícil. Ha estado haciendo ballet durante años, pero hace poco lo dejó. Como mi hija Lucy.

Ello me lleva a la segunda parte de la norma del esfuerzo. Podemos dejar la actividad si queremos. Pero debemos esperar a que la temporada deportiva haya acabado, a que el curso haya finalizado, o a que concluya de manera «natural». Debemos acabar, al menos durante el tiempo prometido, lo que empezamos. Es decir, no puedes dejarlo el día que la profesora te riñe, cuando pierdes una carrera o por no poderte quedarte a dormir en casa de una amiga por tener un recital de piano al día siguiente. No podemos dejarlo en un mal día.

Y la tercera parte de la regla es elegir *uno mismo* la actividad difícil que quiere hacer. Nadie la elige por ti porque, después de todo, no tiene ningún sentido hacer una actividad difícil que no te atraiga lo más mínimo. Incluso la decisión de ir a clase de ballet la tomó mi propia hija después de proponerle una serie de actividades a elegir.

De hecho, Lucy ha estado probando media docena de actividades difíciles. Empezó cada una con entusiasmo y al final vio que no quería seguir haciendo ballet, gimnasia, atletismo, trabajos manuales ni piano. Acabó optando por la viola. Ya lleva tres años tocando este instrumento y cada día que pasa le gusta más. El año pasado tocó en la orquesta del colegio y en otras juveniles de la ciudad, y cuando le pregunté hace poco si quería cambiarla por una nueva actividad difícil, me miró como si me hubiera vuelto loca.

El año que viene Amanda empezará el instituto. Su hermana lo hará al siguiente. En ese momento la norma del esfuerzo cambiará. Le añadiremos una cuarta parte: tendrán que comprometerse a hacer como mínimo durante *dos años* al menos una actividad, ya sea otra nueva o la de seguir tocando el piano y la viola.

¿Soy una tirana? Creo que no. Y si los comentarios de mis hijas son sinceros, lo que no pongo en duda, ellas tampoco creen que lo sea. Quieren tener cada vez más grit y saben que se adquiere a base de práctica. Que son muy afortunadas por tener la oportunidad de hacerlo.

Si tienes hijos y deseas infundirles grit sin impedirles elegir su propio camino, te aconsejo que adoptéis la norma del esfuerzo.

12

La cultura del grit

El primer partido de fútbol americano que vi entero fue la cuadragésimaoctava Super Bowl. Se disputó el 2 de febrero del 2014, los Seahawks de Seattle jugaban contra los Broncos de Denver. Ganaron los Seahawks por 43-8.

Al día siguiente de su victoria, un antiguo jugador de los 49ers de San Francisco entrevistó a Pete Carroll, el entrenador de los Seahawks.

«Sé que cuando yo formaba parte de los Cuarenta y Nueve —empezó diciendo el entrevistador—, tú estabas ahí... Para nosotros ser uno de los Cuarenta y Nueve significaba mucho, no era un equipo cualquiera. Cuando tú y John Schneider buscáis a un jugador, ¿cuál es vuestra filosofía? ¿Qué significa ser un Seahawk?»

Pete soltó unas risitas por lo bajo.

«No te lo voy a contar todo, pero...»

«Venga, Pete, dímelo.»

«Lo que sí te diré es que buscamos a grandes competidores. Es lo más importante. Esos son los tipos con *grit*.[1] Siempre están decididos a ganar, a demostrar lo que valen. Son resilientes, no dejan que los reveses los amilanen. No se van a desalentar por los retos, las formaciones defensivas o lo que sea... Esta es la actitud, nosotros lo llamamos *grit*.»

---

1. Pete Carroll, entrevistado por Eric Wayne Davis, *NFL AM*, publicado por los Seahawks de Seattle, «Pete Carroll: "We're Looking for Grit"», 3 de febrero de 2014, www.seahawks.com/video/2014/02/03/pete-carroll-were-looking-grit.

No puedo decir que me sorprendieran los comentarios de Pete ni tampoco el victorioso partido que jugaron el día anterior.

¿Por qué no? Porque nueve meses antes Pete me llamó por teléfono. Por lo visto, acababa de ver mi charla TED sobre el grit. Me llamó motivado por dos acuciantes emociones.

En primer lugar sentía curiosidad por conocer más cosas sobre el grit de las que había podido transmitir en los seis minutos que me habían concedido para mi charla TED.

En segundo lugar, estaba molesto. No por la mayor parte de lo que yo había dicho, lo que le fastidió fue solo una parte del final. La ciencia, había confesado en la charla, tenía por desgracia muy poco que decir en cuanto a desarrollar el grit. Peter me contó más tarde que al verme diciendo esto en la pantalla se había levantado de un brinco de la silla gritando que en la cultura de los Seahawks lo que hacían era *exactamente* desarrollar el grit.

Acabamos charlando cerca de una hora, yo al otro lado de la línea sentada ante mi escritorio en Filadelfia y él y sus colaboradores inmediatos al otro lado del auricular, apiñados alrededor del móvil puesto en modo altavoz en Seattle. Le conté lo que estaba aprendiendo en mi investigación y Pete me contó a su vez lo que estaba intentando conseguir con los Seahawks.

«Ven a vernos. No hacemos más que ayudar a los nuestros a ser grandes competidores.[2] Les enseñamos a perseverar. A sacar la pasión que llevan dentro. Es lo único que hacemos.»

Tanto si somos conscientes como si no, la cultura en la que vivimos, y con la que nos identificamos, condiciona enormemente cada aspecto de nuestro ser.

---

2. Pete Carroll, entrenador principal de los Seahawks de Seattle, en una conversación telefónica mantenida con la autora, 13 de mayo, 2013.

Por cultura, no me refiero a los límites geográficos o políticos que separan a las personas de un lugar de otras, sino a las fronteras psicológicas invisibles que *nos* separan. En esencia, una cultura se define por las normas y los valores que comparte un grupo de personas. Es decir, siempre que un grupo social coincide en un estilo de vida y en por qué lo adopta se crea una cultura en concreto. En cuanto a cómo el resto del mundo funcione, cuanto mayor es el contraste, más fuertes son los vínculos de los que pertenecen a un «grupo incluyente», tal como los psicólogos lo llaman.

Por eso tanto los Seahawks de Seattle, como las escuelas privadas KIPP son auténticas culturas, al igual que cualquier país. Si eres un Seahawk, no eres un jugador de fútbol americano de tantos. Si eres un kippster, no eres un estudiante del montón. Los Seahawks y los kippsters se comportan de una determinada forma y lo hacen por ciertas razones. Asimismo, West Point tiene una cultura muy particular de más de dos siglos de antigüedad y con todo, como pronto descubrirás, sigue evolucionando.

Para muchos las compañías en las que trabajamos son una fuerza cultural importante en nuestra vida. Por ejemplo, a mi padre en mi infancia le gustaba decir que era un DuPont. Todos los lápices de casa eran un regalo de la compañía, figuraban en ellos frases como «La seguridad es lo primero», y cada vez que veía un anuncio de DuPont por la televisión se le iluminaba la cara, a veces incluso se unía a la voz del anuncio diciendo: «Los mejores artículos para vivir mejor». Creo que solo vio al director ejecutivo de DuPont un puñado de veces, pero contaba historias sobre el buen criterio de su jefe como aquel que habla de un héroe de guerra de la familia.

¿Cómo sabes que una cultura se ha convertido en una parte de ti, en un sentido muy real? Cuando adoptas una cultura estás afirmando una *rotunda* lealtal a ese grupo incluyente. No eres un Seahawk o un cadete de West Point «a medias». Lo eres o no lo eres. O *estás* en el grupo o *no lo estás*. Para describir tu compromiso tienes que usar un sustantivo, ya que con un adjetivo o un verbo no basta. El grupo con el que te comprometes te influye en gran medida.

Lo esencial sobre la cultura y el grit es: *Si quieres tener más grit, busca una cultura con grit y únete a ella. Si eres un líder y quieres que los miembros de tu organización tengan más grit, crea una cultura del grit.*

Recientemente llamé por teléfono a Dan Chambliss, el sociólogo del que hablo en el capítulo tres, que dedicó los seis primeros años de su vida profesional a estudiar a los nadadores.

Quería preguntarle, ahora que ya hacía tres décadas que había realizado aquel estudio especializado que marcó un hito, si había cambiado de idea sobre alguna de sus provocativas conclusiones.

¿Seguía creyendo, por ejemplo, que el talento era sobre todo una pista falsa para entender los orígenes de la excelencia al más alto nivel mundial? ¿Seguía manteniendo que para pasar del equipo del club de natación local a competir a nivel regional y nacional y, finalmente, al nivel de un nadador olímpico de primera clase era necesario haber desarrollado una habilidad portentosa y no solo haber estado «más horas» en la piscina? ¿Y era la desconcertante excelencia, al final de la jornada, realmente la confluencia de innumerables actos ejecutados a la perfección, aunque rutinarios y factibles?

Sí, sí y sí.

«Pero me he dejado lo más importante —apuntó Dan—. La forma de ser un gran nadador es unirte a un gran equipo.»[3]

Esta lógica tal vez te resulte extraña. Quizá supongas que *primero* te conviertes en un gran nadador y *luego* te unes a un gran equipo. Y es cierto, los grandes equipos no aceptan a cualquiera. Hay que superar pruebas de admisión. Hay un número limitado de puestos.

---

3. Chambliss, entrevista.

Determinados niveles. Y cuanto más elitista sea el equipo, más fuerte es el deseo de sus miembros de mantener esos altos niveles.

Dan se refería al efecto recíproco de la cultura de un equipo en la persona que se une a él. En los numerosos años en los que ha estado entrando y saliendo de la piscina, ha visto la flecha de la causalidad entre un gran equipo y una gran actuación deportiva individual ir en ambos sentidos. En efecto, ha presenciado el principio de correspondencia del desarrollo de la personalidad: ha visto que las características que se eligen para determinadas situaciones son fomentadas a su vez por estas.

«Cuando empecé a estudiar a los nadadores olímpicos, me pregunté: "¿Qué clase de bicho raro se levanta a las cuatro de la madrugada para entrenar en la piscina?" Pensé: "Tienes que ser una persona extraordinaria para hacer esta clase de cosas". Pero cuando vas a un lugar donde *todos* los que conoces se levantan a las cuatro de la madrugada para entrenar, lo haces y punto. Sin darle más vueltas. Se vuelve un hábito.»

Una y otra vez Dan ha observado a nadadores nuevos unirse a un equipo que hace las cosas mejor de lo que los recién llegados solían hacer en cierto grado. En un santiamén se adaptan a las normas y al nivel del equipo.

«En cuanto a mí, yo no tengo esta clase de autodisciplina. Pero si estoy rodeado de personas que escriben artículos, dan conferencias y trabajan duro, suelo imitarlas. Si estoy rodeado de un montón de gente que hace las cosas de una determinada forma, yo también lo hago.»

El impulso de encajar —de integrarte en el grupo— es muy poderoso. Algunos de los experimentos más importantes de psicología en la historia han demostrado la rapidez con la que un individuo se amolda, a menudo sin advertirlo, a un grupo que actúa o piensa de distinta forma que él.[4]

---

4. Lee Ross y Richard E. Nisbett, *The Person and the Situation: Perspectives of Social Psychology*, McGraw-Hill, Londres, 1991. Este libro resume de forma extraordinaria la investigación.

«Me parece que hay un modo difícil y otro fácil de desarrollar grit —concluyó Dan—. El difícil es hacerlo por ti mismo. El fácil es acomodarte —mediante el impulso humano básico de encajar—, porque si estás rodeado de personas con grit, actúas con más grit.»

Los efectos a corto plazo del amoldamiento no son lo que más me entusiasma del poder de una cultura para fomentar el grit. No exactamente.

Lo que más me entusiasma es la idea de que, a la larga, la cultura tiene el poder de formar nuestra identidad. Con el paso del tiempo y en las circunstancias adecuadas, adoptamos las normas y los valores del grupo del que formamos parte. Los interiorizamos. Los hacemos nuestros. *La forma de actuar y la razón de ello de los que nos rodean* se acaban volviendo *mi propia forma de actuar y la razón de ello*.

La identidad influye en cada aspecto de nuestro carácter, pero sobre todo en el grit. Con frecuencia, las decisiones fundamentales que tomamos —levantarnos una vez más, aguantar hasta el final ese verano horrible y agotador, correr ocho kilómetros con nuestros compañeros de equipo cuando nosotros solo correríamos cinco— son una cuestión de identidad más que de ninguna otra cosa. Nuestra pasión y perseverancia no suelen surgir del análisis frío y calculado de los costes y los beneficios de las alternativas. La fuente de nuestra fuerza es más bien la persona que sabemos que somos.

James March,[5] un experto en la toma de decisiones de la Universidad de Stanford, explica la diferencia de este modo: a veces usamos el análisis de coste-beneficio para tomar una decisión. No se refiere a que al decidir lo que pediremos para comer o cuándo nos iremos a la cama, lo hagamos con una hoja de papel y una cal-

---

5. James G. March, «How Decisions Happen in Organizations», *Human-Computer Interaction* 6, 1991, págs. 95-117.

culadora en la mano, sino que al tomarla tenemos en cuenta las ventajas y desventajas que comporta, y hasta qué punto serán las que creemos. Hacemos mentalmente todos esos cálculos y de hecho cuando estoy decidiendo lo que pediré para comer o cuándo me iré a la cama, suelo sopesar los pros y los contras antes de decidirme. Es algo muy corriente.

Pero en otras ocasiones, dice March, no pensamos en las consecuencias de nuestros actos en absoluto. No nos preguntamos: «¿Cuáles son los beneficios? ¿Cuáles son los costes? ¿Cuáles son los riesgos?» En su lugar, nos preguntamos: «¿Quién soy yo? ¿Qué es esta situación? ¿Qué hace una persona como yo en una situación como esta?»

Como lo ilustra el siguiente ejemplo.

Al contactar conmigo, Tom Deierlein se presentó diciendo: «Estudié en West Point. Pertenecí a una unidad de élite de infantería aerotransportada[6] y he sido director ejecutivo de dos empresas. Soy el fundador y director de una organización sin ánimo de lucro. No soy especial ni extraordinario en ningún sentido, salvo en uno: el grit».

Tom fue alcanzado por el disparo de un francotirador mientras estaba de servicio activo en Bagdad el verano del 2006. La bala le hizo añicos la pelvis y el sacro. No había forma de saber si los huesos se soldarían bien y cómo quedaría cuando se recuperase. Los médicos le dijeron que tal vez no volvería a caminar nunca más.

«No me conocéis», replicó Tom simplemente. Y luego se prometió a sí mismo participar en la carrera militar de las Diez Millas para la que se había estado entrenando antes de resultar herido.

Cuando siete meses más tarde se había recuperado lo bastante como para levantarse de la cama y empezar la fisioterapia, Tom

---

6. Tom Deierlein, cofundador y director ejecutivo de ThunderCat Technology, en un correo electrónico con la autora, 29 de octubre, 2011.

practicó sin descanso e intensamente los ejercicios asignados y luego otros más. A veces gruñía de dolor o gritaba para alentarse a sí mismo. «Al principio los demás pacientes estaban un poco asustados —comentó Tom—. Pero al final se acabaron acostumbrando[7] y hasta me tomaban el pelo gruñendo también de broma.»

Después de una sesión de ejercicios especialmente dura, Tom sintió de pronto una especie de «punzadas» bajándole por las piernas que le produjeron un dolor atroz. «Solo me duraban uno o dos segundos —matizó Tom—. Pero volvía a sentirlas de improviso a lo largo del día. Cuando aparecían me levantaba literalmente de un brinco por el dolor.» Sin fallar una sola vez, Tom se fijaba cada día una meta, y al cabo de varios meses todo su dolor y esfuerzo acabó dando fruto. Al final consiguió andar a duras penas con un caminador, luego con la ayuda de un bastón y más tarde por sí solo. Cada vez andaba más deprisa, hasta correr en la cinta varios segundos agarrado de las barandillas, y más adelante un minuto, y así sucesivamente. Tras progresar durante cuatro meses sin parar, llegó a un punto muerto.

«La fisioterapeuta me dijo: "Ya no necesitas más sesiones. Has hecho un buen trabajo". Y yo le respondí: "De todos modos pienso seguir viniendo". Y ella insistió: "Ya has hecho los ejercicios necesarios. Ya te has recuperado". Pero yo le contesté: "No, no, voy a seguir viniendo".»

Y Tom siguió haciéndolo durante ocho meses hasta llegar a un punto en que apenas se veía una mejoría. Técnicamente, su fisioterapeuta ya no le podía seguir tratando, pero Tom volvía de todos modos para hacer ejercicio por su cuenta con las máquinas.

¿Obtuvo algún beneficio de esos meses de más? Tal vez sí o tal vez no. Tom no está seguro de si aquel ejercicio extra le benefició en algún sentido. Pero lo que *sí* sabe es que el verano siguiente pudo empezar a

---

7. Deierlein, en un correo electrónico con la autora, 17 de septiembre, 2015.

entrenar para la carrera militar de las Diez Millas. Antes de que le hirieran, se había propuesto correr una milla en siete minutos para finalizar la carrera en setenta minutos o en menos tiempo. Pero después de que le hirieran, se replanteó su objetivo: decidió recorrer una milla en doce minutos para terminar la carrera en dos horas. ¿Cuánto tiempo tardó al final? Una hora y cincuenta y seis minutos.

Tom no puede afirmar que participar en la carrera militar de Diez Millas —y después en dos triatlones— fueran decisiones basadas en los costes y los beneficios. «No iba a rendirme por falta de ganas ni por no intentarlo. Yo no soy así.»

A decir verdad, los costes y los beneficios de la pasión y la perseverancia no siempre tienen sentido, al menos a corto plazo. Con frecuencia parece más «razonable» olvidarse del asunto y seguir adelante. A veces los beneficios del grit tardan muchos años en dar resultados.

Por eso la cultura y la identidad son tan importantes para entender cómo los individuos con grit viven su vida. La lógica de calcular los costes y los beneficios se queda corta a la hora de explicar las decisiones que toman, pero la lógica de la identidad las esclarece a la perfección.

La población de Finlandia se compone de poco más de cinco millones de habitantes. En el mundo hay menos finlandeses que neoyorquinos. Este país nórdico diminuto y gélido —situado tan al norte que en la mitad del invierno apenas dispone de seis horas de luz— ha sido invadido en numerosas ocasiones por países vecinos más grandes y poderosos. Una buena pregunta es si estos retos meteorológicos e históricos han contribuido a cómo los finlandeses se ven a sí mismos. Sea como sea, es innegable que se consideran parte de la gente con más grit del mundo.

En finlandés la palabra que más se parece a *grit* es *sisu*, aunque la traducción no sea perfecta. El grit se caracteriza por la pasión para alcanzar una meta del nivel superior *y* la perseverancia para ello. En cambio el *sisu* se refiere solo a la perseverancia. En especial, a la fuente de *fuerza interior* —una especie de capital psicológico— que los finlandeses creen haber heredado de sus antepasados. *Sisu* se refiere literalmente a las entrañas de uno, a lo visceral.

En 1939 Finlandia era dada por derrotada de antemano en la guerra de Invierno, cuando fue atacada por el ejército de la Unión Soviética, que le triplicaba en soldados, centuplicaba en carros de combate y poseía una flota de aviones treinta veces mayor. Las tropas finlandesas resistieron durante varios meses —mucho más tiempo del que los soviéticos se hubieran imaginado—. En 1940 la revista *Time* publicó un artículo sobre el *sisu:*

> Los finlandeses tienen algo que llaman *sisu.* Se compone de arrojo y coraje, de ferocidad y tenacidad, de la fuerza para seguir luchando después de que la mayoría de las personas se hayan dado por vencidas, y para luchar con la voluntad de ganar. Los finlandeses traducen *sisu* como el «espíritu finlandés»,[8] pero es una palabra mucho más visceral.

En el mismo año el *New York Times* publicó un artículo titulado: «*Sisu*, una palabra que explica cómo es Finlandia». Un finlandés le contó a un periodista cómo era la gente de su país: «El finlandés típico es un tipo obstinado que se cree capaz de sacar lo mejor de la adversidad demostrando que puede con situaciones incluso peores».[9]

Cuando doy una charla sobre el grit a mis alumnos, me gusta incluir una breve digresión sobre el *sisu.* Les hago la siguiente pre-

---

8. Hudson Strode, «Sisu: A Word That Explains Finland», *New York Times*, 14 de enero, 1940.

9. Hudson Strode, «Sisu: A Word That Explains Finland», *New York Times*, 14 de enero, 1940.

gunta retórica: ¿se puede forjar una cultura, como sin duda cree Pete Carroll, el entrenador de los Seahawks, que celebre y fomente esta clase de cualidades como el *sisu* y el grit?

Hace varios años, Emilia Lahti, una joven finlandesa, se encontraba por casualidad entre el público cuando cité el *sisu*. Después de la charla, se acercó a saludarme y me confirmó que mi idea de extranjera del *sisu* era correcta. Coincidimos en la apremiante necesidad de investigar sistemáticamente el *sisu*, cómo lo interpretan los finlandeses, cómo se propaga.

Emilia fue al año siguiente alumna mía de posgrado y su tesis doctoral se basó exactamente en estas preguntas. Preguntó a mil finlandeses[10] qué era para ellos el *sisu* y descubrió que la mayoría tienen una mentalidad de crecimiento sobre su desarrollo. Al preguntarles: «¿Crees que el *sisu* se puede aprender o desarrollar mediante el esfuerzo consciente?», el 83 por ciento respondió «sí». Uno añadió: «Por ejemplo, la participación en las excursiones de la asociación finlandesa de boy scouts, en las que niños de trece años se ocupan en el bosque de otros de diez, está por lo visto relacionada con el *sisu*».

Como científica, no me tomo en serio la idea de que los finlandeses, o los miembros de cualquier otra nacionalidad, tengan una reserva de energía oculta en las entrañas dispuesta a surgir en un momento crítico. Sin embargo, hay dos poderosas lecciones que podemos extraer del *sisu*.

En primer lugar, vernos como alguien que se crece ante las adversidades nos motiva a actuar según esta imagen de sí mismo. Si eres un finlandés con ese «espíritu del *sisu*», te volverás a levantar del suelo, ocurra lo que te ocurra. Del mismo modo, si eres un Seahawk de Seattle, eres un competidor. Tienes lo que hay que tener para triunfar. No dejas que los reveses te amilanen. El grit es quien eres.

---

10. Emilia Lahti, «Above and Beyond Perseverance: An Exploration of Sisu», Masters Capstone, Universidad de Pensilvania, Masters Capstone, 2013.

En segundo lugar, aunque la idea de una fuente de energía interior sea absurda, la metáfora es excelente. A veces tenemos la impresión de que ya no nos queda nada por dar y, sin embargo, en esos momentos oscuros y desesperados descubrimos que si seguimos dando un paso tras otro, hay una forma de conseguir lo que parece imposible.

La idea del *sisu* hace siglos que está presente en la cultura finlandesa. Pero las culturas se pueden crear en mucho menos tiempo. En mi búsqueda para entender cómo surge el grit, me he encontrado con varias organizaciones con líderes especialmente valerosos que, en mi opinión, han forjado con éxito la cultura del grit.

Como lo ilustra Jamie Dimon, el director ejecutivo de JPMorgan Chase. Jamie no es el único de los más de 250.000 empleados del banco que afirma: «¡Llevo este jersey[11] y lo que representa en la sangre!» Otros empleados de mucho menor rango que el suyo afirman: «Lo que hago cada día para nuestros clientes importa. En esta compañía nadie es insignificante.[12] Y cada detalle, cada empleado, importa... Estoy orgulloso de formar parte de esta gran compañía».

Jamie ha sido el director ejecutivo de JPMorgan Chase, el mayor banco de Estados Unidos, durante más de una década. En la crisis económica del 2008 consiguió sacarlo a flote, y mientras otros bancos se desplomaban, el JPMorgan Chase de algún modo obtuvo cinco mil millones de dólares de beneficios.

---

11. Betty Liu, *Work Smarts: What CEOs Say You Need to Know to Get Ahead,* John Wiley & Sons, Hoboken, Nueva Jersey, 2014, pág. 7.

12. Thomas II, reseña de Amazon «Last Man Standing: The Ascent of Jamie Dimon and JP Morgan Chase», 8 de octubre, 2009, www.amazon.com/Last-Man-Standing-Ascent-JPMorgan/dp/B003STCKN0.

Casualmente, el apodo que tenía Jamie en la Browning School, su antiguo colegio privado de secundaria, era «grytte»,[13] una versión antigua inglesa de *grit* definida en un anuario de 1897 como «firmeza, arrojo, determinación... que por sí solo te permite triunfar en cualquier empresa». Cuando Jamie estudiaba el último curso en la Browning School,[14] su profesor de cálculo tuvo un infarto y el suplente no dominaba esta asignatura. La mitad de los alumnos dejaron el curso y la otra mitad, incluyendo a Jamie, decidieron seguir y quedarse el resto del curso en otra aula, sin ningún profesor, aprendiendo por sí mismos.

«Tienes que aprender a superar los baches del camino, los errores y los reveses —me dijo cuando le llamé para hablar de la cultura que ha creado en el JPMorgan Chase—. Los fracasos ocurren en algún momento de tu vida y lo más importante para triunfar es cómo los manejas. Tienes que tener una firme resolución. Asumir responsabilidades. Tú lo llamas grit. Yo lo llamo fortaleza.»[15]

La fortaleza es para Jamie Dimon lo que el *sisu* es para los finlandeses. Jamie recuerda que le despidieron del Citibank a los treinta y tres años y que el año sabático que se tomó para reflexionar acerca de lo que podía aprender del episodio le ayudó a mejorar como ejecutivo. Y cree lo bastante en la fortaleza como para que sea el valor esencial del banco JPMorgan Chase. «Lo más importante[16] es crecer con el paso del tiempo.»

«¿Es posible que un ejecutivo influya en la cultura de una compañía tan enorme?», le pregunté. Es cierto, la cultura del JPMorgan

---

13. Ben Smith, «Master Howard Dean», *Observer*, 8 de diciembre, 2003, http://observer.com/2003/12/master-howard-dean.

14. Duff McDonald, *Last Man Standing: The Ascent of Jamie Dimon*, Simon and Schuster, Nueva York, 2009, pág. 5.

15. Jamie Dimon, presidente y director ejecutivo de JPMorgan Chase, en una conversación con la autora, 14 de abril, 2015.

16. Dimon, entrevista.

Chase se ha descrito, con cierto cariño, como «la secta de Jamie». Pero hay literalmente miles y miles de empleados del banco que Jamie no conoce en persona.

«Claro que sí —respondió Jamie—. Exige una comunicación constante, absolutamente constante. Lo esencial es lo que dices y cómo lo dices.»

También puede tener que ver con lo *a menudo* que lo haces. Jamie es, a decir de todos, un predicador incansable que cruza el país para asistir a lo que él llama reuniones abiertas con sus empleados. En una ocasión le preguntaron: «¿Qué cualidades esperas que tengan los miembros de tu equipo de alta dirección?» ¿Su respuesta?: «Capacidad, carácter y saber tratar a la gente».[17] Más tarde me contó que siempre se hace dos preguntas sobre el equipo de alta dirección: «¿Les dejaría dirigir la empresa sin mí?», y «¿Dejaría que mis hijos trabajaran para ellos?»[18]

A Jamie le gusta repetir su cita favorita de Teddy Roosevelt:

No es el crítico quien cuenta, ni el que señala con el dedo al hombre fuerte cuando tropieza, ni el que indica cómo el que actúa podría haberlo hecho mejor. El mérito es exclusivamente del hombre que se encuentra en el ruedo,[19] con el rostro manchado de polvo, sudor y sangre, el que lucha con valentía, el que se equivoca y fracasa una y otra vez, porque no hay esfuerzo sin fracasos ni errores, pero que intenta triunfar con gran entusiasmo y devoción, que se vuelca en una causa noble y cosecha al final los frutos de grandes logros, y que en el peor de los casos, si fracasa ha demostrado al menos tal osadía que

---

17. Nick Summers y Max Abelson, «Why JPMorgan's Jamie Dimon is Wall Street's Indispensable Man», *Bloomberg Businessweek*, 16 de mayo, 2013.

18. Dimon, entrevista.

19. Theodore Roosevelt, «The Man in the Arena. Citizenship in a Republic», discurso impartido en la Sorbona, París, 1910.

no ocupará nunca el lugar reservado a las almas frías y tímidas que no han conocido victoria ni derrota alguna.

Y así es cómo Jamie traduce la poesía de Roosevelt en la prosa de *Cómo hacer negocios*, el manual del JPMorgan Chase: «Ten una firme resolución en todo cuanto hagas». «Muestra determinación, fortaleza y tenacidad». «No dejes que los reveses temporales se conviertan en excusas permanentes». Y, por último: «Aprovecha los errores y problemas como oportunidades para mejorar y no como razones para desistir».[20]

Anson Dorrance se enfrenta al reto de infundirles grit a un número menor de personas. A treinta y una mujeres, para ser exactos. Las integrantes del equipo femenino de fútbol de la Universidad de Carolina del Norte, en Chapel Hill. Anson es el entrenador con más victorias de la historia del fútbol femenino. Su historial incluye veintidós campeonatos nacionales en treinta y un años de competiciones. En 1991 el Equipo Nacional Femenino de Estados Unidos al que entrenó ganó su primer título mundial.

En su juventud, en su época de jugador, Anson capitaneó el equipo de fútbol de la Universidad de Carolina del Norte. No era especialmente talentoso, pero se ganó la admiración de los miembros de su equipo por su modo de jugar explosivo y feroz en los entrenamientos y partidos. Su padre le dijo en una ocasión: «Anson, eres la persona sin talento alguno más segura de sí misma que conozco». A lo que Anson se apresuró a responder: «Papá, me lo tomaré como un cumplido».[21] Muchos años más tarde, en su época de entrenador, Anson señaló que «el talento es algo común, pero lo que inviertes en desarrollarlo es la medida definitiva y esencial de la grandeza».[22]

---

20. JPMorgan Chase & Co., *How We Do Business*, 2014, www.jpmorganchase.com/corporate/About-JPMC/document/20140711_Website_PDF_FINAL.pdf.

21. Tim Crothers, *The Man Watching: Anson Dorrance and the University of North Carolina Women's Soccer Dynasty*, Thomas Dunne, Nueva York, 2006, pág. 37.

22. Ibíd., pág. 106.

Muchos de los admiradores de Anson atribuyen su éxito sin precedentes a los fichajes. «Están muy equivocados —me comentó—. Cinco o seis universidades nos ganan en ese terreno. Nuestro extraordinario éxito se debe a lo que hacemos en cuanto las jugadoras forman parte de nuestro equipo. A nuestra cultura.»[23]

Crear una cultura es una cuestión de continua experimentación, afirma Anson. «Básicamente lo intentamos todo, y si funciona, lo seguimos aplicando.»

Por ejemplo, después de enterarse de mi investigación sobre el grit, Anson les pidió a sus jugadoras que hicieran el test de la Escala del Grit y se aseguró de que todas lo hicieran. «Para serte sincero, me quedé muy impactado. Salvo una o dos excepciones, tu Escala evaluó el grit de cada jugadora exactamente cómo *yo* lo habría hecho.» Anson se asegura ahora de que cada primavera las jugadoras de su equipo conozcan su grit para que «valoren más las cualidades esenciales de las grandes triunfadoras». Cada jugadora puede ver la puntuación obtenida porque, como Anson afirma, «en algunos casos la escala refleja el grit y en otros lo *pone en evidencia*». Cada año hacen el test, y al año siguiente comparan su grit actual con el del año anterior.

Otro experimento destacado es el Test del Pitido.[24] Las jugadoras se alinean, hombro con hombro, y al oír un pitido electrónico echan a correr hacia una línea situada a veinte metros de distancia. Nada más llegar, suena otro pitido, indicándoles que den media vuelta y regresen corriendo al punto de partida. Van de un lado a otro cogiendo más velocidad, presionadas por el ritmo marcado por los pitidos. A los pocos minutos, se ven obligadas a hacer frenéticos

23. Anson Dorrance, entrenador principal del equipo femenino de fútbol americano de la Universidad de Carolina del Norte, en una entrevista con la autora, 21 de agosto, 2015.

24. Luc A. Léger, D. Mercier, C. Gadoury y J. Lambert, «The Multistage 20 Metre Shuttle Run Test for Aerobic Fitness», *Journal of Sports Sciences* 6, 1988, págs. 93-101.

sprints, pero los pitidos siguen sonando a un ritmo cada vez más rápido. Una a una, las jugadoras se van desplomando, totalmente exhaustas. La distancia recorrida, como cualquier otra cosa que hagan en los entrenamientos y los partidos, se anota meticulosamente y la información se cuelga en el vestuario, a la vista de todos.

El Test del Pitido fue creado originalmente por fisiólogos del deporte canadienses como un test para evaluar la máxima capacidad aeróbica, pero esta no es la única razón por la que a Anson le gusta. Como los investigadores del Laboratorio de la Fatiga de Harvard que en 1940 crearon el test de la cinta para evaluar la perseverancia por medio del dolor físico, Anson cree que el Test del Pitido también evalúa el carácter. «Les doy antes una pequeña charla sobre lo que este test me demostrará —me contó—. Si les sale bien, significa que tienen autodisciplina por haber estado entrenando todo el verano o que tienen la fortaleza mental para aguantar un grado de dolor físico que la mayoría de las personas no soportan. Naturalmente, lo ideal es tener ambas cosas.» Justo antes del primer pitido, Anson les anuncia: «Señoritas, este es el test sobre su mentalidad.[25] ¡Adelante!»

¿De qué otra forma construye Anson una cultura del grit? Como Jamie Dimon, le da mucha importancia a la comunicación. Sin duda, no es lo único en lo que hace hincapié, pero como también cursó estudios de filosofía e inglés, valora en especial el poder de las palabras. «Para mí, el lenguaje lo es todo.»[26]

Con el paso de los años Anson ha creado una lista de doce valores esenciales cuidadosamente expresados que define lo que significa ser jugadora del equipo de la Universidad de Carolina del Norte, a diferencia de jugar en cualquier otro equipo de fútbol del montón. «Si quieres crear una gran cultura, todos los que la forman deben

---

25. Dorrance, en una entrevista con la autora, 30 de septiembre, 2015.

26. Dimon, entrevista.

regirse por una serie de valores esenciales en la vida», me contó. La mitad de los valores esenciales son sobre el trabajo de equipo. Y la otra mitad, sobre el grit. Juntos definen una cultura que Anson y sus jugadoras llaman el «caldero competitivo».

Pero le señalé que muchas organizaciones tienen valores esenciales que se ignoran flagrantemente a diario. Anson estuvo de acuerdo. «Claro, la afirmación de que en tu cultura debes trabajar duro no te motiva en absoluto, me refiero a que es muy *banal*.»

La solución de Anson para recuperar los valores esenciales fue en un sentido totalmente imprevisible y en otro exactamente lo que esperarías de alguien que ha estudiado Humanidades.

Se le ocurrió mientras leía un artículo sobre Joseph Brodsky, el poeta exiliado ruso premio Nobel. Anson se enteró de que Brodsky les dijo a sus alumnos de posgrado de la Universidad de Columbia que cada semestre tenían que memorizar un gran número de poemas rusos. Como es natural, la mayoría de los alumnos consideró que esta exigencia era exagerada y obsoleta y se dirigieron a su despacho para decírselo. Brodsky les respondió que hicieran lo que quisieran, pero si no memorizaban los poemas no obtendrían el doctorado. «Se fueron del despacho literalmente con el rabo entre las piernas y se dispusieron a memorizarlos», me contó Anson. Lo que ocurrió a continuación fue «simplemente transformador», tal como Anson lo expresó. De pronto, al aprenderse un poema de memoria los alumnos de Brodsky «sintieron, vivieron y respiraron Rusia». Aquello que estaba muerto en las páginas cobró vida.

En lugar de leer esta anécdota y olvidarla al poco tiempo, Anson supo apreciar lo importante que era para la meta superior que estaba intentando alcanzar. Como cualquier otra cosa que lee, ve o hace, se preguntó: «¿Cómo me puede esto ayudar a crear la cultura que deseo?»

Cada año Anson Dorrance obliga a sus jugadoras a memorizar tres citas literarias, cuidadosamente seleccionadas para transmitir un valor esencial distinto. Y les advierte: «En la pretemporada comprobaré si os las habéis aprendido de memoria, y volveré a comprobarlo repetidamente en cada charla que os dé. No solo tenéis que memorizarlas, sino además entenderlas. Así que reflexionad también sobre ellas...»

En el último año de carrera, las atletas de Anson ya han aprendido los doce valores esenciales de memoria, empezando por el primero —*No nos quejamos*— y su cita correspondiente, por gentileza del dramaturgo George Bernard Shaw: «La verdadera alegría de la vida es ser una fuente de prosperidad en lugar de un pobre desgraciado desasosegado y egoísta lleno de achaques y quejas, que se lamenta de que el mundo no se consagre a la tarea de hacerle feliz».[27]

La memorización de un texto es una tradición de dos siglos de antigüedad de la que West Point se enorgullece. En la Academia, en un documento llamado las Notas de la Corneta,[28] aparece una lista muy larga, larguísima, de canciones, poemas, códigos morales, credos y citas literarias que los cadetes del primer año —«la plebe», en la jerga de West Point— deben memorizar.

Pero el teniente general Robert Caslen, el director actual de West Point, es el primero en recalcar que las palabras, incluso las aprendidas de memoria, no sustentan una cultura cuando no están en consonancia con los actos.

Como, por ejemplo, la Definición de Disciplina de Schofield. Estas palabras, pronunciadas por primera vez en el discurso que John Schofield, el director de West Point por aquel entonces, pronunció ante los cadetes en 1879, son el tipo de palabras que se espera que los

---

27. George Bernard Shaw, *Man and Superman: A Comedy and a Philosophy*, Penguin, Nueva York, 1903), pág. 32. El pasaje original dice lo siguiente: «Esta es la verdadera alegría de la vida, ser usado para un designio que uno reconoce como algo poderoso... ser una fuerza de la Naturaleza en lugar de un pobre desgraciado desasosegado y egoísta lleno de achaques y quejas que no cesa de lamentarse de que el mundo no se consagre a la tarea de hacerle feliz».

28. West-Point.org, «Bugle Notes», consultado el 10 de febrero, 2015, www.west-point.org/academy/malo-wa/inspirations/buglenotes.html.

cadetes memoricen. El pasaje que deben memorizar empieza diciendo: «La diciplina que les permite a los soldados de un país libre ser buenos combatientes *no* debe ganarse con un trato duro o tiránico. Al contrario, semejante trato tenderá a destruir y no a crear un ejército».[29]

Schofield añade —y los cadetes también tienen que memorizar esta parte— que las órdenes, según cómo se impartan, pueden inspirar lealtad o semillas de resentimiento. Depende de una sola cosa: el respeto. ¿El respeto de los subordinados por su superior? No, dice Schofield. El gran líder es aquel jefe que respeta a sus subordinados.

A Caslen no le pasó desapercibida la ironía de recitar las inspiradoras palabras de Schofield aunque tus compañeros de mayor rango te estén gritando y chillando cuando, siendo un cadete «plebeyo» a los dieciocho años en 1971, se las tuvo que aprender de memoria. En aquellos tiempos las novatadas no solo se toleraban, sino que se fomentaban. «Los supervivientes eran los que triunfaban —recordó Caslen—. Lo más difícil no eran los retos físicos, sino la fortaleza mental requerida para aguantar todos los gritos y chillidos».[30]

Hace cuarenta años 170 nuevos cadetes dejaron la Academia al inicio del curso. Es decir, un 12 por ciento, el doble de los que la abandonaron hace una década cuando fui a West Point a estudiar el grit. Sin embargo, en el último año, se dio menos de un 2 por ciento de abandonos.[31]

Otra explicación para esta tendencia bajista son las novatadas o, más bien, la falta de las mismas. La práctica de infligir estrés

---

29. Discurso del comandante mayor John M. Schofield, exsuperintendente de la Academia Militar estadounidense, dirigido a los cadetes, 11 de agosto, 1879.

30. Teniente general Robert L. Caslen, superintendente de la Academia Militar estadounidense, en una entrevista con la autora, 4 de septiembre, 2015.

31. Información ofrecida por la Academia Militar de Estados Unidos.

físico y psicológico a los cadetes nuevos se consideró durante mucho tiempo una parte necesaria del endurecimiento de los futuros oficiales. El segundo beneficio que aportaba, según este método, era señalar a los débiles, con lo que se eliminaba la debilidad en la academia al obligar a quienes no aguantaban las novatadas a dejarla. A lo largo de las décadas la lista de los rituales de novatadas aprobadas se fue reduciendo progresivamente y en 1990 se prohibieron oficialmente del todo.

La eliminación de las novatadas podría explicar el descenso de abandonos al inicio de los ejercicios del primer verano a finales del siglo veinte, pero ¿a qué se debe la caída en picado de la última década? ¿Ha mejorado la selección de los candidatos con más grit? A juzgar por los datos que consulto cada año sobre el grit, no creo en absoluto que sea esta la razón. La puntuación media del grit de los cadetes que ingresan en la Academia no ha cambiado desde que West Point empezó a reunirla.

Según el general Caslen, lo que ha ocurrido es un cambio deliberado en la cultura de la Academia. «El método de que solo triunfen los supervivientes es un *modelo de desgaste* —explicó—. Hay otra clase de liderazgo. Yo lo llamo un *modelo de progreso*. El nivel exigido es exactamente el mismo —alto—, pero en un caso usas el miedo para obligar a tus subordinados a alcanzarlo y, en el otro, les inspiras a hacerlo dando ejemplo.»

En el campo de batalla, dar ejemplo significa literalmente ponerte a la cabeza de tus soldados siendo uno más, ejecutando las mismas duras tareas y corriendo los mismos riesgos mortales. En West Point significa tratar a los cadetes con un respeto incondicional y cuando no satisfacen los niveles tremendamente altos exigidos por la Academia, averiguar qué tipo de apoyo necesitan para progresar.

«Por ejemplo —me confió Caslen—, en la prueba de aptitud física si hay cadetes que tienen problemas para correr las dos millas y yo soy su líder, hago un programa de entrenamiento con ellos, cerciorándome de que sea sensato. Algunas tardes les digo: "Bien, salgamos a correr", o "entrenemos en el gimnasio", o "hagamos un entrenamiento por intervalos". Y me pongo a la cabeza para marcar el nivel requerido. Muchas veces el cadete incapaz de hacerlo por sí mismo encuentra de pronto la motivación y empieza a mejorar, por lo que se siente más motivado aún para seguir, y al alcanzar estos objetivos se siente más seguro. Y acaba descubriendo cómo conseguirlo por sí solo.»

El ejemplo de Caslen me trajo a la memoria una historia que Tom Deierlein, excadete de West Point, me contó sobre un entrenamiento incluso más duro que el del primer verano en la academia para ser Airbone Ranger. En un momento del entrenamiento, se descubrió aferrado a una pared rocosa —una escalada en la que había fallado en otra ocasión— con todos los músculos del cuerpo temblándole incontrolablemente. «¡No puedo!», le gritó al instructor que lo observaba desde la cima. «Esperaba que me contestara: "¡Bien, déjalo! ¡Eres un perdedor!", pero aquel tipo fuera por la razón que fuese, repuso: "¡Sí puedes! ¡Sube aquí arriba!" Y lo hice. Escalé la pared y me prometí no decirme nunca más "¡No puedo!"»

En lo que respecta a los que critican la nueva cultura de progreso de West Point, Caslen recalca que los niveles académicos, físicos y militares para graduarse en West Point se han vuelto más estrictos con el tiempo. Está convencido de que de la Academia salen jefes militares más preparados, fuertes y competentes que nunca. «Si alguien pretende evaluar West Point por los gritos y chillidos que se oyen en la Academia, en este caso no hay nada que hacer, porque los jóvenes de hoy no responden a los gritos ni a los chillidos.»

Aparte de los niveles objetivos de rendimiento, ¿qué más *no ha* cambiado en West Point desde los últimos diez años? Las normas de cortesía y de decoro siguen presentes hasta tal punto que durante mi visita me descubrí consultando el reloj de pulsera para asegurarme de que acudía exactamente unos minutos antes a cada cita y, sin pensarlo, me dirigí a cada persona con el que me reuní tratándola de «señor» o «señora». Los uniformes grises que los cadetes lucen en las ocasiones formales siguen siendo los mismos, por lo que los cadetes de hoy continúan formando parte de la «larga serie gris» de alumnos de West Point que se remonta a dos siglos atrás. Y, por último, también siguen usando con fluidez la jerga típica de la Academia, palabras que probablemente no se han definido nunca, como *firsties*, que se refiere a los cadetes del cuarto año, *spoony*, que significa un aspecto físico impecable y *huah*, que tanto puede querer decir «te entiendo», como «¡a por ello!», «de acuerdo» o «buen trabajo».

Caslen no es tan ingenuo como para creer que cuatro años de cultura de progreso en West Point harán que una puntuación en la Escala del Grit de dos y tres suba a cinco. Pero a los atletas, a los presidentes de comités estudiantiles y a los estudiantes brillantes que han sido admitidos en West Point no les falta grit que digamos. Y lo más importante es que Caslen ha visto cambiar a cadetes. Los ha visto progresar. El general tiene una mentalidad de crecimiento. «En realidad, nadie puede saber quién puede acabar convirtiéndose en un Schwarzkopf o un MacArthur.»

Dos años después de que Pete Carroll me llamara para hablar del grit, fui a Seattle. Quería ver con mis propios ojos a qué se refería al decir que los Seahawks estaban creando la cultura con más grit de la NFL.

Por aquel entonces ya había leído *Win Forever*, su autobiografía, en la que habla de cómo descubrió el poder de la pasión y la perseverancia en su propia vida.

Personalmente, he aprendido que si *visualizas* una meta y no la abandonas, puedes alcanzar cosas asombrosas en la vida. Mi experiencia es que en cuanto la visualizas con claridad, la puedes materializar a golpe de *disciplina* y *esfuerzo*. Ambas cosas van de la mano. Una vez la hayas visualizado estarás ya camino de alcanzarla, dependerá de la diligencia con la que lo hagas.[32]

Hacérselo entender a los jugadores es una ocupación constante.

También he escuchado a Pete hablar sobre el grit y la cultura en sus numerosas entrevistas y presentaciones. Una tuvo lugar, como invitado de honor, en el auditorio de la Universidad del Sur de California, cuyo equipo de fútbol americano (Trojans) entrenó y al que condujo a ganar seis de las siete finales de campeonato que disputó a lo largo de nueve años. «¿Hay alguna novedad?», «¿Qué estás aprendiendo?», le preguntó el entrevistador. Pete respondió que había descubierto mi investigación sobre el grit y que se parecía mucho al método que ha estado empleando como entrenador durante décadas. «En nuestro programa, mis colaboradores fomentan la cultura del grit mediante innumerables oportunidades competitivas. Intentamos que los jugadores tengan más grit. Intentamos enseñarles a perseverar. Con ejemplos les demostramos cómo manifestar más pasión.»[33]

Lo ilustró con un ejemplo. En los entrenamientos los Seahawks juegan para ganar. Los jugadores de las líneas ofensivas y defensivas compiten unos con otros con la misma feroz agresividad y el intenso deseo de derrotar al rival que se da en un partido. El ritual de entrenar cada semana a un nivel tan competitivo —apodado «los Partidos de los Miércoles»—, se remonta a Anson Dorrance. Pete devoró su libro sobre el entrenamiento deportivo cuando estaba creando su propio método. «Si solo lo reduces a quién está ganando y quién está perdiendo, no ves lo esencial... Son los tipos a los que nos enfrenta-

---

32. Carroll, *Win Forever*, pág. 183.

33. «Pete Carroll Returns to USC, entrevista completa, 2014», vídeo de YouTube, 1:57:42, publicado el 20 de marzo, 2014, https://youtube/jSizvISegnE.

mos quienes hacen que seamos lo que somos.» Nuestros oponentes, explicó Pete, son los que crean los retos que nos ayudan a sacar lo mejor de nosotros mismos.

Quienes no pertenecen a la cultura de los Seahawks no suelen captarlo. «Los recién llegados no lo entienden enseguida, pero con el tiempo les ayudamos a verlo», comentó Pete. Para él esto significa compartir —de la manera más transparente posible— todo lo que se le pasa por la cabeza, sus objetivos, el razonamiento de su enfoque. «Si no les hablara de ello, no lo sabrían. Pensarían: "¿Voy a ganar o voy a perder?" Pero cuando hablamos de ello lo bastante, acaban valorando por *qué* compiten.»

Pete admitió que algunos jugadores tienen más cosas que enseñar que las que pueden aprender. Earl Thomas, por ejemplo, el cierre de la defensa de los Seahawks, es el tipo más competitivo y con más grit que uno se pueda imaginar… «Se esfuerza y entrena con una intensidad extraordinaria. Se concentra, estudia la situación, hace todo cuanto debe hacer.» Pero la magia de la cultura es que el grit de un jugador puede ser un modelo de conducta para otros. A diario, Earl «demuestra de muchas formas distintas quién es». Si el grit de cada jugador aumenta el del resto, con el tiempo es lógico que se produzca lo que el científico social Jim Flynn llama efecto «multiplicador social». En cierto sentido, es la analogía motivacional del cubo infinito formado por espejos reflejándose unos a otros que Jeff Bezos construyó de niño: una persona fomenta el grit de otras, por lo que estas le inspiran más grit, y así sucesivamente, hasta el infinito.

¿Qué tiene Earl Thomas que decir sobre ser un Seahawk? «Mis compañeros de equipo me han estado alentando desde el primer día. Me están ayudando a mejorar[34] y viceversa. Tienes que valorar

---

34. Earl Thomas, «Take Nothing for Granted», Earl Thomas's blog, 25 de enero, 2014, www.earlthomas.com/2014/01/25/take-nothing-granted.

de verdad a los compañeros de equipo que están dispuestos a trabajar duro, a aceptar el método de entrenamiento y a no conformarse nunca con otra cosa que no sea seguir evolucionando. Es increíble ver hasta dónde estamos llegando con nuestra humilde actitud.»

Cuando por fin llegó el momento de visitar el lugar donde los Seahawks se entrenaban, mi curiosidad se había multiplicado. Ganar la gran final varios años seguidos es tremendamente difícil, y sin embargo, los Seahawks, aunque pareciera imposible, habían vuelto a ganar la Super Bowl el año anterior. Pero en la celebración de ese año, al contrario de las de los años precedentes, festejadas por los hinchas de Seattle con un desfile triunfal de color azul y verde, el más multitudinario en la historia de Seattle, se oyeron gemidos, llantos y rechinar de dientes por lo que los comentaristas deportivos consideraron la peor decisión en la historia de la NFL.[35]

Te la resumiré: cuando quedaban veintiséis segundos para terminar el partido, los Seahawks estaban en posesión de la pelota y se encontraban a una yarda de ganar el partido mediante un *touchdown*. Todos esperaban que Pete optara por una carrera. No solo la zona de anotación estaba muy cerca, sino que además en los Seahawks jugaba Marshawn Lynch, considerado el mejor corredor de la NFL, la liga profesional estadounidense.

Pero Russell Wilson, el *quarterback* de los Seahawks, lanza un pase, la pelota es interceptada y los Patriotas de Nueva Inglaterra se llevan el trofeo a casa.

Como la cuadragésimanovena Super Bowl era solo el tercer partido de fútbol americano que veía entero en toda mi vida —el segundo

---

35. Don Banks, «The Worst Play Call in NFL History Will Continue to Haunt Seahawks in 2015», *Sports Illustrated*, 21 de julio, 2015.

había sido el partido del campeonato de la NFC que los Seahawks habían ganado la semana anterior—, no puedo ofrecer una opinión experta de si optar por un pase en lugar de por una carrera fue el epítome de una estimación equivocada del entrenador. Lo que me interesaba más cuando llegué a Seattle era la reacción de Pete y la del equipo.

Al ídolo de Pete, el entrenador de baloncesto John Wooden, le gustaba decir: «Un éxito nunca es definitivo, un fracaso nunca es fatídico,[36] lo que cuenta es el coraje». Lo que yo quería saber era cómo se mantiene la cultura del grit no solo después de una victoria, sino también en los momentos siguientes a una derrota. De dónde Pete y los Seahawks sacaban el coraje para seguir adelante.

Al verla ahora en retrospectiva, me doy cuenta de que mi visita no podía haber sido más oportuna.

En primer lugar tenía un cita con Pete en su despacho. Sí, el lugar tenía una vista panorámica, pero no era enorme ni lujoso, y la puerta por lo visto estaba *siempre* abierta, dejando que la música de rock se propagara a todo volumen por el pasillo.

«Angela, ¿qué puedo hacer por ti?», me preguntó inclinándose hacia mí.

Le expliqué mi motivo: ese día había ido como antropóloga para tomar notas sobre la cultura de los Seahawks. Si tuviera un casco de fútbol americano, me lo habría puesto.

Al oírlo Pete se entusiasmó, como era de esperar. Me contó que la cultura no tenía relación con una sola cosa, sino con millones de ellas. Con millones de detalles. Era una cuestión de esencia y de estilo.

Después de pasar un día con los Seahawks, coincidí plenamente con él. Me di cuenta de ello por innumerables detalles, cada uno era factible y al mismo tiempo se podía olvidar o ignorar con una pas-

---

36. «The Wizard's Wisdom: "Woodenism!"», ESPN, 5 de junio, 2010.

mosa facilidad. Y aunque los detalles fueran innumerables, había algunos temas en ellos.

El más evidente era el lenguaje. Uno de los ayudantes de Pete Carroll dijo en una ocasión: «Hablo *carrollés* con fluidez. Y hablar *carrollés* es hablar con fluidez el lenguaje de los Seahawks. «Competid siempre. En la vida se puede competir o no. Competid en todo cuanto hagáis. Sois Seahawks todos los días de la semana, a todas horas. Acabadlo todo llenos de fuerza. Mantened un diálogo interior positivo. El equipo es lo primero.»

Durante el día que pasé con el equipo no sabría decir cuántas veces —un jugador, un ayudante, un cazatalentos— nos ofreció con entusiasmo una de estas frases, pero lo que sí puedo decir es no haber oído una sola variación. Una de las expresiones favoritas de Pete es «No quiero oír sinónimos». ¿Por qué no? «Si queréis comunicaros bien, sed claros con las palabras que usáis.»

Todo el mundo que conocí ese día salpicó sus palabras con *carrollismos*. Y aunque nadie tuviera la energía atómica adolescente del entrenador jefe de sesenta y tres años, el resto de la familia de los Seahawks, como les gusta llamarse a sí mismos, estaban tan deseosos como él de ayudarme a descifrar el significado de estas expresiones.

«Competid» no es lo que pienso que es. No triunfar por encima de otro, una idea que nunca me ha acabado de convencer. «Competid» significa la excelencia. «Competid viene del latín —me explicó Mike Gervais, el competitivo surfista convertido en psicólogo experto en alto rendimiento deportivo, uno de los colaboradores de Pete en la creación de una cultura—. Significa literalmente *esforzarse juntos*. Su sentido original no tiene nada que ver con la derrota de otro.»

Mike me dijo que los dos principales factores para fomentar la excelencia en uno y en el equipo son «un apoyo enorme y enriquecedor y retos incesantes que te empujan a mejorar». Cuando me lo dijo lo vi de pronto con claridad. Los padres solidarios y exigentes son psicológicamente sensatos y animan a los hijos a emularlos. No hay ninguna razón para no creer que un líder solidario y exigente no esté haciendo lo mismo.

Empezaba a comprenderlo. Para este equipo profesional de fútbol americano no es solo una cuestión de derrotar a otros equipos, sino de ir más allá de lo que hoy eres capaz de hacer para mejorar mañana un poco más. Es una cuestión de excelencia. Para los Seahwaks, «Competid siempre» significa «Sed todo lo que podáis ser, sea lo que sea lo que esto signifique para vosotros, hacedlo lo mejor posible.»

Después de una de las reuniones, uno de los entrenadores auxiliares, dándome alcance en el pasillo, me dijo: «No sé si alguien te mencionó lo de *acabar*».

¿Lo de acabar?

«Una de las cosas en las que realmente creemos es en la idea de acabar algo sintiéndonos fuertes. —Y luego me puso varios ejemplos—: Los Seahawks acabamos un partido sintiéndonos fuertes, jugamos hasta el último segundo dándolo todo. Los Seahawks acabamos la temporada llenos de fuerza, al igual que al finalizar cualquier entrenamiento.»

«Pero ¿por qué acabar con fuerza? —le pregunté—. ¿No tendría más sentido empezar también sintiéndose fuerte?»

«Sí —contestó el entrenador—. Pero empezar algo con fuerza es fácil. Y para los Seahawks "acabar algo" no significa literalmente acabar.»

Claro que no. «Acabadlo con fuerza» significa también estar concentrado en algo y hacerlo lo mejor posible a cada momento, desde el principio hasta el final.

Al cabo de poco, me di cuenta de que no solo Pete estaba preconizando estas ideas. En un momento dado, durante una reunión con más de los veinte entrenadores auxiliares, todos los asistentes se pusieron de pronto a cantar en una cadencia perfecta: *No nos quejamos. No nos lamentamos. No ponemos excusas.* Era como estar en un coro de barítonos. Lo iniciaron cantando *Proteged siempre al equipo* y lo concluyeron entonando *Sed puntuales.*

¿Sed puntuales?, les conté que después de leer el libro de Pete yo también decidí «ser puntual». «Por el momento, apenas lo he conseguido», les confesé. Mi comentario provocó algunas risitas. Por lo visto no era la única que lo estaba intentando. Esta confesión hizo que un entrenador me recalcara por qué era importante ser puntual. «Lo haces por respeto. Por los detalles. Por la excelencia». «Bien, vale, ya lo pillo», le respondí.

Al mediodía di al equipo una charla sobre el grit. Fue después de haber hecho unas presentaciones similares a los entrenadores y a los cazatalentos, y antes de hablar ante toda la plantilla de ayudantes.

Cuando la mayor parte del equipo ya se había ido a comer, uno de los Seahawks me preguntó qué podía hacer con su hermano pequeño. Me contó que era muy inteligente, pero que en un momento dado sus notas empezaron a bajar. Para incentivarlo, le había comprado una consola Xbox y la había dejado sin desenvolver en la habitación de su hermano. El trato era que cuando le mostrara un boletín de notas lleno de sobresalientes podría desenvolver la consola. Al principio el ardid pareció funcionar, pero de pronto las notas de su hermano pequeño volvieron a bajar.

«¿Debería darle la consola de todos modos?», me preguntó.

«A lo mejor no es *capaz* de sacar sobresalientes», comentó otro jugador.

Sacudí la cabeza.

«Por lo que me has contado, es evidente que tu hermano es lo bastante inteligente como para sacar sobresalientes —tercié—. Antes lo hacía.»

«Es un chico listo. De verdad que lo es», asintió el jugador.

Cuando aún estaba reflexionando sobre mi respuesta, Pete intervino.

«En primer lugar, ni se te ocurra darle la consola —sentenció Pete con verdadero entusiasmo—. Motívale. Vale, este es el primer paso, lo primero que debes hacer. Después necesita que le ¡echen una mano! Que alguien le explique lo que debe hacer, en especial para volver a sacar buenas notas. ¡Necesita un plan de acción! Que le ayudes a averiguar cuáles son los siguientes pasos que dará.»

Este consejo me recuerda algo que Pete me dijo al inicio de mi visita: «Cada vez que tomo una decisión o le digo algo a un jugador, pienso "¿Cómo trataría a mi propio hijo?" ¿Sabes lo que sé hacer mejor? Soy un gran padre. Y en cierto sentido, esa es mi forma de entrenar».

Al final del día, esperé en el vestíbulo el taxi que vendría a recogerme. Pete me acompañó para asegurarse de que no hubiera ningún contratiempo. Me di cuenta de que no le había preguntado directamente de dónde él y los Seahawks sacaban el coraje para seguir adelante después de haber tomado la «peor decisión de la historia». Pete dijo más tarde en la revista *Sports Illustrated* que no fue la peor decisión, sino el «peor resultado posible». Explicó que como cualquier otra experiencia negativa y positiva, «se convierte en una parte de ti. No voy a ignorarla. Me enfrentaré a ella. Y cuando me venga a la cabeza, cavilaré sobre la decisión y seguiré adelante. Y además la usaré. ¡Claro que la usaré!».[37]

Justo antes de irme, me giré levantando la vista. A seis metros por encima de mí, escrita en letras cromadas de treinta centímetros de altura, se alzaba la palabra CARÁCTER. En mi mano sostenía la bolsa azul y verde de los Seahawks llena de regalos, entre ellos un puñado de pulseras azules de plástico en las que destacaba en verde la sigla LOB: Love Our Brothers (Amemos a Nuestros Hermanos).

---

37. Greg Bishop, «Pete Carroll, NFL's Eternal Optimist, Is Ready to Turn Heartbreak into Triumph», *Sports Illustrated*, 3 de agosto, 2015, www.si.com/nfl/2015/07/28/pete-carroll-seattle-seahawks-2015-season-super-bowl-xlix.

13
Conclusión

En este libro he hablado del poder del grit para ayudarte a desarrollar tu potencial. Lo he escrito porque lo que alcancemos en la maratón de la vida dependerá enormemente de nuestro grit: de nuestra pasión y perseverancia ante las metas a largo plazo. Obsesionarnos con el talento nos impide ver esta sencilla verdad.

Este libro ha sido mi forma de invitarte a tomarte un café conmigo para contarte lo que sé.

Casi he terminado.

Me gustaría concluir con unas ideas a modo de colofón. La primera es que tu grit *puede* aumentar.

Veo dos formas de conseguirlo. Una consiste en hacerlo por ti mismo, «de dentro a fuera», al cultivar tus intereses. Adquiere la costumbre de ponerte retos a diario para sobresalir en alguna habilidad. Puedes vincular tu trabajo con un propósito que vaya más allá de ti. Y aprender a tener esperanza cuando la situación parezca no tener remedio.

Y la otra es aumentar tu grit «de fuera a dentro», con la ayuda de los padres, los entrenadores, los profesores, los jefes, los mentores, los amigos... Para desarrollar tu grit es fundamental la ayuda de otras personas.

Mi segunda idea a modo de conclusión es sobre la felicidad. El éxito —tanto si se evalúa por quién gana el National Spelling Bee, quién se gradúa en West Point o quién encabeza el departamento en ventas anuales— no es lo único que importa. No cabe duda de que también queremos ser felices. Y aunque la felicidad y el éxito estén relacionados, no son lo mismo.

Tal vez te preguntes: «Si tengo más grit y triunfo más en la vida, ¿seré mucho menos feliz?»

Hace varios años intenté responder a esta pregunta encuestando a dos mil adultos estadounidenses. El gráfico que figura más abajo muestra cómo el grit se vincula con la satisfacción en la vida, evaluado en una escala que oscila del 7 al 35 y que incluye afirmaciones como: «Si pudiera vivir mi vida otra vez, no cambiaría casi nada». En el mismo estudio, evalué emociones positivas como el entusiasmo y emociones negativas como la vergüenza. Descubrí que cuanto más grit tiene una persona, más tiende a gozar de una vida sana emocionalmente. Incluso en la cima de la Escala del Grit, el grit está estrechamente vinculado con el bienestar,[1] independientemente de cómo se evalúe.

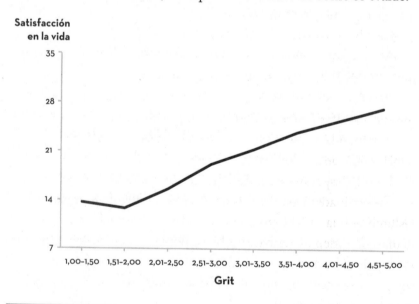

---

1. Victoria Young, Yuchen Lin y Angela L. Duckworth, «Associations Between Grit and Subjective Well-Being in a Large Sample of US Adults», póster presentado en el 16.º Congreso Anual de la Sociedad para la Personalidad y la Psicología Social, Long Beach, California, febrero, 2015.

Cuando mis alumnos y yo publicamos este resultado, concluimos nuestro informe de este modo: «¿Las mujeres y los hijos de los hombres con más grit son también más felices? ¿Y sus compañeros de trabajo y sus empleados? Hay que seguir investigando para estudiar las posibles desventajas del grit».

Todavía no tengo las respuestas, pero creo que las preguntas están bien planteadas. Cuando hablo con modelos del grit y me cuentan cómo les motiva el trabajo, la pasión con la que lo hacen, para un propósito más importante que ellos mismos, no puedo saber si sus familias sienten lo mismo.

No sé, por ejemplo, si todos esos años consagrados a una meta tan importante del nivel superior comporta un precio que todavía no he evaluado.

Pero lo que *sí* he hecho es preguntarles a mis hijas, Amanda y Lucy, cómo es crecer con una madre con grit. Me han visto intentar hacer cosas que nunca antes había hecho —como escribir un libro— y llorar cuando las cosas se ponían muy difíciles. Han visto lo complicado que es realizar con destreza innumerables habilidades que cuesta mucho dominar. Me han preguntado mientras cenábamos: «¿Es que siempre tenemos que hablar de la práctica deliberada? ¿Por qué *siempre* acabamos hablando de tus investigaciones?»

A Amanda y Lucy les gustaría que me relajara un poco y que hablara más de Taylor Swift.

Pero no esperan de mí sino que sea un modelo del grit.

En realidad, Amanda y Lucy desean conseguir lo mismo. Han vislumbrado la satisfacción de hacer algo importante —para ti y los demás— y además de hacerlo bien, por más que cueste. Prefieren esta opción. Se dan cuenta de que aunque la autocomplacencia tenga sus propios encantos, no vale la pena cambiarla por la plenitud de manifestar su potencial.

Otra pregunta que no he acabado de responder en mi investigación es: ¿es posible tener *demasiado* grit?

Aristóteles sostuvo que es malo tener demasiado (o demasiado poco) de algo bueno. Especuló diciendo, por ejemplo, que tener demasiado poco coraje es cobardía, pero que demasiado coraje es una insensatez. Siguiendo la misma línea, se puede ser también demasiado bueno, demasiado generoso, demasiado sincero y demasiado contenido. Es un razonamiento que los psicólogos Adam Grant y Barry Schwartz se han vuelto a plantear. Especulan que hay una teoría de la U invertida que describe los beneficios de cualquier rasgo, cuyo nivel óptimo se encuentra entre ambos extremos.[2]

Por el momento, en lo que respecta al grit, todavía no he encontrado la teoría de la U invertida que Aristóteles predijo o que Barry y Adam han encontrado en otros rasgos, como el de la extroversión. Sea como sea, reconozco que cada opción conlleva sacrificar otra y puedo ver cómo esto se aplica al grit. Es fácil pensar en situaciones en las que el abandono es el mejor curso de acción. Quizá recuerdes una ocasión en la que te aferraste a una idea, un deporte, un trabajo o una pareja durante más tiempo del que deberías haberlo hecho.

Según mi propia experiencia, dejar las clases de piano cuando saltaba a la vista que no me interesaban ni tenía talento para este instrumento musical fue una gran decisión. Incluso podía haberlas dejado antes y haberle evitado a mi profesora tener que escucharme tocar mal las piezas que no había tocado la semana anterior. Renunciar a hablar francés con fluidez fue también una buena idea, aunque disfrutara estudiándolo y tuviera más facilidad para el francés que para el piano. Dejar de tocar el piano y de aprender francés me permitió poder dedicarme a otras cosas que me gustaban más.

---

2. Aristóteles, *Ética Nicomáquea*. Adam M. Grant y Barry Schwartz, «Too Much of a Good Thing: The Challenge and Opportunity of the Inverted U», *Perspectives in Psychological Science* 6, 2011, págs. 61-76.

Acabar todo cuanto empiezas *sin* excepción es una buena forma de perder oportunidades de empezar otras cosas quizá mejores. Lo ideal es que aunque dejes una actividad y elijas otras metas distintas del nivel inferior, sigas perseverando en el objetivo que más te interesa.

Una de las razones por las que no me preocupa una epidemia de grit es que parece un hecho demasiado remoto. ¿Cuántos días has vuelto a casa del trabajo y le has dicho a tu pareja «¡Caramba, cuánto grit tiene todo el mundo en la oficina! Siguen con sus objetivos más importantes contra viento y marea. Se esfuerzan demasiado. ¡Ojalá no fueran tan apasionados!»?

Hace poco les pedí a trescientos adultos americanos que hicieran el test de la Escala del Grit y que tras recibir sus puntuaciones, me contaran cómo se sentían. Muchos me comentaron que se sentían satisfechos con su puntuación, pero algunos querían tener más grit.[3] Sin embargo, en toda la muestra no hubo un solo participante que quisiera tener *menos* grit.

Estoy segura de que la mayoría preferimos tener más grit en lugar de menos. Tal vez haya algunas excepciones, individuos con mucho grit que no necesiten tener más, pero estos casos son muy inusuales.

Me han preguntado en más de una ocasión por qué pienso que el grit es lo único que cuenta. A decir verdad, no es lo que pienso.

Puedo asegurar, por ejemplo, que *no* quiero que el grit sea la única cosa que desarrollen mis hijas en el paso de la infancia a la madurez. ¿Quiero que sobresalgan en todo cuanto hagan? Claro que sí. Pero la grandeza y la bondad son dos cosas distintas, y si me viera obligada a elegir una, me quedaría con la bondad.

---

3. Estos datos los reuní en el 2015 y todavía no se han publicado.

Como psicóloga puedo confirmar que el grit no es el único aspecto del carácter de una persona ni el más importante. De hecho, en los estudios sobre cómo evaluamos a los demás, la ética es lo que más peso tiene[4] para nosotros comparada con otros rasgos del carácter. Sin duda advertiremos que nuestros vecinos parecen ser perezosos, pero nos sentiremos especialmente molestos si carecen de cualidades como la sinceridad, la integridad y la honradez.

El grit no lo es todo. Hay muchos otros aspectos que necesitamos para crecer y progresar en la vida. El carácter es plural.[5]

Una forma de ver el grit es entender cómo se relaciona con otros aspectos del carácter. Al evaluarlo junto con otras virtudes, he descubierto tres grupos que no fallan. Me refiero a ellos como las dimensiones intrapersonales, interpersonales e intelectuales del carácter.[6] También se podrían llamar las virtudes de la fuerza de voluntad, el corazón y la mente.

El carácter intrapersonal incluye el grit. Este grupo de virtudes también se compone del autocontrol, en especial el relacionado con resistirse a tentaciones como enviar mensajes de texto y jugar a videojuegos. Significa que las personas con grit suelen tener autocontrol[7] y

---

4. Geoffrey P. Goodwin, Jared Piazza y Paul Rozin, «Moral Character Predominates in Person Perception and Evaluation», *Journal of Personality and Social Psychology* 106, 2014, págs. 148-168.

5. Ojalá pudiera atribuirme la expresión el «carácter es plural». Pero no es así. Muchos otros expertos han hecho la misma observación, como Christopher Peterson y Martin Seligman en *Character Strengths and Virtues,* Oxford University Press, Nueva York, 2004, pág. 10.

6. Daeun Park *et al.,* «A Tripartite Taxonomy of Character: Evidence for Interpersonal, Intrapersonal, and Intellectual Competencies in Youth» (manuscrito en proceso de revisión, 2015). Ten en cuenta que estos tres grupos de virtudes se corresponden, aproximadamente, con los factores de la responsabilidad, la amabilidad y la apertura a nuevas experiencias del modelo descriptivo de personalidad de los Cinco Grandes.

7. Aunque el autocontrol tenga que ver con el grit, no es lo mismo. Podemos tener autocontrol sobre una meta que no sea del nivel superior ni la que más nos interesa. Y el autocontrol no está directamente relacionado con superar los reveses y los fracasos. Sin embargo, tanto el autocontrol como el grit juegan un papel a la hora de alcanzar las metas que más nos impor-

viceversa. En conjunto, las virtudes que nos permiten alcanzar metas valiosas a nivel personal se conocen también como «carácter ejecutivo» o «habilidades de autogestión». El periodista David Brooks las denomina «virtudes curriculares» porque son los aspectos por los que nos contratan y nos dan trabajo.

El carácter interpersonal incluye la gratitud, la inteligencia social y el autocontrol sobre emociones como la cólera. Estas virtudes nos ayudan a llevarnos bien con los demás y a ser solidarios. A veces también se denominan «carácter moral». Aunque David Brooks prefiere llamarlas «virtudes panegíricas»,[8] porque al final serán las cualidades que los demás más recordarán de nosotros. Cuando decimos con admiración que alguien es una persona «buenísima», es a este grupo de virtudes al que nos estamos refiriendo.

Y, por último, el carácter intelectual incluye virtudes como la curiosidad y el entusiasmo. Nos ayudan a participar de manera activa y abierta en el mundo de las ideas.[9]

Mis estudios longitudinales sobre estos tres grupos de virtudes predicen distintos resultados.[10] Para prever los logros académicos, como por ejemplo obtener la máxima calificación, el grupo en el que se encuentra el grit es el mejor. Sin embargo, para prever un funcio-

---

tan. Véase Angela L. Duckworth y James J. Gross, «Self-Control and Grit: Related but Separable Determinants of Success», *Current Directions in Psychological Science* 23, 2014, págs. 319-325. Personalmente creo que el autocontrol es una virtud muy importante. Para conocer más a fondo las estrategias para desarrollarlo y los beneficios que aporta, véase Walter Mischel, *The Marshmallow Test: Mastering Self-Control*, Little, Brown, Nueva York, 2014; y Roy F. Baumeister y John Tierney, *Willpower: Rediscovering the Greatest Human Strength*, Penguin, Nueva York, 2011.

8. David Brooks, *The Road to Character*, Random House, Nueva York, pág. xi.

9. En este libro no he hablado de la creatividad. La creatividad es totalmente esencial para alcanzar muchas clases de objetivos. Si te interesa este tema, te aconsejo leer el libro de Scott Barry Kaufman y Carolyn Gregoire, *Wired to Create: Unraveling the Mysteries of the Creative Mind*, Perigee Books, Nueva York, 2015.

10. Park *et al.*, «Tripartite Taxonomy».

namiento social positivo, como por ejemplo cuántos amigos tendremos, el carácter interpersonal es lo que más cuenta. Y para prever una actitud positiva e independiente hacia el aprendizaje, la virtud intelectual supera a las otras.

A la larga, la pluralidad del carácter hace que no sea importante solamente una virtud.

Con frecuencia me preguntan si cuando fomentamos el grit en nuestros hijos no les estamos haciendo un flaco favor al esperar demasiado de ellos. «Tenga cuidado, doctora Duckworth, o nuestros hijos crecerán creyendo que pueden ser un Usain Bolt, un Wolfgang Amadeus Mozart o un Albert Einstein.»

Si no podemos ser un Einstein, ¿vale la pena estudiar física? Si no podemos ser un Usain Bolt, ¿debemos salir a correr hoy por la mañana? ¿Tiene algún sentido correr un poco más rápido o durante un poco más de tiempo de lo que corrimos ayer? En mi opinión, son preguntas absurdas. Si mi hija me dijera: «Mamá, hoy no debería seguir tocando el piano porque nunca llegaré a ser un Mozart», le respondería: «No lo estás tocando para ser un Mozart».

Todos nos enfrentamos a límites no solo en lo que se refiere al talento, sino también a las oportunidades. Pero más a menudo de lo que creemos, somos nosotros mismos los que nos los ponemos. Intentamos algo, fracasamos y concluimos que nos hemos dado un cabezazo contra el techo de las posibilidades. O quizá después de dar unos pocos pasos, cambiamos de dirección. En cualquiera de los casos, nunca nos aventuramos a ir tan lejos como podríamos haber ido.

Tener grit es seguir dando un paso tras otro. Perseverar en una meta interesante y llena de sentido. Es dedicarnos, día tras día y año tras año, a una práctica que supone un reto. Es caernos al suelo siete veces y levantarnos ocho.

Recientemente un periodista me entrevistó. Mientras recogía sus notas, comentó:

«Es evidente que podrías haber seguido hablando todo el día. Este tema te apasiona.»

«¡Vaya!, ¿es que hay *algo* más interesante que la psicología del éxito? ¿Acaso hay algo más importante que esto?», repuse.

El periodista soltó unas risitas.

«A mí también me encanta lo que hago —afirmó—. Conozco a un montón de gente que a los cuarenta todavía no les atrae nada en la vida. Parece mentira, ¿no? No saben lo que se están perdiendo.»

Una última idea.

Cuando anunciaron la última edición de los premios MacArthur concedidos a la genialidad, uno de los ganadores fue Ta-Nehisi Coates, el periodista cuyo segundo libro, *Between the World and Me*, ha tenido un éxito arrollador y se ha convertido en un superventas.

Hace ocho años Coates se había sumado a las listas del paro, le acababan de despedir de la revista *Times* y estaba intentando conseguir un trabajo como *freelance*. Fue una época muy dura. Cree que engordó quince kilos del estrés. «Estaba intentando desesperadamente dar con una solución, pero no se me ocurría ninguna.»[11]

Su mujer le ofreció un «apoyo incondicional», pero con todo tenían un hijo pequeño. Y no podían ignorar las realidades de la vida. «Me planteé ser taxista.»

Al final se recuperó del golpe y después de superar el «tremendo estrés» de escribir el libro, empezó a hacer grandes progresos. «Su forma de escribir cambió mucho. Las frases eran mucho más poderosas.»

En el vídeo de tres minutos que aparece en la web de MacArthur, Coates empieza diciendo: «El fracaso es probablemente el

---

11. «Advice on Writing from the *Atlantic*'s Ta-Nehisi Coates», Atlantic video, 27 de septiembre, 2013, www.theatlantic.com/video/archive/2013/09/advice-on-writing-from-i-the-atlantic-i-s-ta-nehisi-coates/280025.

factor más importante de toda mi obra. *La escritura está hecha de fracasos.*[12] De un intento fallido tras otro». Cuenta que de niño tenía una curiosidad insaciable. Como creció en Baltimore, estaba obsesionado sobre todo con la idea de la seguridad física y la falta de la misma, y todavía lo sigue estando. El periodismo, afirma, le permite seguir haciendo preguntas sobre los temas que le interesan.

Hacia el final del vídeo, Coates ofrece la mejor descripción que nunca he oído de la escritura. Para transmitir la entonación y la cadencia de su voz, he puesto sus palabras en forma de poema.

> *El reto de escribir*
> *es ver tu vida horrible por escrito.*
> *Es ver tu monstruosidad y aun así*
> *irte a dormir.*

> *Y despertarte al día siguiente.*
> *Y tomar esa vida horrible y esa monstruosidad,*
> *y perfeccionarla*
> *para que sea menos horrible y monstruosa.*
> *E irte a dormir de nuevo.*

> *Y levantarte al día siguiente,*
> *y volver a perfeccionarla un poco más,*
> *para que no sea tan mala.*
> *E irte a dormir hasta el día siguiente.*

> *Y volver a hacerlo.*
> *Hasta conseguir que sea una costumbre.*
> *E intentarlo de nuevo,*

---

12. «Journalist Ta-Nehisi Coates, 2015 MacArthur Fellow», vídeo de la Fundación MacArthur, publicado el 28 de septiembre, 2015, www.macfound.org/fellows/931.

y si tienes suerte
quizás acabes destacando en lo tuyo.

Y el éxito es
hacer esto.

Tal vez pienses que Coates es muy modesto. Lo es. Pero también tiene mucho grit. Y todavía no he conocido a ningún ganador de un MacArthur, un Nobel o de una medalla olímpica que afirme haber triunfado de otra forma.

«Tú no eres ningún genio», me decía mi padre en mi infancia. Ahora me doy cuenta de que no solo me lo decía a mí, sino que también se lo decía a sí mismo.

Pero si, en su lugar, definimos la genialidad como intentar alcanzar la excelencia, sin cesar, con todo nuestro ser, en este caso mi padre es un genio, al igual que yo, Coates y tú, si también estás dispuesto a hacerlo.

Agradecimientos

Cuando abro un libro por primera vez siempre echo un vistazo a los agradecimientos. Como muchos lectores, estoy deseando asomarme tras las cortinas, quiero conocer a las personas y al equipo responsables de su publicación. Escribir este libro no ha hecho más que aumentar mi aprecio por el trabajo en equipo que cualquier obra requiere. Si te gusta este libro, no olvides que el mérito de su creación se debe a la colaboración de los maravillosos seres humanos que cito en esta sección. Ha llegado el momento de que las numerosas personas que me han dado su apoyo salgan a la luz por un instante para recibir el reconocimiento que se merecen. Si me he olvidado de citar alguna, le ruego que me perdone, no era esta mi intención.

Ante todo, quiero dar las gracias a mis colaboradores. He escrito este libro en primera persona, cuando, en la mayor parte de lo que he hecho como investigadora o escritora, han colaborado muchas otras personas. Las que se merecen un reconocimiento —en especial los coautores de las investigaciones publicadas—, las he ido nombrando individualmente en las notas. Quiero darles un millón de gracias tanto a ellas como a los equipos de investigación que han hecho posible esta investigación.

En cuanto al libro, hay tres personas a las que quiero expresar mi gratitud. Ante todo, le estaré eternamente agradecida a mi editor, Rick Horgan, que mejoró mis escritos y creyó que tenían mucho más potencial del que yo me imaginaba. Si tengo suerte, me permitirá volver a trabajar una vez (y otra) con él. Max Nesterak ha sido a diario mi corrector, mi ayudante de investigación y mi conciencia. Es decir, si no fuera por él ahora no tendrías este libro en tus manos. Y en último lugar, le doy las gracias a Richard Pine, mi agente literario y hado padrino, que desde el principio hasta el final ha hecho que este libro sea una realidad. Hace ocho años, Richard me mandó un correo preguntándome: «¿Te ha dicho alguien alguna vez que deberías escribir un libro?» Le puse objeciones. Siguió insistiendo con pasión, perseverancia y cortesía, aunque sin presionarme nunca, hasta que estuve preparada para escribirlo. Gracias, Richard, por todo.

Los siguientes estudiosos han tenido la amabilidad de revisar los manuscritos de este libro o de analizar su información relevante, o ambas cosas a la vez. Cualquier error es de mi propia cosecha: Elena Bodrova, Mihaly Csíkszentmihályi, Dan Chambliss, Jean Côté, Sidney D'Mello, Bill Damon, Nancy Darling, Carol Dweck, Bob Eisenberger, Anders Ericsson, Lauren Eskreis-Winkler, Ronald Ferguson, James Flynn, Brian Galla, Margo Gardner, Adam Grant, James Gross, Tim Hatton, Jerry Kagan, Scott Barry Kaufman, Dennis Kelly, Emilia Lahti, Reed Larson, Luc Leger, Deborah Leong, Susan Mackie, Steve Maier, Mike Matthews, Darrin McMahon, Barbara Mellers, Cal Newport, Gabrielle Oettingen, Daeun Park, Pat Quinn, Ann Renninger, Brent Roberts, Todd Rogers, James Rounds, Barry Schwartz, Marty Seligman, Paul Silvia, Larry Steinberg, Rong Su, Phil Tetlock, Chia-Jung Tsay, Eli Tsukayama, Elliot Tucker-Drob, George Vaillant, Rachel White, Dan Willingham, Warren Willingham, Amy Wrzesniewski y David Yeager.

Me quedé de una pieza y profundamente emocionada al enterarme de que las siguientes personas estaban dispuestas a compartir sus historias en este libro. Incluso cuando no me ha sido posible incluir los detalles de las mismas, sus puntos de vista han aumentado mi comprensión del grit y de su desarrollo: Hemalatha Annamalai, Kayvon Asemani, Michael Baime, Jo Barsh, Mark Bennett, Jackie Bezos, Juliet Blake, Geoffrey Canada, Pete Carroll, Robert Caslen, Ulrik Christensen, Kerry Close, Roxanne Coady, Kat Cole, Cody Coleman, Daryl Davis, Joe de Sena, Tom Deierlein, Jamie Dimon, Anson Dorrance, Aurora Fonte, Franco Fonte, Bill Fitzsimmons, Rowdy Gaines, Antonio Galloni, Bruce Gemmell, Jeffrey Gettleman, Jane Golden, Temple Grandin, Mike Hopkins, Rhonda Hughes, Michael Joyner, Noa Kageyama, Paige Kimble, Sasha Kosanic, Hester Lacey, Emilia Lahti, Terry Laughlin, Joe Leader, Michael Lomax, David Luong, Tobi Lütke, Warren MacKenzie, Willy MacMullen, Bob Mankoff, Álex Martínez, Francesca Martínez, Tina Martínez, Duff McDonald, Bill McNabb, Bernie Noe, Valerie Rainford, Mads Rasmussen, Anthony Seldon, Will Shortz, Chantel Smith, Are Traasdahl, Marc Vetri, Chris Wink, Grit Young, Sherry Young, Steve Young, Sam Zell y Kai Zhang.

Muchos amigos y familiares me han ayudado a mejorar mis primeros manuscritos. Les agradezco a las siguientes personas sus inapreciables observaciones: Steve Arnold, Ben Malcolmson, Erica Dewan, Feroz Dewan, Joe Duckworth, Jordan Ellenberg, Ira Handler, Donald Kamentz, Annette Lee, Susan Lee, Dave Levin, Felicia Lewis, Alyssa Matteucci, David Meketon, Evan Nesterak, Rick Nichols, Rebecca Nyquist, Tanya Schlam, Robert Seyfarth, Naomi Shavin, Paul Solman, Danny Southwick, Sharon Parker, Dominic Randolph, Richard Shell, Paolo Terni, Paul Tough, Amy Wax y Rich Wilson.

Los gráficos de este libro son gentileza de Stephen Few. Un experto a nivel mundial en la visualización de datos, es también la personificación de la generosidad y la paciencia.

Les estoy enormemente agradecida a muchas personas extraordinarias de la editorial Simon & Schuster por su constante apoyo. En realidad, lo único que me ha costado es escribir este libro, todo lo demás me ha resultado fácil gracias a la colaboración de estas personas tan excepcionales. En especial, me gustaría darle las gracias a Nan Graham por el increíble optimismo, vitalidad y cariño con que trata a los autores de los libros que publica. Katie Monaghan y Brian Belfiglio han orquestado magistralmente una campaña publicitaria de primera, asegurándose de que este libro acabara en tus manos. Doy las gracias a Carla Benton y a su equipo por ocuparse de maravilla de su producción. David Lamb, eres un gran profesional, tu compromiso con la excelencia en cada etapa del proceso editorial han marcado una gran diferencia. Y, por último, quiero agradecer a Jaya Miceli la fantástica cubierta del libro.

Doy un montón de gracias al magnífico equipo de InkWell Management, incluyendo a Eliza Rothstein, Lindsey Blessing y Alexis Hurley. Habéis manejado de maravilla un trabajo descomunal y además lo habéis hecho con una elegancia y una profesionalidad exquisitas.

Al igual que los modelos del grit descritos en este libro, me he beneficiado de unos profesores especialmente solidarios y exigentes. Matthew Carr me enseñó a escribir y a amar las palabras. Kay Merseth me recordó, en muchas coyunturas decisivas, que cada uno es el autor de la historia de su propia vida. Marty Seligman me enseñó que la pregunta correcta es al menos tan importante como la respuesta correcta. Chris Peterson, docente ya fallecido, me mostró que un verdadero profesor es aquel que antepone ante todo a sus alumnos. Sigal Barsade me mostró de innumerables maneras lo que significa ser profesor y cómo serlo. Walter Mischel me hizo ver que en su apogeo, la ciencia es un arte. Y Jim Heckman me enseñó que la verdadera curiosidad es la mejor compañera del grit.

Estoy profundamente agradecida a las instituciones y a las personas que han apoyado mi investigación, incluyendo el National Institute on Aging, la Fundación Bill y Melinda Gates, la Fundación Pinkerton, la Fundación Robert Wood Johnson, la Fundación KIPP, la Fundación John Templeton, la Fundación Spencer, la Fundación Lone Pine, la Fundación Walton Family, la Fundación de la Familia Richard King Mellon, la Fundación para la Investigación de la Universidad de Pensilvania, Acco Brands, el Michigan Retirement Research Center, la Universidad de Pensilvania, Melvyn y Carolyn Miller, Ariel Kor y Amy Abrams.

La dirección y el equipo de Character Lab se merecen que les dé las gracias en especial porque son el pasado, el presente y, en definitiva, el futuro de todo lo que hago.

Y, por último, quiero dar las gracias a mi familia. Amanda y Lucy, este libro ha sido posible gracias a vuestra paciencia, vuestro buen humor y vuestras historias. Mamá y papá, lo disteis todo por vuestros hijos y os queremos por ello. Jason, haces que cada día sea mejor persona, este libro es para ti.

Lecturas recomendadas

Brooks, David, *The Road to Character*, Random House, Nueva York, 2015.

Brown, Peter C., Henry L. Roediger III y Mark A. McDaniel, *Make It Stick: The Science of Successful Learning*, Belknap Press, Cambridge, Massachusetts, 2014.

Damon, William, *The Path to Purpose: How Young People Find Their Calling in Life*, Free Press, Nueva York, 2009.

Deci, Edward L., con Richard Flaste, *Why We Do What We Do: Understanding Self-Motivation*, Penguin Group, Nueva York, 1995.

Duhigg, Charles, *The Power of Habit: Why We Do What We Do in Life and Business*, Random House, Nueva York, 2012.

Dweck, Carol, *Mindset: The New Psychology of Success*, Random House, Nueva York, 2006. [Edición en castellano: *Mindset: la actitud del éxito*, Editorial Sirio, Málaga, 2016.]

Emmons, Robert A., *Thanks!: How the New Science of Gratitude Can Make You Happier*, Houghton Mifflin Harcourt, Nueva York, 2007. [Edición en castellano: *¡Gracias!: de cómo la gratitud puede hacerte feliz*, Ediciones B, Barcelona, 2008].

Ericsson, Anders y Robert Pool, *Peak: Secrets from the New Science of Expertise*, Houghton Mifflin Harcourt, Nueva York, 2016.

Heckman, James J., John Eric Humphries y Tim Kautz (eds.), *The Myth of Achievement Tests: The GED and the Role of Character in American Life*, University of Chicago Press, Chicago, 2014.

Kaufman, Scott Barry y Carolyn Gregoire, *Wired to Create: Unraveling the Mysteries of the Creative Mind*, Perigee, Nueva York, 2015.

Lewis, Sarah, *The Rise: Creativity, the Gift of Failure, and the Search for Mastery*, Simon and Schuster, Nueva York, 2014.

Matthews, Michael D., *Head Strong: How Psychology is War*, Oxford University Press, Nueva York, 2013.

McMahon, Darrin M, *Divine Fury: A History of Genius*, Basic Books, Nueva York, 2013.

Mischel, Walter, *The Marshmallow Test: Mastering Self-Control*, Little, Brown, Nueva York, 2014.

Oettingen, Gabriele, *Rethinking Positive Thinking: Inside the New Science of Motivation*, Penguin Group, Nueva York, 2014.

Pink, Daniel H, *Drive: The Surprising Truth About What Motivates Us*, Riverhead Books, Nueva York, 2009. [Edición en castellano: *La sorprendente verdad sobre qué nos motiva*, Gestión 2000, Barcelona, 2010.]

Renninger, K. Ann y Suzanne E. Hidi, *The Power of Interest for Motivation and Engagement*, Routledge, Nueva York, 2015.

Seligman, Martin E. P, *Learned Optimism: How To Change Your Mind and Your Life*, Alfred A. Knopf, Nueva York, 1991. [Edición en castellano: *Aprenda optimismo: haga de la vida una experiencia gratificante*, Editoriales Debolsillo, Barcelona, 2011.]

Steinberg, Laurence, *Age of Opportunity: Lessons from the New Science of Adolescence*, Houghton Mifflin Harcourt, Nueva York, 2014.

Tetlock, Philip E. y Dan Gardner, *Superforecasting: The Art and Science of Prediction*, Crown, Nueva York, 2015.

Tough, Paul, *How Children Succeed: Grit, Curiosity, and the Hidden Power of Character*, Houghton Mifflin Harcourt, Nueva York, 2012. [Edición en castellano: *Cómo triunfan los niños: determinación, curiosidad y el poder del carácter*, Ediciones Palabra, S. A., Madrid, 2014.]

Willingham, Daniel T., *Why Don't Students Like School: A Cognitive Scientist Answers Questions About How the Mind Works and What It Means for the Classroom*, Jossey-Bass, San Francisco, 2009.

Sobre la autora

Angela Duckworth es profesora de psicología en la Universidad de Pensilvania y en el 2013 obtuvo la beca MacArthur. Estudia el grit y otras cualidades que prevén el éxito en la vida. Exprofesora de matemáticas de secundaria y bachillerato, también es la fundadora y directora científica de Character Lab, una entidad sin ánimo de lucro cuya misión es fomentar la ciencia y el desarrollo del carácter.